伊丽莎白二世

Elizabeth II.

[德]托马斯·基林格 著　历史独角兽　温玉涵 译

中国友谊出版公司

图书在版编目（CIP）数据

伊丽莎白二世 /（德）托马斯·基林格著；历史独角兽，温玉涵译. —— 北京：中国友谊出版公司，2024.7. —— ISBN 978-7-5057-5899-5

Ⅰ．K835.617=5

中国国家版本馆CIP数据核字第2024LN8751号

著作权合同登记号　图字：01-2024-3269

Elizabeth II. by Thomas Kielinger was first published by Verlag C.H.Beck oHG, München 2011.Copyright © Verlag C.H.Beck oHG, München 2022
本书简体中文版专有版权经由中华版权代理有限公司授予北京创美时代国际文化传播有限公司。

书名	伊丽莎白二世
作者	[德] 托马斯·基林格
译者	历史独角兽　温玉涵
出版	中国友谊出版公司
发行	中国友谊出版公司
经销	新华书店
印刷	北京中科印刷有限公司
规格	880毫米×1230毫米　32开 11.25印张　221千字
版次	2024年7月第1版
印次	2024年7月第1次印刷
书号	ISBN 978-7-5057-5899-5
定价	68.00元
地址	北京市朝阳区西坝河南里17号楼
邮编	100028
电话	(010) 64678009

如发现图书质量问题，可联系调换。质量投诉电话：（010）59799930-601

Elizabeth II.

1926 年 4 月 21 日—2022 年 9 月 8 日

女王伊丽莎白二世几乎在王位上度过了第二次世界大战以来的整个时期。她见证了15位英国首相、其他国家无数元首和政府首脑的到来和离去，她自己也经历了比任何政治家都要多的危机。她驾驶着承载她家庭的大船，经历了我们这个时代最令人意想不到的现实生活，同时为现在的君主制保驾护航。她凭借无与伦比的丰富经验撑起了英联邦。最重要的是，她将她那分歧日益明显的王国团结起来，直到她生命的最后时期。在托马斯·基林格（Thomas Kielinger）创作的出色传记中，令人印象深刻地描述了是什么塑造了女王，是什么驱使着她，以及她是如何成为那个世纪的大人物的。

序言
一个时代的落幕

2022年9月8日，星期四，白金汉宫发布了不同寻常的公告：医生们担心女王，注意到她的健康状况堪忧，并命令她休息。以前，王宫从未对君主的健康状况发布过如此令人不安的消息。女王"行动不便"是众所周知的，这已经使她无法参加白金禧年庆典，即庆祝她在位70年的活动。但现在预示不祥的细节又出现了：王室成员赶到了伊丽莎白在苏格兰的住所巴莫勒尔城堡的病床边。每个人都知道这意味着什么。当天下午6点30分，白金汉宫宣布女王在巴尔莫勒尔去世。

动荡不安的一周达到了高潮。直到9月5日，首相鲍里斯·约翰逊（Boris Johnson）才后继有人，利兹·特拉斯（Liz

Truss）被保守党选为党魁，从而成为政府首脑。一天后，鲍里斯·约翰逊和利兹·特拉斯飞往巴尔莫勒尔，一个被女王解除职务，另一个被女王任命为新首相。一个身穿苏格兰裙和灰色开衫的脆弱身影，在最后一次履行国家官方职能时，微笑着伸出了她的手。利兹·特拉斯作为一个年轻的自由派，30年前曾主张废除君主制，9月8日晚，她称赞女王是"现代英国赖以建立的岩石"。

70年难以形容的岁月——几乎是一个时代——随着女王的去世而结束了。即使这个结局并不出乎意料，全英人民也十分震惊，因为他们已经习惯了伊丽莎白存在于世界舞台上。此外，这是历史上第一次英国国家元首在苏格兰地区去世，似乎女王想向大不列颠岛北部发出一个强有力的信号，提醒那些即使忠于君主制也渴求独立的苏格兰人，注意联合王国的凝聚力。一生致力于保持中立的她，在这次死亡事件中显然已经站在了一边。

英国历史上从未见过的画面出现在屏幕上，其中包括新国王在王室委员会的主持下，在都铎时代圣詹姆斯宫的王座上宣誓就职的画面。这是英国第一次向公众展示国王宣誓的画面。查尔斯三世表示，作为新的君主，他打算效仿"鼓舞人心的榜样"、他的母亲，"维护宪政形式，为英国人民的和平、和谐和福利而努力"。

四天来，一支不间断的自发的送葬队伍围绕着威斯敏斯特宫的灵柩，向君主致以最后的敬意。英国的多元文化面貌下出现了以下场景：2000 名参观者，包括一些国家元首和政府首脑，参加了 9 月 19 日在威斯敏斯特教堂举行的安魂仪式。傍晚时分，在温莎城堡的圣乔治教堂举行了葬礼，菲利普亲王也于 2021 年 4 月在此安息。法国总统埃马纽埃尔·马克龙在给英国人的唁电中表达了超越国界的许多人的感受："对你们来说，她是你们的女王。对我们来说，她就是'女王'。她将永远与我们同在。"

这本传记旨在帮助理解这一点。

目 录

第一章 \ 001
公主的诞生：
不是王位的明显继承人

第二章 \ 009
公主的教育和她母亲的指导

第三章 \ 035
1936 年：
君主制和未来女王的学徒期

第四章 \ 075
菲利普

第五章 \ 095
艰苦岁月和年轻人的幸福

第六章 \ 131
国王已逝，女王万岁

第七章 \ 151
玛格丽特

第八章 \ 169
20世纪50年代：
新的批评论调出现

第九章 \ 195
女王与德国

第十章 \ 225
团结与分歧

第十一章 \ 247
沉默的魔戒
——女王有权解释吗？

第十二章 \ 271
查尔斯、戴安娜和1997年的重大事件

第十三章 \ 301
伊丽莎白、继承人和君主制的未来

第十四章 \ 335
国王查尔斯三世

第一章

公主的诞生：
不是王位的明显继承人

"一位可能的英国女王昨天在梅菲尔区布鲁顿街 17 号出生了。"

——1926 年 4 月 22 日《每日见闻报》

"在我看来,有些人必须像海狮吃鱼食一样,从王室中汲取他们的养料。"

——斯特拉斯莫尔伯爵夫人,
伊丽莎白的苏格兰外祖母,1923 年

Elizabeth II.

1926年4月20日，英国内政大臣威廉·乔恩森－希克斯爵士（Sir William Joynson-Hicks）被传唤到伦敦上流住宅区的梅菲尔区布鲁顿街17号，代表议会和政府出席王室血脉诞辰：国王乔治五世（George V.）次子的妻子伊丽莎白·鲍斯－莱昂（Elizabeth Bowes-Lyon），即将分娩。这将是在位君主男系的第一个孙辈，这是温莎王朝得以延续的一个重要转折点。伊丽莎白的丈夫约克公爵，不是王位的第一顺位继承人，只是推定继承人，且不是明显的继承人。第一继承权属于他的哥哥威尔士亲王，当时威尔士亲王32岁；但他尚未结婚，也没有对此采取任何行动。于是所有的目光都转向了第二继承人——阿尔伯特·弗雷德里克·亚瑟·乔治（Albert Frederick Arthur George），他的家人称他为"伯蒂"（Bertie）——以及受爱戴的来自苏格兰的公爵夫人伊丽莎白。

该王室血脉的出生地布鲁顿街17号属于伊丽莎白的父母，即第十四世斯特拉斯莫尔和金霍恩伯爵（14. Earl of Strathmore and Kinghorn），以及他的妻子斯特拉斯莫尔伯爵夫人。虽然他们没有王室血统，但其血统可以追溯到几个世纪前以安格斯郡的格拉米斯城堡为主宅的古苏格兰王国的乡绅阶层。在莎士比亚（Shakespeare）的悲剧《麦克白》（*Macbeth*）中，曾经统治过格拉米斯的麦克白，为了让自己成为苏格兰国王而谋杀了他的领主邓肯国王。伊丽莎白是斯特拉斯莫尔伯爵的第九个孩子，出生于20世纪初，即1900年，她一直是伦敦社交圈中备受追捧的女孩，喜欢玩乐但知道节制，而且过于聪明，不会贸然地给追求者以希望。她两次拒绝了王子的示好。第三次她接受了，1923年她与伯蒂结婚。这个略带害羞的男人赢得了她的信任。与他的哥哥、王位继承人和流连"花丛"的浪子不同，他的语言障碍、明显的口吃使他在公共场合保持克制。在他害羞和口吃的背后，这位年轻的苏格兰女孩感受到了坚定、诚实、忠诚和爱。此外，和她一样，他珍视土地、狩猎、马匹——像一位乡村绅士一样谦逊、朴实，显然没有受到王室影响而变得傲慢。这对夫妇仍将在我们的故事中扮演重要角色——他作为国王乔治六世（George Ⅵ.），2010年还凭借《国王的演讲》（*The King's Speech*）被载入电影史；她作为约克公爵夫人和后来的伊丽莎白王后站在君主身边。在20世纪下半叶，她成为受人爱戴的王太后或"女王的妈妈"。

公爵夫妇即将诞生的孩子的继承顺序排在威尔士亲王和自己的父亲之后，威尔士亲王以他的六个名字中的最后一个名字大卫（David，全名为Albert Christian George Andrew Patrick David）命名。如果大卫即后来的国王爱德华八世（Edward Ⅷ.）未婚无子，那么伯蒂的长子将排在伯伯和父亲之后，成为直接的第三顺位继承人，但只是在大卫没有结婚的假设下。如果与假设相反，大卫建立家庭并有了孩子，那么约克公爵家的后代将完全落后于他们，处于继承人中"更远顺位"的位置。王室计算继承顺位的案例，研究英国君主制时无论如何都避不开，实际上这是一个没有研究前景的案例，至少就戴上王冠的概率而言，排这个孩子之前的王位继承人，有两个年轻人和威尔士亲王可能的后代。

内政大臣在这个场合到底在做什么,是在王室游戏中扮演额外的政治角色吗? 对于这个问题,历史提供了一个有趣的答案,历史学家本·皮姆洛特(Ben Pimlott)将其描述为"如画的信念"。1688年7月,在位的詹姆斯二世(James II.)的第二任妻子、摩德纳的玛丽亚(Maria von Modena,天主教徒)生下了一个儿子,这使得全国大多数新教徒陷入了彻底的绝望。詹姆斯坚持推行扭转英格兰的宗教改革和重新使国家天主教化的计划。因此,与那位虔诚的意大利妇女有联系的儿子一定会开辟一个天主教王朝,届时任何新教的苗头都将被遏制。但有人怀疑——王后不是说过在她与詹姆斯的婚姻中,所有孩子(除了一个女儿)都早早去世之后,她不能再生育孩子了吗?那个儿子詹姆斯·弗朗西斯·爱德华·斯图亚特(James Francis Edward Stuart)呢?一个出身卑微的婴儿,借助长柄暖床器偷运进宫从狸猫变成了太子?"暖床器阴谋"迅速蔓延,特别是因为坎特伯雷大主教(国王将其投入监狱)等合格证人在孩子出生时不在场,而在场的只有被视为可能的同谋的宫廷官员。

伦敦的权贵们一片哗然,邀请荷兰的奥兰治的威廉(Wilhelm von Oranien)从"教皇"詹姆斯二世手中拯救这个国家。奥兰治的威廉娶了国王的大女儿玛丽(Mary)。与她的父亲不同,玛丽选择成为一名新教徒。1688年秋天,威廉登陆英国,将君主和他的家人连同继承人(詹姆斯·弗朗西斯·爱德华·斯图亚特)赶出了这个国家,这位继承人后来宣称为天主教斯图亚特家族的詹姆斯三世（James III.），英格兰、苏格兰、爱尔兰的国王["老僭王"（the Old Pretender）]，并煽动了法国和苏格兰的反击。而在英国，奥兰治的威廉三世领导下的"光荣革命"打破了君主专制主义和君主独裁主义的束缚。

这段令人恐惧的历史足以创造一个传统——一直持续到1948年威尔士亲王即现在的国王查尔斯的出生——世俗权力机构的代表总是要确保王室直系继承人的血统是无伪的。因此，威廉·乔恩森-希克斯爵士被安排在产妇的房间旁边，成为历史性出生的公证人。

伊丽莎白·亚历山德拉·玛丽·温莎（Elizabeth Alexandra Mary Windsor）于1926年4月21日凌晨3点左右通过剖宫产出生，不久之后，这个总是被家人称为"莉莉贝特"（Lilibet）或"贝丝"（Bess）的孩子就征服了英国人的心，这也得益于她的母亲——极受欢迎和具有媒体意识的约克公爵夫人的宣传营销。这一点将在后面详细讨论。《每日见闻报》（*Daily Sketch*）的记者在伊丽莎白出生后的第二天就拿起了王室顺位表，并在理论上完全正确地写道："一位可能的英国女王昨天在梅菲尔区布鲁顿街17号出生了。"一位"可能的"女王——记者们显然不再预判威尔士亲王的婚姻，并立即让王位继承顺位到伊丽莎白那里。但这是一个大胆的假设。因为伊丽莎白正如我们到目前为止所忽略的那样，她可能还会有一个兄弟，毕竟她出生时她的母亲只有25岁。一个兄弟会使她在继承顺位上更靠后，更不用说威尔士亲王可能的后代了。因此，在1926年没有人会把赌注押在伊丽莎白会继承王位的假设上，因为有太多的障碍挡在路上。

然而，《每日见闻报》早期描述的"可能"完全按照预测实现了，而且比任何人都更早。1936年她的伯伯退位；1952年她的父亲早逝，享年56岁。一系列不可预见的事件导致这位年轻女子在25岁时登上了王位。顺便说一下，她与著名的前辈伊丽莎白一世（Elizabeth I.）登上王位时同龄。而伊丽莎白二世的人生也将成为历史，这是一个关于她在天赋王位上任职70年的故事。

这种人生经历差点就无法出现，因为如前所述，伊丽莎白·鲍斯-莱昂两次拒绝了约克公爵的求婚。她的母亲斯特拉斯莫尔伯爵夫人像大多数苏格兰人一样对英格兰很冷淡，她反对与国王的儿子伯蒂订婚——宫廷礼仪对她来说似乎很值得怀疑，而群众在相应场合的欢呼更是如此。"在我看来，有些人必须像海狮吃鱼食一样，从王室中汲取他们的养料。"她告诉女儿。19世纪英国广为人知的宪法理论家沃尔特·巴盖特（Walter Bagehot），已经有了类似的观点。他在1863年为《经济学人》（Economist）撰写的一篇文章中用平静而明智的嘲讽语气写道："我们越是民主，就越是喜欢国家表演，而国家表演总是吸引着我们当中的庸俗者。"当然，巴盖特是君主制的无条件拥护者，他接受了君主制的"庸俗"表现，认为这是对新兴现代性的必要致敬。

自古以来，借用伊丽莎白的苏格兰外祖母的说法，在不同的历史时期，在不断变化的君主统治下，英国人一直在从王室中汲取养料，王室是他们民族基因的一部分。你可以说这是他们宪政史的总谱。在英国，人们对自己国家的历史的理解主要不是面向中世纪、中世纪晚期、现代早期，而是面向国王和女王的继承——从诺曼王朝到金雀花王朝、都铎王朝，再到汉诺威王朝和温莎王朝，嵌入其中的是个别统治者的任期，从亨利五世（Heinrich V.）和亨利八世（Heinrich VIII.）到伟大的伊丽莎白，再到乔治三世（George III.）及其儿子，然后到维多利亚女王，直至现在的国王。一部无缝的国家历史，可以像一部伟大的史诗一样被重述。随着伊丽莎白二世和她的家庭的起伏，今天的英国社会已经成长了。人们认为他们了解女王，对她习以为常。

但这只是部分事实，因为有些事即使在今天的英国人中也几乎无人知晓。例如，在伊丽莎白最年轻的时候，在她母亲的指导下，公众是如何被这个王室最年轻的后代影响的，她的公关才能又是如何让现代机构感到着迷。女王年轻时的经历在各方面都是一个宝库，因为她已经表现出人们认为会在未来君主身上见识到的所有"典型"品质。她性格直率，富有专业素养，沉着冷静，自律，尽职尽责，朴实无华，没有架子，相当害羞。1936年12月11日，年仅10岁的她在伯伯爱德华八世退位后上升为父亲的第一顺位继承人，她的妹妹玛格丽特·罗斯（生于1930年）略带兴奋地询问："这是否意味着你最终会成为女王？""是的，我想是的。"伊丽莎白的回答很简短。"她再也不能回头。"玛格丽特后来说。

第二章

公主的教育
和她母亲的指导

"她有自己的思想,展现着权威和深思熟虑,这在一个幼儿身上是令人吃惊的。"

——温斯顿·丘吉尔,1928 年

"英格兰很幸运,能有这位小公主,一个了不起的孩子。"

——阿道夫·希特勒,1936 年

"她总是保持做自己,非常自然。"

——贝莱格子爵夫人,伊丽莎白的法语老师,1939 年

"约克公爵和公爵夫人似乎并不十分关心他们女儿的高等教育。"

——玛丽安·克劳福德,《小公主》,1950 年

即使没有公关宣传,一个新生的公主最初也是公众普遍兴奋的焦点。很早以前,约克公爵夫妇的孩子就成了媒体狂热报道的中心——这实际上可以追溯到她母亲宣布怀孕的时候。伊丽莎白的生日是一年一度的全国性活动,代表着她的第一个官方行为。美国有1928年出生的童星秀兰·邓波儿(Shirley Temple),英国有伊丽莎白公主。但因为她头脑清醒、性格坚毅,她的声望并没有使她迷失自己。1936年后,被称为"克劳菲"(Crawfie)的玛丽安·克劳福德(Marion Crawford),即伊丽莎白和她妹妹玛格丽特的家庭教师,教给孩子们对外的姿态:在国事场合向王室夫妇——他们的父母行礼,在第三方面前不要说"爸爸"和"妈妈",而要称他们"国王"和"王后"。

伊丽莎白出生后的10年,只能说是王室赛璐珞生涯(摄影动画时代)的第一个现代例子。一开始,人们就对这个"世界上最有名的幼儿"的母亲表示祝贺。在早期的照片中,她一头波提切利卷发,向人们微笑。摄影动画时代如火如荼,没有人比约克公爵夫妇更热衷于使用照相机和第一批业余胶片相机,伊丽莎白后来也受父母感染。摄影机构如雨后春笋般出现,第一批狗仔队包围了约克公爵家的孩子,尤其是年长的孩子。毫无疑问,这是一种个人崇拜,由世界各地的媒体所煽动。尤其是在美国,由公爵夫人巧妙地发起,以展示她完整的家庭,与爱德华八世形成对比,后者没有完整的家庭可供人崇拜仰望。然而,伯蒂在给他母亲玛丽王后(Queen Mary)的信中说,他"几乎感到害怕,人们如此喜爱伊丽莎白"。这个少女最终将吸引几乎和对他的父母——国王和王后——一样多的好奇心。

一些知名人士对这个明显早熟的孩子做出了评价。1928年访问巴尔莫勒尔城堡后，温斯顿·丘吉尔（Winston Churchill）在给妻子克莱门汀（Clementine）的信中谈到了这个两岁半的女孩："她有自己的思想，展现着权威和深思熟虑，这在一个幼儿身上是令人吃惊的。"但也许在一个深受其祖父母那一代人影响的女孩身上，这也并不令人惊讶。1927年1月至6月，她的父母到澳大利亚和新西兰进行了为期6个月的世界旅行，把9个月大的女儿交给乔治五世、玛丽王后以及苏格兰外祖父母斯特拉斯莫尔伯爵和夫人轮流照顾。他们在伦敦北边的赫特福德郡的圣保罗瓦尔登村拥有一座舒适的乡村庄园。

这一代人里也包括当时的保姆克拉拉（阿拉）·奈特[Clara (Alla) Knight]，她曾担任过1900年出生的伊丽莎白母亲的保姆。在玛丽安·克劳福德1950年的回忆录《小公主》（*The Little Princesses*）中，她被描述为一个"绝对的统治者"，教导伊丽莎白遵守纪律和规矩。保姆副手玛格丽特（波波）·麦克唐纳[Margaret (Bobo) MacDonald]，虽然在公主出生时只有22岁，但也跟随奈特小姐的脚步敦促孩子要节俭，应尽可能保留圣诞礼物的包装纸，并关闭屋内不必要的灯——女王在她后来的岁月中一直这样做。波波·麦克唐纳后来成为伊丽莎白的第一女仆以及她一生的朋友，是宫廷中唯一被允许称呼女王"莉莉贝特"的人，直到她在1993年去世。

伊丽莎白就这样像个小大人一样长大了，这也得益于这样一

秀兰·邓波儿面临竞争：五岁的伊丽莎白，1931 年 2 月。

[照片来源：马库斯·亚当斯（Marcus Adams）]

第二章 公主的教育和她母亲的指导

个事实：她很少见到其他圈子的同龄人，更不用说平民中的同龄人，玛格丽特在很长一段时间里一直是她唯一的玩伴。但作为一个长者，她已经在为妹妹做榜样；人们经常能听到她的斥责："为什么，玛格丽特！"或对妹妹提出建议，如："如果你看到有人戴着有趣的帽子，玛格丽特，你一定不要指着他笑。"10岁时，她把妹妹在圣诞节收到的所有礼物列了一张清单，这样玛格丽特就会记得要感谢谁。这也是女王的一大特质：做事准确、严谨。在1947年11月伊丽莎白的婚礼之后，她严谨、准确的处世之道又得以展现，当时必须感谢来自世界各地的官方祝贺，这是英国驻外外交使团的职责。从那一天到1952年2月登基期间，她的头衔是"爱丁堡公爵夫人，伊丽莎白公主"，她坚持要求预先印制的信件上要由大使们亲笔签名。

三岁时，她第一次成为《时代》（*TIME*）杂志的封面人物。第二年，四岁的她骑着小马进入了杜莎夫人蜡像馆。在她两岁半的时候，御马管家让她骑上她的第一匹小马。骑马成为伊丽莎白的一大爱好。她被认为是有关马匹饲养、配种和养育纯种马以及人与马之间共生关系的专家。1937年，她为波兰雕塑家齐格蒙德·斯特罗布尔（Zsigmond Strobl）的第一个半身像做了18次模特，她兴致勃勃地与之聊天，"我对马了如指掌"，正如曾参与这些会面的翻译拉约什·莱德勒（Lajos Lederer）后来描述的那样。1953年6月加冕仪式开始前不久，一位女侍对年轻的女王担心地说："您一定很紧张，夫人。""当然，"她回答说，"但我确实认为奥雷奥（Aureole）会赢。"奥雷奥是她的马，将参加第二天的德比马赛。然而，它只获得了第二名。女王的马匹几乎赢得了所有马赛的胜利，但从未赢得过著名的艾普森德比马赛。

1930年，四岁的女王的第一本传记出版了，由安妮·林（Anne Ring）撰写，"伊丽莎白公主的故事，在她父母的许可下完成"——得到她父母的许可，作为对这本传记的一个重要的说明。约克公爵夫妇鼓励这种"糖衣产品"，只要这些在他们的控制之下。尤其是公爵夫人，显然她对她母亲的评论记得很清楚："在我看来，有些人需要从王室中汲取他们的养料。"在公爵夫人鼓励的书籍中，不能缺少动物，即柯基犬。这种威尔士犬种因王室而闻名于世，由公爵夫人引进，她将其作为一种持久的爱好传给女儿们。以约克公爵一家相册中的许多照片为内容的动物书籍很快就问世了：《我们的公主和她们的柯基犬》（*Our Princesses and Their Corgis*，1936年），献给"所有爱狗的孩子"。作者迈克尔·钱斯（Michael Chance）列举了在温莎大公园皇家小屋的孩子和父母身边嬉戏的八个四条腿的朋友：两条柯基犬、三条拉布拉多犬、一只金毛猎犬、一只黑色可卡犬和一只藏狮品种的长毛犬。"没有比我们的王室更公正的了，"虔诚的钱斯先生写道，"如此体贴，不矫揉造作，富有人情味——很像杜基（Dookie）和简（Jane）。柯基犬通情达理，本能地知道我们所知道的。"现在，那是对狗还是对人的崇拜呢？可能都有，柯基和贝丝都像裹着糖浆一样惹人喜爱。

20世纪30年代，沉迷于王室的公众对这些动物的名字非常熟悉,对女王几代柯基犬的"祖先"杜基,对简、苏克(Soark)、闪电(Flash)、斯克鲁菲(Scruffy)、米姆西(Mimsey)和斯蒂菲(Stiffy),就像对迪士尼电影中的人物一样熟悉。妹妹玛格丽特后来更喜欢腊肠犬,并让其中一只与柯基犬交配。一个新的品种诞生了,即"多吉士"(Dorgis),它也在爱狗人士中得到了很多青睐。理查德·冯·魏茨泽克(Richard von Weizsäcker)在1986年对英国进行国事访问后,曾向笔者描述柯基犬为"皇家贪睡虫"。动物是不是因公主缺乏与其他孩子互动而寻求的替代物?这是女王的传记作者们一再提出的问题。对于"可怜的富家女孩儿"这一主题,玛丽安·克劳福德在书中也有共鸣。成长教育的简单性和作为公主的孤独感之间的关联,使伊丽莎白在与动物相处中感到特别自在。"我有一天最想嫁给一个农民,有很多马、狗和孩子",克劳菲告诉我们这是伊丽莎白的一个早期愿望。除了农夫之外,不是都成真了吗?菲利普亲王(Prinz Philip)有时不是有像农民一样的行为举止吗?

在女王母亲授权和启发的另一本书,即辛西娅·阿斯奎斯夫人(Lady Cynthia Asquith)于1937年出版的《国王的女儿们》(*The King's Daughters*)中,我们看到了一个很有说服力的场景:1927年6月底,伊丽莎白在她的父母结束了半年的环球旅行回来时迎接他们。作者故作天真地说:"小女孩(刚学会走路)很高兴再次见到她的母亲,好像站在她面前的不是公爵夫人,而是一大群人。她圆圆的脸上绽放出灿烂的笑容,并张开双臂。"辛西娅·阿斯奎斯显然认为这是有新闻价值的,公爵夫人认可了手稿里这一段。同时，人们在这里很早就看到公共和私人是如何不可分割地联系在一起的——或者说是混淆——这肯定为女王的羞涩和摸索性的谨慎奠定了基础。她从来不是一个演员，既不像她更活泼的妹妹，又不像她那有强烈戏剧感的母亲。对女王来说，过去和现在都是一种严肃的表演，有强制性的规则。这是必须学习和忍受的，正如我们将要看到的，她并没有反抗，她和她的伯伯大卫即后来的爱德华八世不一样。

富有戏剧感的伊丽莎白·鲍斯-莱昂，约克公爵夫人，后来的伊丽莎白王后，然后是王太后：也许她——另一个伊丽莎白——值得被仔细探究一番。她可以比她的女儿更轻松地处理王室事务，因为她们所处的情境完全不同。首先，1936年后，她不是执政女王；其次，她作为必须时刻保持清醒克制的君主的妻子，在乔治六世首次登上王位之时，要进行必要的放松练习。考虑到乔治六世的问题和相应的克制气质，这对她来说是最合适的。随着乔治六世登基，一颗新星诞生了，那就是伊丽莎白王后，现在人们称呼她为"王后陛下"。她是活泼的那个，他是害羞的那个；她是王室表演的策划者，他在上面徘徊，她的力量弥补了乔治的脆弱。在20世纪30年代，正如我们所看到的，她已经是围绕她的孩子和王室的宣传活动的真正推动力。2000年，也就是她100岁生日的那一年，一部英国电视电影将她描绘成一个魔术师，其谨慎的操纵艺术达到了无与伦比的高度。

第二章 公主的教育和她母亲的指导

柯基和贝丝：
10 岁的伊丽莎白公主与狗在皮卡迪利大街 145 号的花园里，1936 年 7 月。

[照片来源：丽莎·谢里丹（Lisa Sheridan）]

在这方面，伊丽莎白·鲍斯－莱昂确实无人能及。她在1923年接受了最后一次也是唯一一次采访，那一年她结了婚，表现得好像每个人都应该认识她一样，她将这种心思巧妙地隐藏在她的手势、帽子以及后来的金汤力酒和杜邦酒的统一性背后。令人难忘的是《想象》（*Picture This*）这首诗，宫廷诗人安德鲁·莫恩（Andrew Motion）为王太后的100岁生日写下了这首诗，共有十节。下文这一节即第九节，描绘了他所说的王室永恒：

> 一切都是旧的，乍一看：阳台/坦然的微笑，挥手，游园会/帽子，帽子，还是帽子，所有的照片/在我们的相册或我们的脑海中，还有这些/没有人给你拍过的照片/祖母－倾听者－朋友，哀悼者/关于离婚和所有这些，世俗的观察者/对一个从未表现出任何改变的世界/乍一看：阳台，坦然地挥手/微笑，帽子，帽子，还是帽子。

背景是这个女人的游乐场，她知道如何在多重面纱和她不间断的微笑背后隐藏偏见。精心设计的表演是她的专长。为了做到这一点，她找到了一个乐意效劳的助手，即在"二战"前才开始职业生涯的摄影师塞西尔·比顿（Cecil Beaton）。1939年，比顿因提交的一系列关于肯特公爵和他的希腊妻子的照片而被推荐给了她。这位摄影师是一个神话制造者，他更感兴趣的是他的模特的形象而不是外表，是效果而不是真实性。他在1936年退位危机后为英国君主制的复兴所做的贡献，在视觉力量上是独一无二的。比顿的世界声誉始于他的王室照片。

他还与伊丽莎白王后对过去几个世纪里的绘画世界有着相同的爱好，摄影师正是从这些资源中汲取了他的灵感。1937年6月，他拍摄了退位的爱德华八世国王，即现在的温莎公爵，其与沃利斯·辛普森（Wallis Simpson）在婚礼上就像他们眼中的自己那样：带有装饰艺术气息的现代主义人物，全是铬银色和朴素的造型，温莎公爵夫人穿着定制的成套裙装，她的丈夫穿着一流的西服套装。这不是比顿和新王后想要的，他必须为伊丽莎白王后量身定制专属方案。作为装饰，他为身材矮小的王后选择了拖地长裙，头上戴着冠饰，背景是白金汉宫华丽的内饰。王后超凡脱俗，沐浴在自然光中，仿佛进入了另一个世界。

比顿喜欢把他的模特摆在18世纪自然绘画的细节中。其中包括让-奥诺雷·弗拉戈纳尔（Jean-Honoré Fragonard）的画作《秋千》（*Die Schaukel*，1766年），这是洛可可式自然的嬉戏和符合刻板印象的欢乐的理想形象。在茂盛的鲜花和流动的夏日光线前，摄影师将这位微笑的王后置入其中，宫廷设计师诺曼·哈特内尔（Norman Hartnell）让她融入雪纺裙装的盛宴中，与背景相得益彰。在这里，艺术和宣传相遇，投射出一个神奇的世界，王后伊丽莎白则是一个王室梦想的承载者。在20世纪英国君主制的背景下，这恰恰是1936年动荡之后，当时国家元首所渴望的形象。1940年，当乔治六世和他的妻子访问伦敦东部被炸毁的街区时,这种形象残酷地瓦解了,另一种形象出现在人们面前:饱受战争威胁、忧心忡忡的父母的形象。比顿在战后再次发挥了自己的作用。1953年,这位摄影师被委托拍摄伊丽莎白二世的正式加冕仪式。在他的镜头下,中世纪和现代融合成一个可视的梦想。

玛丽安·克劳福德或克劳菲(孩子们和家人都这么称呼她),在1933年初来到约克公爵家。她自己也是苏格兰人——来自英国的北部,一直在努力获得成为优秀家庭教师(无论是保姆还是家庭教师)的资质。她在爱丁堡学习了儿童心理学方面行为科学的基础知识,后来想为弱势家庭的儿童工作,并在培训学院毕业后获得了文凭。暑假期间,她被雇为埃尔金勋爵(Lord Elgins)的孩子们的家庭教师。埃尔金勋爵是斯特拉斯莫尔家族的远亲。因此,当伊丽莎白上学时,她还不到24岁,就被推荐给了伦敦的约克公爵夫妇。一年的试用期变成了15年的忠诚服务,直到伊丽莎白结婚并且查尔斯王子出生后才结束。没有人像克劳菲那样在伊丽莎白成长过程中扮演过如此重要的角色,她的影响必须与女王父母的影响相提并论。

但是,这位家庭教师于1950年出版了一本名为《小公主》的书后,王室成员与她的亲密关系突然中断了,因为她没有得到国王夫妇的王室许可。在这本书中,她将在王室工作的漫长岁月铺展开来,以极大的爱和眷恋讲述,但也不乏一部分独立的判断。这是第一本由王室雇员撰写的未经授权的回忆录,这种情况在 20 世纪 80 年代和 90 年代有很多例子，特别是查尔斯和戴安娜身边的人。"做克劳菲"成了这种未授权行为的一个代名词。

苏格兰女教师的不幸在于她处于这一发展的开端，作为王室眼中的"首犯"，她遭受了特别严厉的惩罚：一夜之间被王室从历史中抹去，这是一次典型的清洗；没有人再和她说话，甚至在王室成员面前提到她的名字都被认为是对威严的侮辱。她失去了王室作为恩惠而提供的位于肯辛顿花园的别墅，甚至不得不退居苏格兰。在那里，她作为已婚的布特雷夫人（Mrs. Buthlay），又因为《玛丽王后》（*Queen Mary*）和《女王伊丽莎白二世》（*Queen Elizabeth II*）等书而名噪一时。但由于丈夫早逝，她陷入了孤独和抑郁，在一次自杀后勉强得救。她于 1988 年 2 月去世，享年 79 岁。

王室豪华轿车在前往巴尔莫勒尔城堡的路上经常经过她在阿伯丁的房子，但没有一辆车停下来——就好像从来没有过玛丽安·克劳福德一样。"那条毒蛇！"伊丽莎白的妹妹玛格丽特在她的名字出现时厉声道。然而，克劳菲在遗嘱中把公主们年轻时的宝贵纪念品——照片、信件、笔记和早期的绘画涂鸦——留给了女王，而不是把它们变成硬通货，从而使得它们能被保存在温莎城堡的王室档案馆里。这是一种慷慨的姿态。正如我们在有关女王的所有传记中所看到的那样，今天，即使在宫廷圈子里，人们也认为玛丽安·克劳福德的雇主和前密友对她的无情对待是不合理的。只有温莎公爵夫人沃利斯受到过同样冷漠的排斥，但她在王室历史上的地位最终比苏格兰家庭教师的《小公主》这本无害的书更重要。然而，克劳菲违反了王室的命令——禁止任何不受伊丽莎白父母控制和许可的出版物。这足以令她被放逐到黑暗的最深处。

我们是不是说过这本书"无害"？我想这本书肯定不是。当然，在克劳菲身上，我们也能找到所有那些向王室光环鞠躬致意的姿态，那些在金箔装饰下关于受她照顾的小名人的话语。就连阿道夫·希特勒（Adolf Hitler）也在书中有一句对10岁的伊丽莎白的可爱评论："英格兰很幸运，能有这位小公主，一个了不起的孩子。"我们要感谢戴安娜·莫斯利（Diana Mosley），她于1936年在约瑟夫·戈培尔（Joseph Goebbel）的柏林公寓里与英国法西斯领导人奥斯瓦尔德·莫斯利（Oswald Mosley）结婚，因为这对夫妇无法在伦敦立足。他们与纳粹的关系很密切，希特勒充当了伴郎。我们在戴安娜·莫斯利1980年的《温莎公爵夫人传》（*Biografie der Herzogin von Windsor*）中找到了希特勒的上述说法，戴安娜·莫斯利是温莎公爵夫人在巴黎长期相处的亲密朋友。

大多数关于女王生活的描述都将克劳菲书中所写的视为善意的文章，忽视了它为我们提供的对20世纪30年代和40年代英国社会历史某些方面的见解。身为家庭教师的克劳菲虽然总是和蔼可亲，但也对约克公爵夫妇为女儿们制订的一些计划提出了异议。这作为对后来女王的成长教育的随附评论，是非常宝贵的。人们可以理解，女王的父母对这个"刚愎自用"的苏格兰女人的异议感到愤怒。谁敢冒昧地评价"约克公爵和公爵夫人似乎并不十分关心他们女儿的高等教育"，然后又居高临下地继续说"对他们来说，重要的是一个快乐的童年，在未来的日子里有许多愉快的回忆，然后是一个幸福的婚姻"？这在官方认可的书中是找不到的。这就是王室反对这位家庭女教师的原因，而不是他们试图归咎的书中的微小不准确之处。

克劳福德小姐曾在温莎大公园的约克庄园皇家小屋里向莉莉贝特介绍过自己，当时莉莉贝特还不到 7 岁，这一幕已经变成经典了。伊丽莎白坐在床上，指挥着想象中的马匹，手里握着缰绳。当新家庭女教师问她是否经常这样在床上骑来骑去时，她回答说："你知道，我通常在睡觉前在公园里转一两圈。马儿需要经常运动。"多年来，公主和她的老师最喜欢的游戏之一就是给老师套上马具，用挂着小铃铛的红色缰绳指挥她到虚构的房子里去送虚构的蔬菜，并"与她想象中的客户进行广泛的交谈"。

玛丽安·克劳福德令人难忘地描述了后来的女王对秩序和程序的热情——威廉·肖克罗斯（William Shawcross）甚至在他 2002 年出版的《女王与国家》（*Queen and Country*）一书中谈到"对秩序的癖好"。公主"每晚起床数次，检查她的衣服是否整齐地放好，鞋子是否整齐地放好"。伊丽莎白不必忍受像她的祖父乔治五世强加给她父亲的那种无情的制度——《国王的演讲》中有相关场景；相反，约克公爵对待他的女儿们很亲切。诚然，虽然他放纵玛格丽特的一些疯狂行为，但他向大女儿灌输了他作为乔治六世所展现出来的严肃的责任感。玛丽安·克劳福德发现了阿拉和波波（上文提到过的两位保姆）在生活中对两位小公主的影响——处处都是纪律，但伊丽莎白按照她与生俱来的天性遵循了这些纪律。这表现在一些小细节上——她晚上放衣服的方式，或者她和妹妹吃糖果时的行为方式。"玛格丽特把所有的东西都拿在手里，一下子塞进嘴里。莉莉贝特在她面前的桌子上小心翼翼地把糖果进行分类，把小的和大的分开，然后非常优雅地、有条不紊地吃。"

当克劳福德写到公主们与世隔绝的生活方式，以及她自己决心拓宽孩子们的视野，让她们与出身的隔离墙之外的世界接触时，她变得更加严肃了。公主们在海德公园散步时，如果她们幸运地没有被人认出，最重要的是"其他的孩子对她们来说表现出一种巨大的魅力，就像来自另一个世界的神秘生物。两个小女孩总是羞怯地对她们喜欢的人微笑"。然后她继续写道："小公主们很想和他们说话，交朋友，但她们从未被（她们的父母）鼓励这样做。真可惜，我常常想，荷兰和比利时的王室子女可以理所当然地走在他们国家的大街上。"

亲爱的克劳菲，在君主制问题上，英国过去和现在都不是荷兰或比利时，也不像其他"骑自行车的王室"。1980 年 1 月 31 日晚，当有人向女王透露，荷兰君主朱莉安娜（Juliana）刚刚在电视上宣布，她打算在 4 月 30 日退位给她的女儿贝娅特丽克丝（Beatrix）时，据说伊丽莎白简短地回答："典型的荷兰人。"将苹果和梨子进行比较的评论有点不厚道。英国君主立宪制——正如爱德华八世的经历所证实的那样——将退位视为可以想象的最大意外。即使这一步是有序的，就像荷兰的情况一样，权杖从母亲传给女儿。在英国，如果君主因疾病或精神上的问题而不能胜任，就像乔治三世所表现的那样，那么他的继任者将成为"摄政王"，而不是国王——因为不可能同时有两个君主。人们总是忽略这一点，他们恳切地问为什么女王年老时没有将权力移交给查尔斯，或者更好的是交给他的长子威廉（William）。女王不能颁布这样的法令，这是议会的主权权力所禁止的。议会不会通过任何允许国家元首退位的法律。即使是在这类问题上有发言权的英联邦，也不会同意。英国君主必须死在王位上。此外，温莎王朝的传统中缺少一个重要因素：欧洲其他王室所培养的亲民。这可能只有在未来的威廉五世和他的王后凯瑟琳（Catherine）的领导下才会改变。

亲民？对于玛丽安·克劳福德来说，要说服约克公爵夫妇让他们的孩子乘坐伦敦地铁已经够难的了。一名侦探被指派为公主服务，但这些惯例安排"可能会让人相信，我们是在前往忽必烈汗壮丽的穹顶建筑探险，而不是乘坐伦敦地铁"。女孩们自己买了票，"整个公司都像授勋一样庄严"。

每周有九节上午的课程，下午则是游戏、针线活或不可缺少的户外活动——在温莎大公园骑马、做园艺、玩积木和做手工、遛狗、远足，后来还有舞蹈课。伊丽莎白是按照20世纪初

伊丽莎白、玛格丽特和父母在微型房屋"小房子"（Y Bwthyn Bach）前合影，这是威尔士送给王室的礼物。位于温莎大公园皇家小屋的玫瑰花园，1936年6月。

（照片来源：ILN）

爱德华时代的惯例长大的——一个完美的淑女要出现了，就像成千上万的来自上流社会圈子的女子一样。她们会在成年后被介绍给宫廷，从那时起只以一种标准来判断她们——婚姻能力。克劳菲诚实地描述了这对约克公爵夫妇的重要意义："一个快乐的童年，在未来的日子里有许多愉快的回忆，然后是一个幸福的婚姻。"

正如历史学家罗伯特·莱西（Robert Lacey）在2002年修订的女王传记中所指出的那样，即使没有人会反对"快乐的童年"，王室的教育理想在20世纪30年代也至少已经过时了两代人。根据王室对所有知识分子的厌恶传统，培养一个务实的而不是知识分子型的公主才是真实目的——别成为女学究！事实上，这种传统在伊丽莎白甚至还是青少年时就对她那一代人产生了影响。首先是基于对任何知识分子野心的回避：重要的是保持君主制在所有阶层中都受欢迎，首先是在普通人、工人阶级中，这在英国王室的历史上一次又一次地引人注目。在这一阶层，实用的想法总是凌驾于智慧之上。巴盖特已经要求王室"不要失去萨默塞特工人的忠诚"。甚至像鲁德亚德·吉卜林（Rudyard Kipling）这样的著名作家，在1897年，即维多利亚女王的钻石禧年，看到帝国受到当权派的狂妄威胁，也把所有希望寄托在普通人身上："乘坐铁路三等车厢的人们会拯救我们。"乔治·奥威尔（George Orwell）在他的文章《英国人民》（*The English People*）中写道，他相信自己在1935年乔治五世的银禧年庆典中发现了"一个与历史本身一样古老的想法的苏醒"，即

"国王和平民是一种反对上层阶级的联盟"。奥威尔指的上层阶级也是知识分子阶层,传统上喜欢居高临下地谈论女王和君主制的阶层。

艾伦·贝内特(Alan Bennett)在他2007年富有想象力的长篇小说《不寻常的读者》(*The Uncommon Reader*)中,以最可爱的方式讽刺了女王对书籍的众所周知的厌恶,除非它们与马和养马有关。在关于马的领域,她是世界公认的专家。但在文学作品方面,她从来没有亲近感、兴趣或闲暇。贝内特以一种幻想的方式扭转了这种局面,使伊丽莎白成为一个"君主读者"。他还悄悄地暗示了知识分子潜在的傲慢,他们想要的是知识分子阶层的君主,而事实并非如此,这让他们感到不满。

对于公主们来说,学校(例如为贵族女孩建立的寄宿学校)是不可能的,而且它曾经被提议时,乔治六世拒绝了这一请求,据称是因为未被选择的寄宿学校的人会感到被忽视和挫败,所以在这种情况下无法取舍。玛格丽特后来经常抱怨,有时是故意在她母亲的耳边抱怨她和伊丽莎白的成长环境有多么糟糕,"能感到兴奋的无非是克劳菲、柯基犬和在温莎大公园骑马"。

家庭教师虽然不是一个有教授特定科目能力的教育工作者,但却尽了最大的努力来进行通识教育。课程包括英语、文学(从经典儿童读物开始)、地理、《圣经》研究和历史。在历史方面,公主们的祖母玛丽王后很乐意介入其中,她特别感兴趣的是帝国的历史。她是德国人,出生于泰克家族,嫁到英国,对帝国的历史了如指掌。在伊丽莎白4岁生日的时候,她的祖母给了她一组积木,里面有表示当时所有属于帝国的一部分国家的积木块——未来的女王第一次接触到她人生中最重要的任务之一。

1937年6月乔治六世加冕后,针对伊丽莎白仅进行淑女教育,辅以少量的通识教育并侧重于实际事务,似乎已经不够了,因此对伊丽莎白的教育范围扩大了,增加了基于皇家收藏品的艺术鉴赏以及法语课,并为此单独聘请了一位教师,即贝莱格子爵夫人(Vicomtesse de Bellaigue)。她逐渐成为这位青少年的重要朋友,女王的法语进步很快,掌握得也很流利。1939年夏天,在法国总统访问伦敦期间,伊丽莎白已经能够用完美无瑕的法语公开问候。"伊丽莎白拥有一种正确的直觉,"子爵夫人后来这样评价她的学生,"她总是保持做自己,非常自然,但在她的性格模式中,严谨的责任感与生活情趣交织在一起。"然而,公众对她的生活情趣的了解较少,因为它通常是不为外人所知的。公众能看到的除了责任、责任,还是责任。早在1940年,弗朗西斯·托尔斯(Frances Towers)就在《两位公主》(*The Two Princesses*)中评论过这个14岁的孩子,说人们"在那张认真的小脸上露出的动人微笑中,可以看出一种天生的责任感,这种责任感使一个非常平凡的人——乔治五世(伊丽莎白的祖父)——成为一位伟大的国王"。责任感是一种有缺点的美德,本书中会有很多关于这个问题的论述。

1939年4月21日是伊丽莎白的13岁生日,对这个少女来说是一个重要的日子。宪法课开始了,由位于泰晤士河另一边、温莎城堡对面的伊顿公学的副教务长亨利·马顿（Henry Marten）进行教授。伊丽莎白要理解"历史人物本身也曾经是和我们一样的人"，并学会适应国家的宪法现实。对于未来的女王来说，没有任何课程比这门课程更重要，扎根于历史是国家元首的基本素质之一。亨利爵士强调，英国君主制的悠久历史仅次于教皇的职位，它的存续归功于"适应变化"的能力。他很快谈到具体问题，指出影响现代英国君主制的两个最重要的转折点是1931年的《威斯敏斯特法案》（*Statute of Westminster*）和无线电广播的到来。前者在自愿的基础上，将效忠王室定义为英王国与各英联邦国家之间的有效纽带。无线电广播使王室能够保持这种联系，正如乔治五世在1932年对英国人和帝国的其他人民的第一次圣诞广播讲话中所证明的那样。

所有这些都是亨利·马顿爵士提出的深刻且非常具有现实意义的见解，在关于宪法的任何教科书中都找不到。事实上，可以从伊丽莎白每年的圣诞演讲中解读她自己的想法，这再好不过了，因为此时她可以在没有政府授意的情况下讲话。她在正式发言时不被允许提出自己的想法，而只能根据她的政府和大臣们的建议发言，他们预先拟定了她的发言文本，无论是在国内的国家招待会上或在国外做客时的讲话，还是在女王的演讲（Queen's Speech，即政府在议会的年度报告）中。圣诞贺词和每年春天的单独英联邦日致辞（Commonwealth Day Message）是两个主要的例外——显然，国家元首在这些场合被信任，不会在政治上暴露自己，并能在没有事先通知的情况下找到政府可以接受的话语。伊丽莎白二世在这方面从来没有让人失望过。我们将在关于女王和玛格丽特·撒切尔（Margaret Thatcher）的章节中遇到一个例外，但她总是把这种难得的自由作为一个机会，谈论对她来说似乎很重要的价值观。近年来，她的基督教根源已经成为一个越来越重要的话题。

对于宪法课程，亨利爵士使用了1886至1892年的《宪法的制定法与习惯法》(*The Law and Custom of the Constitution*)作为他的教科书，共四卷。公主用铅笔标记的副本仍然保存在伊顿公学的图书馆中。对于13岁的少女来说，作者所写的关于议会的一切是特别有意义的。她重点标注了一些句子，如"议会有权实现它所希望的任何变革，任何议会任期都不能对其继任者产生不可撤销的约束"。君主可以解散议会的时代是"责任政府之前的时代"。伊丽莎白在小小的"前"字下面还画了一条粗线。伊顿公学的教务长让她写文章，她必须在文章中展现她所学到的东西。

因此，未来的女王在没有任何正式培训的情况下，已经为作为第一公仆的角色做好了充分的准备：她宣布自己是"红盒子"的勤奋读者，那些盒子里装满了每天晚上从议会和政府寄给君主的文件，供其评估。历史上从来没有一位英国国家元首像后来的女王那样阅读并尽职尽责地标记如此多的文件。在这一点上，她的父亲也成了她的榜样——一个努力工作的立宪君主的形象，这也是亨利爵士在理论上为她设想的理想化身。偶尔这位学者在说话时,他手中的那只驯服的乌鸦会啄他的耳朵,公主也是如此。在上课期间,伊丽莎白的耳边一定会响起什么声音:威胁性的信息?责任太大?对即将发生在她身上的事情感到害怕?平静却痛苦的反叛?编年史甚至没有记载。1952年2月6日,爱丁堡公爵夫人、伊丽莎白公主在肯尼亚得知她父亲突然去世的消息,她立刻知道时辰已到。"她总是保持做自己,非常自然",也就是说,毫不动摇地控制着自己。

而且,正如菲利普亲王的表妹蒙巴顿女伯爵帕特里夏(Patricia Gräfin Mountbatten)所说的那样,他们这一代人"僵硬的上唇"(意为沉着坚定),"从出生时就被植入了"。帕特里夏和伊丽莎白、玛格丽特一样,属于"第一白金汉宫女童子军组织",该组织在克劳菲的倡议下于1937年成立,王室大家庭的孩子们聚集在一起,在白金汉宫的巨大公园里搭起了帐篷,并沉浸于其他休闲活动。可悲的是,这一组织只持续到1939年,战争结束了这一切。女伯爵说:"伊丽莎白总是意识到她在公共场合的形象的重要性。"这证实了孩子早期对公共礼仪的习惯,"所以她不被允许突然哭起来。如果她在我们的比赛中伤了膝盖,她知道必须努力不哭"。

金鱼式的生活,自立地练习,她可以从白金汉宫公园的一座小山上或者白金汉宫的窗户里,长时间地沉思并凝视外面的陌生世界。很久以后的1954年,当皮埃特罗·安尼戈尼(Pietro Annigoni)画女王早期最著名的肖像画之一时,她向这位意大利画家透露,当她还是个孩子的时候,她经常花几个小时从白金汉宫的窗户望出去，沿着林荫大道望向金钟拱门。"我喜欢看大道上的人和车，"她承认，"他们似乎都很忙。我一直想知道他们在做什么、要去哪里，他们对王宫有什么看法。"这句话带有一丝忧郁，出自一个因工作而被孤立的人口中，但女王从未反抗过自己的生活。

正如历史学家本·皮姆洛特所描述的那样，年轻的伊丽莎白是她那一代的典型："简单，热情，勤奋，准确，有教养，有幽默感，最重要的是友好。简言之，她是那个时代典型的英国女儿。"此外，她还有一种遵守规则的本能，也就是她的法语老师所说的"正确的直觉"。她没有被周围的崇拜所感染，而是融入她职责所在的环境来摆脱它，放弃她无法改变的一切，并严格履行自己的职责。克劳菲在她的书中记录了她最大的反叛行为：伊丽莎白有一次在法语课上感到无聊，把墨水瓶倒在头上——至少还反叛过一次。

更令人惊讶的是，在1939年，这个如此温顺的女孩会遇到一个男人，这个男人很快就征服了13岁的女孩。她不顾一切地坚持爱着这个男人，直到幸福的结局——婚礼。但我们不想把故事提前太多。

第三章

1936 年：
君主制和未来女王的学徒期

"她会成为女王吗?"

"是的,还有印度的女王,整个英联邦的。"

——1936年11月20日,爱德华八世与他的弟弟肯特公爵的谈话,他刚刚向肯特公爵公开了与沃利斯·辛普森结婚的打算

"我知道自己没有什么王者风范,我一直努力与人们打成一片,让他们觉得我是他们当中的一员。"

——爱德华八世致首相斯坦利·鲍德温,1936年11月16日

"在君主立宪制国家,议会代替国王行使主权。"

——美国作家约翰·冈瑟,《欧洲内部》,1936年

伊丽莎白从未上过学校，然而，1936年，她和王室接受了一次具有持久意义的教育。关于这一点，你必须参考当时的历史背景。黑暗笼罩着欧洲。希特勒占领莱茵兰非军事区，墨索里尼（Mussolini）入侵阿比西尼亚（埃塞俄比亚旧称），斯大林式的审判在莫斯科开始，西班牙陷入内战。而英国在这一切中，是被上帝祝福的吗？不，西班牙共和军中有一些英国的先进知识分子，他们的书籍和报道激起了公众的兴趣。但这个国家正面临着一场完全不同的危机，一场围绕其宪法的戏剧——国王要辞职。这是一个闻所未闻的事件。12月，年轻的伊丽莎白震惊地得知由于她伯伯退位，她将得到王位和国家的领导权。现在只因她父亲尚在世，她无法确定这一点。1936年12月10日这个日子的意义怎么强调都不为过，别无其他，这将是塑造未来女王的一天。

一个10岁的公主能听到什么？她周围的骚动就像来势汹汹的潮水一样在上升，但她并没有得到多少直接的指导。父母几乎是守口如瓶。所有当时能引起家庭问题的事情都不让大女儿和她的妹妹玛格丽特知道。是的，这对夫妇甚至私下都不愿意讨论这种事情。伊丽莎白二世的表兄哈伍德勋爵（Lord Harewood）向历史学家威廉·肖克罗斯解释了这种沉默的做法："我的父母[乔治五世的女儿玛丽和第六世哈伍德伯爵亨利·拉塞莱斯（Henry Lascelles, 6. Earl of Harewood）]也发现很难用严肃的、私人的语气与我们交谈。即使在退位危机期间，我母亲的家人也喜欢把一切都收起来，不讨论敏感的事情是一个传统。

但这不仅是我们的家庭,这是当时社会的一个普遍特征,今天确实很难理解。"

伊丽莎白的母亲即前面提到的伊丽莎白王后,是一位如此谨慎、避免一切争论的伟大艺术家,她在1936年成为王后。她友好地回避私人问题的技巧被称为"鸵鸟法"——鸵鸟把头埋在沙子里的方式。她的丈夫伯蒂完全沉浸在"我们四人"家庭的田园诗里——他的妻子、他自己和两个女儿,住在皮卡迪利大街145号的房子里。这是海德公园附近的一座富丽堂皇的联排别墅,配有仆人、花园,可直接到达伦敦最大的公园之一——海德公园。在即将到来的战争中,德国空军的炸弹会摧毁整个庄园。在冬季,祖父乔治五世曾从白金汉宫用望远镜看到他的小莉莉贝特在格林公园的山脚下家中阳台上向他挥手。

另一方面,在当时的背景下,即使是约克公爵家的大女儿,命运也不可避免地受到影响,哪怕只是在到处增加的紧张感中,在她父亲眉头紧锁的面容和越来越频繁地咬牙切齿中——公爵从他父亲那里继承了肆无忌惮的愤怒,尽管他原本性格谦逊。乔治五世和伯蒂有一个更重要的共同特点,正如我们所看到的:他们都是作为第二个孩子登上王位的,实际上这并不是他们生来就必须完成的任务。乔治的哥哥阿尔伯特·维克多(艾迪)[Albert Victor(Eddy)],即克拉伦斯公爵(der Herzog von Clarence),本应在1910年爱德华七世(Edward Ⅶ.)去世后继承王位,而不是由乔治五世继位。然而,他订婚后不久就于1892年1月死于肺炎,使乔治成为下一个继承人。他迎娶了他哥哥的未婚妻，即具有德国血统的公主维多利亚·玛丽·冯·泰克（Victoria Mary von Teck）。他们经过一段时间的哀悼后，于1893年结婚。

从1892年到1910年上任，未来的乔治五世有将近20年的时间来为履行因第一继承人去世而落到他头上的王位职责做准备。然而，他的次子、伊丽莎白的父亲在他的兄弟爱德华八世退位前几天才知道，他的妻子所说的"无法承受的荣誉"将落在他身上。直到1936年12月10日这个决定性的日子到来前不久，国王和他的家人都一直在希望和绝望中徘徊，在此之前，伯蒂一直相信这个荣誉会与他这个害羞并且毫无准备的人擦肩而过。

对伊丽莎白来说，1936年构建了君主制不被允许的一切负面形象。她看到一个国王把他的个人意愿置于他对国家的责任之上，他为了一个离过两次婚的美国女人沃利斯·辛普森放弃了王位。英国历史上有过战争、阴谋和弑君，但从来没有出现过退位。因此，这对君主制度的冲击是巨大的。与此同时，围绕爱德华八世的危机引发了另一场关于君主立宪制的危机。而这些问题只有他的导师亨利·马顿爵士才能为这个年轻女孩解答：政治至上，君主制服从民主法则，王室的模范作用，以及民众欣然接受世袭君主制和潜在地放弃它之间的狭窄界线多么危险。

难道没有人知道1936年是英国的低谷吗？不是的，宫廷、王位继承人的员工甚至政治领袖都知道。威尔士亲王大卫作为他那个时代的孩子,早已为他们所熟知,他异想天开且信念变化无常,但有一点不容改变:君主制必须不惜一切代价适应现代。作为像他自己一样的喧嚣的20年代(roaring twenties)的王子,他是当代的,不向后看,他身上也不存在令人窒息的礼节。第一次世界大战期间对前线的几次访问使这位出生于1894年的人很早就有机会了解普通士兵,缩小了他作为王位继承人的崇高地位与下层阶级之间的差距。老兵们因此而喜爱他,他的声望也从这种认可中得到了极大的提升。

从战争中,王子产生了一种和平主义态度——这种态度也将他与他的大多数同胞联系在一起。"再也不会有战争了!"是英国公众在承受第一次世界大战造成的破坏之后的首要感受。与此同时,人们对战败的德国产生了极大的同情。两次世界大战期间的英国人为希特勒提供了便利:他可以利用英国人对在凡尔赛宫受到不公平对待的德国人的同情,正如人们所看到的那样,可以完全为他的目的所利用,和平主义盛行更是如此。对于每一项军事预算,下议院都进行了长时间的争论,总体趋势是裁军。

根据宫廷的说法,这种倾向并不意味着威尔士亲王可以以任何方式与人民交往。曾担任维多利亚女王顾问的弗雷德里克·庞森比爵士(Sir Frederick Ponsonby)在1919年与王位继承人进行了一场著名的辩论,菲利普·齐格勒(Philip Ziegler)在他的研究《王冠与人民》(*Crown & People*,1978年)中有所记载。弗雷德里克爵士按照沃尔特·巴盖特在其1867年的主要著作《英国宪法》(*The English Constitution*)中预先提出的经典观点进行论证:不应允许过多的阳光穿透王权的秘密。爵士也是如此认为。"君主制必须始终保持一种神秘的元素,"他告知他的对话者,"一个王子不能过多地展示自己。君主制必须保持在其基座上。"对于这种观点,威尔士亲王无法苟同,"由于战争带来的社会变化,威尔士亲王的主要任务之一是使君主制度更接近人民"。

不幸的是,在这种努力中,君主制根本没有向他靠拢。恰恰相反,随着年龄的增长,这个年轻人与他的王权使命搏斗,就像在与一份不被喜欢的遗产搏斗。因此,根据我们在此期间所知道的一切,即日记、信件和回忆录所揭示的内容,说政府在1936年将爱德华八世赶下王位是因为他不愿意放弃与沃利斯·辛普森结婚的打算太片面了。早期,他自己并不觉得这个宝座特别令人向往。因此,1936年12月10日的退位耻辱对他来说几乎是一种救赎。在旅居生活和在伦敦的上流社会中,他的花花公子式的生活,纵欲过度,不仅是对当时一些习俗的屈服,也是对他自己都觉得不适合的未来的漫长告别。

因此,1918年后,他父亲让他参与的王室职责使他筋疲力尽并感到沮丧,特别是在几个月的访问中,他访问了在战争中支持英国并希望得到感谢的盟友,首先是澳大利亚、新西兰、印度、南非和加拿大五个统治区。1919年,他先后访问了加拿大和美国,一年后去了澳大利亚和新西兰,然后在1922年去了印度、巴基斯坦和日本。直到1935年,总共出访了16次。英国王冠所代表的这样一个具有全球影响力的君主制，要求王冠佩戴者有持久的力量和巨大的韧性。已故女王以超乎寻常的身体耐力在这方面取得了几乎不可能实现的壮举。

她的伯伯不是这方面的人选。让君主制更接近人民——当然，但在海外可以看到一些相当不被接受的人和事，王储将之拒之门外。从他和他当时的情妇弗雷达·达德利·沃德（Freda Dudley Ward）多年的通信中，我们可以很好地了解到他的态度。弗雷达嫁给了一位自由党议员。他在无数封信中向她倾诉，常常一天写好几封，主要是 1919—1923 年间他在世界各地的旅行中写的。他称日本摄政王即后来的裕仁天皇为"领奖赏的猴子"；包围他的车队的印度乞丐对他来说是"东方的渣滓"；日本人"像兔子一样繁殖"；而澳大利亚土著在他看来是"我见过的最令人讨厌的生物形式，非常接近于猿猴"。对英帝国地中海马耳他岛居民的评价是相对温和的——"最糟糕的达戈尔人"，这是傲慢的英国人在当时评价南方人的绝对贬义词。

他那个时代的名人为这位英俊的白马王子欢呼的同时，却没有意识到他潜在的种族主义。这个时代也没有人能看到他微笑的外表背后，对其王室角色的深深不安。1920 年 4 月 28 日，他在新西兰写信给弗雷达，也就是他的"弗雷迪"（Fredie）。他在信中滔滔不绝，几乎没有标点：

> 这个世界现在处于多么绝望的状态（,）我每天都越来越渴望辞去这份工作（,）为你解脱。我的宝贝，

我想得越多就越确信国王和王子的日子已经过去了（也许从表面上看，英国人还没有这样做），君主制已经过时了（,）尽管我知道当我说这种话时听起来很糟糕或者听起来非常布尔什维克。

有几次，他向他的情人抱怨，他对"王子""王子的外表"这种戏剧性的角色感到非常厌倦。他认为一切仪式甚至旅行中的荣誉游行，都不过是"皇家特技"。他在1922年8月5日写道："我愿意放弃这份威尔士亲王的工作。我太厌倦了，你知道，我根本不适合。"王位继承人绝非只与弗雷达诉说这种想法。在他的私人秘书戈弗雷·托马斯爵士（Sir Godfrey Thomas）的遗产文件中，还发现了这位25岁的王子在1919年圣诞节写的这封令人震惊的信，他觉得自己被囚禁了：

> 一种无望的惆怅笼罩着我，我想我要疯了，无法振作起来。天哪！我是多么讨厌我的工作和与之相伴的媒体，不断吹捧空洞的成功。我已经受够了，渴望死亡。看在上帝的分儿上，不要对任何一个人说这些话。没有人知道我对自己的生活和一切的感受。你可能认为，从我在这里写的东西来看，我也属于疯人院。我觉得自己像个该死的小混蛋。

而在1927年4月，他又说："我是个不合群的人。"此外，他哀叹自己是乔治五世的儿子,这纯粹是"不幸"。他把这种"不幸"也告诉了弗雷达。

今天的学者们一致认为,乔治五世这位外表上如此尊贵的家庭中的父亲、伊丽莎白二世的祖父,对他的四个儿子,特别是对伊丽莎白的亲生父亲阿尔伯特、后来的乔治六世及长子爱德华八世的心理伤害负有主要责任。乔治五世在1910—1936年在位期间的政治动荡中,作为一个明智的平衡者,有着巨大的功绩。但"幸福的王室是一个童话故事",两位乔治的宫廷顾问亚历山大·哈丁格勋爵(Lord Alexander Hardinge)写道:"国王对他的孩子们的行为简直是残暴的。"当他还是约克公爵时,他就像一个军士长一样训练他们,把他们当作年轻的海军陆战队新兵训练,而后他们也在海军中服役,他用这样的教育方式让他们成了精神残障者。在他自己看来,君主的行为只能是正确和公正的——这就是王子们必须被培养的方式,不管他们的性情如何,要成为能在艰苦环境中经受考验的人物,而不是仅仅被定义为精神上的存在。哈罗德·尼科尔森(Harold Nicolson)在"二战"后写了一本关于乔治五世和他在位的时代的著作,他认为乔治五世"拥有车站搬运工的智力"。这不是片面的看法,而是经过普罗大众认可的。乔治五世在文化上没有任何天分,他宣称画家特纳(Turner)是"疯子",印象派是"笑话"。作为一个年轻的父亲,他和儿子们完成新的课程后,就投入他的邮票收藏和狩猎中,这是他生命中的两大兴趣所在。他的格言是:"我的父亲

（爱德华七世）生活在对他母亲（维多利亚女王）的恐惧中，我自己生活在对我父亲的恐惧中，而我将会让我的孩子们生活在对我的恐惧中。"

父母从来没有任何话来鼓励他们的两个儿子，父亲似乎乐于在每个小细节里找寻错误，以此来批评和羞辱孩子们。正餐时穿制服，以立正姿势站立——糟糕的是，一个纽扣扣错了，或一只手不小心伸进口袋里。"把它们缝起来！"保姆被命令这样做，因为把所有裤子的口袋都缝起来，就不会再出现这样的情况。伊丽莎白的父亲伯蒂被迫用右手写字，这与他作为一个左撇子的天性相违，而且因为他有变成X形腿的倾向，所以多年来他在晚上都要装上金属夹板，这使他备受折磨，睡眠质量很差。他缺乏自信，并没有因为父亲让他背诵诗歌而得到弥补。在背诵过程中，他经常陷入困境，起初只是轻微结巴，国王对此没有耐心："把它读出来，把它读出来！"他经常对孩子大喊。正如电影《国王的演讲》中所描述的那样，这种磨难使这个男孩一生都对公开演讲感到恐惧。

孩子们的第一个保姆格林夫人（Mrs. Green）也给孩子们带来了不可预估的灾难。她是一个纯粹的虐待狂，在孩子们身上施展她的怪癖。虽然她有时也很宠爱大卫，但是她对孩子父母的嫉妒通常会占上风。在喝下午茶的时候，她喜欢把哥哥捏得痛不欲生，或者拧他的胳膊，直到他尖叫着冲进父母的房间。但由于他淘气，他的父亲会把他推到保姆的手里，然后保姆又把他单独带走。伯蒂遭受的痛苦要多得多，他显然不及他的哥哥有魅力。格林夫人经常不准时让他进食，喜欢带他乘坐特别颠簸的马车。由此，未来的国王很早就患上了慢性胃病，这也缩短了他的战争服役期——他参加了1916年的斯卡格拉克战役等——并一直困扰着他。

过了三年，父母才意识到自己的孩子遭受了虐待，并最终解雇了邪恶的格林夫人。克斯蒂·麦克劳德（Kirsty McLeod）在她1999年出版的引人入胜的研究报告《皇家之战》（*Battle Royal*）（关于这些悲惨事件的第一部完整纪实）中进行了评论，指出在一个满是仆人和不乏各种精神援助的家庭中，父母如此粗心大意显得多么奇怪。但这并不是我们最后一次谈论在这个家庭中被反复注意到的情感缺失，他们几乎完全没有任何情感交流，也许我们应该补充：情感上的好奇心。

乔治五世和他来自符腾堡泰克家族的妻子也同样无法表达他们的感受，还是拿起笔来吧。甚至在新婚的日子，他们也是通过信件来增进彼此之间的感情交流。"这太愚蠢了，"玛丽在他们的婚礼前曾给乔治写过一封信，"面对彼此时如此僵硬。我没有什么能口头对你说的，只是我比世界上任何其他人都更爱你。这一点我无法向你表达，所以我把它写在这里，以缓解我的心情。"公爵夫人也就是后来的玛丽王后，对孩子们甚至没有这种宽慰。她被认为不像母亲，她太有礼貌，且缺乏温情。但至少她教会了长子大卫刺绣的艺术。

大卫和伯蒂的父母遵循一种不成文的禁忌：反对公开展示感情，这不是这个家庭独有的英国病，但在他们身上比在社会其他地方更明显，因为王室的外表是超然的，今天难以理解这样的礼仪观念。有一次，国王在伯蒂从英格兰北部工业区访问回来之前给他打电报："不要在公共场合拥抱我，当你亲吻你的母亲时，请摘下你的帽子。"在这里，人们只能看到一位王国里的军士长，玛丽王后把教育孩子的权利完全交给了自己的丈夫，就像伊丽莎白二世后来把教育查尔斯的权利交给她的丈夫、爱丁堡公爵菲利普一样。受苦的孩子们，至少包括退位后成为温莎公爵的爱德华八世和查尔斯王子（当今国王），已经让世界了解了他们的成长经历。他们认为这种成长经历是无爱的。查尔斯在乔纳森·丁布尔比（Jonathan Dimbleby）于 1994 年出版的《威尔士亲王：一本传记》(*The Prince of Wales: A Biography*)中坦白了这一点，温莎公爵在他 1951 年出版的自传《国王的故事》(*A King's Story*)中也承认这一说法。温莎城堡档案馆前馆长欧文·莫斯海德爵士（Sir Owen Morshead）曾对王室的教育失误评论道："汉诺威家族（维多利亚女王父亲一方的先辈家族）产生的疯狂父母就像鸭子。他们践踏他们的孩子。"

我们暂且不说欧文爵士是如何得出这个关于鸭子的奇怪判断的，他的论断毫无疑问地适用于乔治五世。这一点也得到了爱德华八世的私人秘书艾伦·拉塞莱斯（Alan Lascelles）的证实，爱德华八世在退位后曾与不知疲倦的日记作家哈罗德·尼科尔森进行交谈，"大卫在人生路上得到了一切礼物，除了最重要的东西——他父母公开的爱和支持"。就查尔斯王子而言，许多观察家也做出了类似的判断。查尔斯的母亲即女王，从年轻时起就明白性格塑造是一项不牵涉感情的事业这一事实。这是她那一代人经验的一部分，是"僵硬的上唇"文化的一部分，他们知道如何收起任何想要引诱眼泪的东西，包括自己的感情或伤害。在英国，公开表达情绪被认为是一种夸大，直到后戴安娜时代导致这种态度完全逆转。然而，伊丽莎白二世仍然属于情感内敛低调的旧时代，持有一种可以独自解决私人问题，并毫无怨言地把它们收起来的态度。这背后是备受推崇的英国人的坚忍克己主义、帝国建设者的天赋，以及他们的"障碍"。有一次，当查尔斯在海军训练期间通过电话告诉母亲他对一位战友去世感到震惊时，女王转向菲利普亲王说："查尔斯真的必须变得更坚强。"

长子大卫对像乔治五世这样的父亲感受不到任何爱。当国王知道儿子们的恋情后，他们之间的关系就恶化了。首先是大卫与弗雷达·达德利·沃德的恋情；其次是伯蒂，他还没有找到他的苏格兰伊丽莎白，他放纵的生活方式也引起了王室的愤怒。恋爱中的大卫于 1920 年 5 月 21 日在从新西兰到澳大利亚的旅途中写信给弗雷达：

> 我的天啊！我那该死的家庭让我厌恶，我鄙视他们，而伯蒂刚刚给我寄来了三封长长的悲伤的信，叙述了他因为与可怜的小希拉（拉夫堡夫人，一位已婚的社交名流，约克公爵刚刚建立起对她的好感）的友谊而受到了

多么大的打击。你和我也在被指责。但是，如果陛下认为他可以通过侮辱你来改变我，那么他就要犯愚蠢无用的生命中最大的错误了……天杀的！他是个疯子。虽然他对伯蒂和我表现出的额外的厌恶感对我有好处，因为这使我不再有任何弱点。天啊！当我回来时，我会对他表现出坚定的态度，告诉他让我独自享受我的友谊……真是长篇大论，弗雷迪，但语言永远无法描述我今天对我父亲的仇恨和鄙视，这将持续下去。

乔治五世有理由怀疑君主制在这位继承人手中的未来。在为弗雷达·达德利·沃德燃起的第一把火熄灭之后，威尔士亲王投入情欲冒险中，甚至连他祖父爱德华七世臭名昭著的行径都相形见绌。王储的工作人员发现他"令人抓狂"，他轻率地承认这一点，说他无论如何都是"不适合这份工作的人"。多么正确！1934年，在他的弟弟肯特公爵乔治与希腊公主玛丽娜（Prinzessin Marina）的婚礼上，在仪式的希腊东正教部分，40岁的大卫在威斯敏斯特教堂的蜡烛旁点了一支烟。王位继承人和花花公子的形象捆绑在了一起。此外，王子几乎不读放在他面前供他评估的内容。前面提到的哈丁格勋爵给了他一个严厉的批判："他甚至没有能力处理最简单的官方事务。"

乔治五世知道这些。"我向上帝祈祷，我的大儿子永远不会结婚生子，"国王承认，"希望伯蒂、莉莉贝特可以直接变成王位的顺位继承人。"这位大卫成年后，英国、帝国和王室还能指望什么呢？知情人士不无担忧。对于这一点，艾伦·拉塞莱斯和首相斯坦利·鲍德温（Stanley Baldwin）之间的对话也能证实，他们在1927年秋天陪同王位继承人对加拿大进行了正式访问。拉塞莱斯说道：

> "在我们的加拿大之行结束之前，我感到非常绝望。我对鲍德温（在渥太华政府大楼的一次秘密谈话中）说，这位'继承人'对酒和女人的肆意贪婪以及其他自私的追求占据了他的头脑，他很快就会变成魔鬼，很快就会完全没有能力戴上英国王冠。我以为我会因为这种坦率而被拧掉脑袋，但首相同意了我说的每一个字。于是我继续说：'你知道，有时当我在等待王子参加的那些越野障碍赛马的结果时（大卫是个热衷于骑马的人，但不是很有天赋，他经常和他的马一起摔倒），我不禁想，对他和国家来说，最好的事情就是他摔断脖子。''上帝原谅我，'鲍德温回答说，'我也经常这样想。'"

后来，王储实际上真"摔断了脖子"，但不是在赛马中，而是因为他遇到了一个美国女人——沃利斯·辛普森，即贝西·沃利斯·沃菲尔德（Bessie Wallis Warfield）。

尽管乔治五世和他的妻子玛丽王后有道德束缚，但在20

世纪20年代和30年代，英国精英阶层的自由放任风气相当活跃。上流社会的人无论已婚与否，都以放任的热情投身于性关系。"通奸是贵族的消遣"，雷蒙德·卡尔（Raymond Carr）写道，他们用精心排练的谨慎来保护自己不被公众看到。当时英国贵族求偶的首选目标是富有的美国妇女，而这些妇女又喜欢用英国的贵族头衔来装饰自己，如康苏埃洛·范德比尔特（Consuelo Vanderbilt），她嫁给了一个"表亲"，即第九世马尔堡公爵（9. Herzog von Marlborough）。伦敦德里侯爵（Marquess of Londonderry）在这方面是个专家，在他与另一个美国已婚女演员搭上关系之前，也与康苏埃洛有过一腿，前者甚至为他生了一个孩子——这一切就发生在他与贵族伊迪丝·范恩-坦佩斯特-斯图尔特（Edith Vane-Tempest-Stewart）结婚前六个星期。"僵硬的上唇"文化是多么有效啊，尤其是在这种情况下。

在这样一种"自由恋爱"的社会氛围中，一位紧随潮流的威尔士亲王是不可缺少的。因此，他对弗雷达·达德利·沃德和其他恋情的热情降温之后，又投入已婚的弗内斯子爵夫人塞尔玛（Thelma, Viscountess Furness）的怀抱中。弗内斯子爵夫人出生于美国外交家族，也是范德比尔特家族的两位女继承人康苏埃洛（Consuelo）和格洛丽亚（Gloria）的姐妹。塞西尔·比顿写道，塞尔玛充满母性，她华丽的美貌让他想起了"温室的花朵"。王子在这个即将离婚的女人身上找到了他从青年时代就一直在寻找的温暖和关怀。大卫的表弟、他几趟旅程中的副官路易斯·蒙巴顿（Louis Mountbatten）察觉到"在大卫动人的微笑背后，隐藏着一个孤独而悲伤的人"。事实上，一种无法形容的忧郁似乎萦绕在威尔士亲王的心头，那是一种拜伦式英雄的厌世痛苦。在他的许多照片中，他仍然用这样的目光看着我们。

但塞尔玛在1934年1月犯了一个重大错误：因为要紧急前往美国，她请她的朋友沃利斯[嫁给了船舶经纪人欧内斯特·辛普森（Ernest Simpson）]"在我不在时照顾大卫"。关于沃利斯是如何照顾大卫的，我们一无所知，只知道她很快被形容成"野猫一般""贪婪""无情""能掌控男人"。她和王储大卫早些时候就在上流社会的招待会上相识，现在一切都在迅速升温。塞尔玛两个月后回到伦敦时，爱巢已经被新人占领了。沃利斯抓住了她的机会，让王储的心朝她的方向前进。她出生于1896年，在巴尔的摩（Baltimore）的女子学校学习。在这里，她学习到了主动性和决心是对一个想要在生活中提升的年轻女性的基本要求。她在1956年出版的自传中，以帕斯卡（Pascal）的那句"心有其理"为意味深长的标题，坦率地承认："正如我们被教导的那样，一位年轻的女士也应该带着对胜利的期许。我们也应该掌握一些具有攻击性且有用的胜利方式，包括自由使用肘部。"

1936年，在退位危机最严重的时候，鲍德温首相的议会私人秘书的妻子南希·杜格代尔（Nancy Dugdale）秘密地向德国笔迹专家古斯蒂·奥斯特雷彻（Gusti Österreicher）订购了一份关于沃利斯·辛普森的笔迹报告，并向他提交了一份笔迹样本。这位专家一句英语也不会说，也不知道这份手稿是谁写的。这

忧郁的表情：1937 年 6 月 3 日，温莎公爵和温莎公爵夫人沃利斯·辛普森在法国坎德堡的婚礼上。

（照片来源：塞西尔·比顿）

是他们的判断，正如菲利普·齐格勒在他的爱德华八世传记中告诉我们的那样："在活力、热情和主动性方面，沃利斯·辛普森是个具有强烈男性气息的女人。她必须主宰，必须行使权力。如果没有足够的权力，她就会变得相当不满。她雄心勃勃，要自己的事业得到关注和赞赏。"

王子被沃利斯迷得晕头转向，几乎是奴颜婢膝地顺从于她。"她迷惑了他。"鲍德温后来说。这不仅仅是因为女性魅力。这位美国人并不漂亮，身材矮小，但人格魅力十足，正如许多人所认可的那样，她满足了王位继承人想要从任何王室传统中解脱出来的深切需要。沃利斯没有遵守传统的英式礼节，对王位继承人或其他王室成员没有任何尊重，她使每一次谈话都变得活跃起来。在那个时代，没有一个英国女人能像沃利斯·辛普森那样自由。早在1935年深秋，爱德华八世就知道他想娶这个女人，而不是其他女人。1936年新年，他写信给她："我知道今年我们成为一体会很幸福（I know we'll have Viel Glück to make us one this year）。"王子能说一口流利的德语，他喜欢用这样的德语点缀来装饰给爱人的信。

尽管他对幸福抱有希望，但王储应该知道，他的结婚愿望将与该国不成文的宪法相抵触，从而危及王位。如果沃利斯只是一个有头衔的情妇，就像著名的爱丽丝·凯佩尔（Alice Keppel）——国王爱德华七世最喜欢的情妇，那情况是可以被容忍的，英国人对这种情况很能睁一只眼闭一只眼。"如果她是一个受人尊敬的妓女，我也不会反对。"首相鲍德温在乔治五世去世当天告诉保守党议员达夫·库珀（Duff Cooper）。作为国家最高权力机构的议会更加强硬地拒绝了国王与离异者的婚姻。沃利斯作为情妇？可以接受。作为王后？不行。宪法，还有教会，然后是英联邦国家都表示了拒绝。自1931年的《威斯敏斯特法案》以来，英联邦国家在宪法问题上拥有了发言权，因为英国的国王也是他们的国王——如果王位继承人坚持要戴上王冠，坚持要沃利斯做他的妻子，那肯定会出现普遍反对。这都是王储不切实际的幻想，显然他从一开始就没有考虑这么多。

他不仅自己逃避对现实的认知，也没有和他的兄弟或任何其他家庭成员交流。因此，约克公爵和他的妻子在毫无征兆的情况下被裹挟进了历史的激流里，没有机会及时准备应对紧急情况，即继承王位。在他的自传《国王的故事》中，温莎公爵一定感到了内疚，因为他没能早些向家人敞开心扉而寻求理解。1935年是乔治五世登基银禧年，国王受到了公众的欢呼和高度支持，一个又一个的庆祝活动接踵而至，最终使这位70岁的君主筋疲力尽：在1936年1月，他走到了人生的尽头。爱德华八世在上述的自传中写道："在这段时间里，我必须持续履行王室的责任，无法表露任何私人语句与情感。"还能有比这更平淡的道歉吗？

乔治五世意外去世后，威尔士亲王发现他可以在没有王位义务的情况下度过热恋岁月的梦想破灭了，他的态度突然改变了。作为国王，他固执己见，以为可以让国家屈服于他的愿望，即国王的愿望。难道人们不因他是一个创新者而欣赏他吗？还有什么比阻碍在他面前的婚姻禁令更迫切需要改革的呢？难道一个国王不能娶他爱的女人，即使她离婚了？（直到50年后，这个问题才被查尔斯王子回答为"不能"。）难道他不被认为是一个"吸尘器，可以吸走所有过时的硬刷子无法处理的污垢"，正如一位追崇者写给他的那样吗？顺便提一下，1772年《王室婚姻法》（Royal Marriage Act）中有一个奇怪的规定：虽然所有王室成员的意向婚姻都必须得到国王的许可，但有一个例外——他本人不需要询问任何人。然而，如果更高的权力机构即议会和实际的主权者说"不"，他也必须承担后果。

公众对王位继承人的爱情生活几乎一无所知，无论是他早年的生活，还是他与沃利斯·辛普森之间的爱情纠葛。英国社会实际上是一分为二的：一方面是宫廷精英、上流社会和主要政治家，他们对一切都了如指掌；另一方面是平民，他们毫无头绪，完全被媒体蒙在鼓里，即使他们察觉到了危机的开始信号。最初这对新国王来说是一个优势：他可以继续在人民眼中作为鼓舞人心的现代性人物出现，他蔑视宫廷礼仪，对社会下层阶级有一颗开放的心，特别是在退伍军人中具有极高的人气。他长得英俊，举世闻名，除了知情人之外，没有人怀疑在光彩照人的外表背后，可能正在酝酿20世纪名人的第一场倦怠危机。

除了在宪法上不可能出现"沃利斯王后"之外，上流人士还认为辛普森夫人有什么问题？首先是爱德华八世发现的她的魅力所在——她直率，她行事张扬，以及她根本不在乎王室所在乎的礼仪。这个上位者常常公开对王储颐指气使。她觉得在公众面前对他指手画脚没有什么不妥，有时仅仅因为觉得他不成熟，有时批评他的着装或让他给她涂脚指甲油。旁观者们对王子的顺从感到尴尬。众议院议员，那个时代伟大的日记作家之一奇普斯·钱农（Chips Channon）认为塞尔玛·弗内斯已经为大卫或爱德华的改变做好了准备。"她让他变得美国化、民主化、随和化，还有点平凡化。"他在日记中吐露道。只有温斯顿·丘吉尔对大卫更加理解，他们多年来一直保持友好关系并且丘吉尔试图阻止他退位。丘吉尔的传记作者马丁·吉尔伯特（Martin Gilbert）引用他的话说："国王在沃利斯·辛普森身上发现了他的幸福所必需的品质，就像他呼吸的空气一样。在她身边，所有的紧张都从他身上消失了，他看起来更完整，不再像个生病的、惴惴不安的人。这种经历发生在许多人青春期的鼎盛时期，在他生命的后期出现在他身上，对他来说显得更加珍贵，甚至更难以制止。"

与此相反，约克公爵夫人伊丽莎白也就是伯蒂的妻子，一生都无法忍受这个"美国冒险家"。有一次，在访问温莎大公园皇家小屋的约克公爵一家时，沃利斯几乎没有耽误一分钟就对花园的设计甚至家具的布置提出了鲁莽的建议。所有这些都非常不符合英国人的要求。"妈妈，那是谁？" 10岁的伊丽莎白公主天真又担忧地问她的母亲。沃利斯·辛普森被王室声明是绝对不受欢迎的人。1936年12月以后成为温莎公爵夫人后，王室只允许过她两次返回英国：1967年，在玛丽王后半身像的揭幕仪式上,沃利斯和她的丈夫出席了揭幕仪式;然后是1972年,在温莎举行的爱德华八世的葬礼上。1986年,沃利斯·辛普森也被安葬在温莎城堡附近的皇家墓园中,与爱德华八世相邻。乔治六世的妻子一直无法原谅这个美国女人。因为她,伯蒂不得不在完全没有准备的情况下接过王冠。这位苏格兰妇女指责沃利斯·辛普森给乔治六世带来的压力和紧张,因此也导致他在56岁时早逝。对未来的王太后来说,沃利斯·辛普森是"杀死我丈夫的女人"。

英国媒体自1936年初以来一直对王储的事情保持沉默。而在国外,除了英联邦国家,特别是在美国和欧洲大陆,早在1935年就开始详细报道王储的情事,而大不列颠岛则完全沉默。当世界媒体广泛报道国王和他的情妇乘坐"皇家海军纳林号"(HMS Nahlin)前往东地中海,从亚得里亚海经希腊到伊斯坦布尔巡游时,这一切都显得十分荒谬。这次旅行始于1936年8月,当时柏林正在举办奥运会。当然,伦敦的宫廷清楚地知道了一切——自1935年以来,特勤局一直在跟踪沃利斯·辛普森。但是当爱德华于9月14日返回,并在同一天与他的母亲玛丽王后共进晚餐时,她没有用一个字提起这个话题。

"那里是不是很热?"沉默寡言的王后只是问了儿子这个问题。即使在她的日记里,也只是吐露些许字句:"大卫今天回来了,看起来非常好。我们谈得很愉快。"一场颠覆君主制的危机就在眼前了,但仅仅是"我们谈得很愉快",这就是温莎式的沉默与感情交流。然而,玛丽王后已经收到了几封来自海外的英国人的焦虑信件,以及大量的外国剪报,其中有她儿子和那个美国女人的欢乐派对的相关报道。但她不能谈及此事。很久以后,玛丽王后给出的理由是,她不想在1936年"干涉爱德华的私人事务"。这也是她的孙女伊丽莎白二世在面对公众询问她为什么不早些干预孩子们的危机时,一次又一次地争辩的方式——她不想。温莎家族有一个很大的缺陷:当事情变得严重时,他们就沉默。

在温莎公爵的回忆录中,他把与母亲的奇特会面描述为一场关于天气的谈话闹剧。"但这就是我们放学回家时,母亲平淡乏味的谈话方式。"他补充说。生活在国外的英国人并不觉得受到这种克制的约束。其中一位英国人在美国的报刊上详细了解了"纳林号"舞台上的情况,他愤然写信回家说,英国正在"从一个严肃、庄重的王国沦为一出爵士乐节奏下令人眩晕的巴尔干音乐喜剧"。

但关于"纳林号"事件真正引人注目的是,英国没有出现关于它的报道,保密措施如此严密。就媒体而言,这与对王室的传统尊重有关,他们不想用不尊重的报道来冒犯王室——今天的人们是无法想象的,这也不利于新闻出版物的自由发行。然而,这确实是真实存在的另一个世界。令人惊讶的是,当时甚至还能发生来自美国的报纸在适当的地方被涂黑,或者审查员干脆删掉报道,这也是一项费力的工作。最后,当美国的新闻出版物再次写到爱德华和沃利斯时——通常对国王抱有很大的同情心——这些出版物将不被允许进入英国。《纽约时报》(New York Times）谴责这些做法是"对新闻自由的自愿放弃"。

现在是1936年10月中旬，宪法冲突越来越近。我们来到了现代英国君主制传记中最重要的章节。10月20日，斯坦利·鲍德温要求与国王进行初步辩论。首相是个凡事谨慎的人，他以极其谨慎的态度对待危机的爆炸性中心。他对宪法问题只字未提——他不想在与国家元首的第一次会面中立即进行说教，那将是不体面的。相反，他试图向国王解释，如果人们发现正在发生的事情，那么他们对君主制的尊重会在一夜之间消失。如果辛普森夫人离开六个月，从人们的视线中消失，那不是很好吗？爱德华回避了这个建议，只是说沃利斯对他来说是"世界上独一无二的女人"，没有她，他"活不下去"。现在鲍德温感觉到了即将发生的事情。"当我小时候沉迷于历史书时，"他向一位同事透露，"我从未想过有一天我会干预国王和他的情妇。"

11月13日，事情进行到下一个阶段，国王的私人秘书亚历山大·哈丁格与鲍德温和个别大臣进行了商议，并给国王陛下写了一封言辞激烈的信。这是一份来自内阁内部的几份文件的摘要，最后详细说明了首相直到此时都没有勇气或时间对国王本人说的一切。哈丁格没有隐藏什么，他几乎是在威胁。这次不仅是新闻界的沉默大坝即将被打破，他还知道，如果国王仍然不接受劝诫，政府就会辞职，并且不会有替代政府——工党领袖艾德礼（Attlee）已经向保守党首相保证了这一点——唯一可以想象的后果是解散议会。那么接下来的选举活动是关于什么呢？当然是沃利斯·辛普森。这真是一个离谱的想法。

为了理解这封信的内容，我们必须退一步，更仔细地研究一下宪法上国王和议会的作用。因为这就是爱德华八世问题的关键所在，正如亨利·马顿爵士后来向年轻的伊丽莎白解释的那样。"在君主立宪制国家，议会代替国王行使主权。"美国作家和欧洲专家约翰·冈瑟（John Gunther）在他1936年的《欧洲内部》(*Inside Europe*)一书中写道，国王只能根据其大臣和首相的建议行事。已经多次提到的沃尔特·巴盖特在《英国宪法》中已经有效地说明了这一点；然而，在他之前，至少从1688年的光荣革命以来，这已经是不成文的惯例，当时权力从国王手中转移到议会是一种临时规则。

王冠的佩戴者只有三项基本权力，巴盖特将其表述为"the right to be consulted, the right to encourage and the right to warn"——"被咨询的权力、鼓励的权力和警告的权力"。国王不能阻挡政府的道路。虽然政府被委婉地称为"国王陛下的政府"或"女王陛下的政府"，但它根本不属于国王，因为国王在任何情况下都必须遵循政府的建议。巴盖特讽刺地指出，国王甚至不得不同意对其斩首的建议——除非他先退位。王室拥有的所谓保留权力（特权）大多只涉及礼仪事项，如（根据提议）任命政府首脑，议会任期结束时或政府失去议会多数支持时解散议会，以及法律的签署。

因此，爱德华八世与宪法的真正守护者——议会和政府——

发生了正面冲突。两方都让他知道，他们不会支持他与离异的沃利斯·辛普森结合。即使如时至今日所有英国硬币上的F. D.（Fidei Defensor）缩写，国王被描述为"信仰的捍卫者"，他也无法获得批准。国王怎么会是不承认离婚的英国国教的领袖呢？当然，理论上议会有可能在国王的要求下通过一项法律，使他能够与沃利斯·辛普森结婚。然而，在下议院所代表的任何党派中，多数人都不支持这一做法；在英联邦国家中，也没有多数支持票，他们也有发言权。毕竟这个时代不再是像亨利八世这样受上帝恩典的君主的时代，亨利八世凭借自己的权力决定解除与阿拉贡的凯瑟琳（Katharina von Aragon）的婚姻，并同时解除了与教皇的联系，因为教皇拒绝批准亨利离婚。

沃利斯·辛普森在她的回忆录中写道："国王在现实中是多么脆弱，他实际拥有的权力是多么小，他的愿望在现实中对他的大臣和议会的愿望来说是多么不值一提。"她本可以补充一个从哈丁格的信中明确出现的宪法原则：当政府和国王之间的信任被打破时，人们就不能再说"国王陛下的政府"，因此政府辞职就成为必需。当然，如果新政府在下议院获得多数席位，它就可以上台。但这是没有根据的，哈丁格预先担忧：在沃利斯·辛普森的问题上，所有党派都反对国王。因此，有必要进行新的选举，这会使国王失去中立性：竞选活动将围绕他的情妇展开，国家将被分为两个敌对阵营，并有可能形成一个"国王党"。因为在12月3日新闻界的沉默大坝彻底决堤，对爱德华八世的同情潮涌而至，正如苏珊·威廉姆斯（Susan Williams）在2003年出版的《人民的国王——退位的真实故事》(The People's King : The True Story of the Abdicatio)一书中所论证的那样。

国王对他的私人秘书的独立性感到非常愤怒。他承认，亲密的同事可以与他分享他的担忧，这是他的权利。但这并不是说他可以站在政府一边，成为政府的党羽。然而，这封信有一个有益的结果，那就是爱德华第一次完全理解了他的处境——他睁开了眼睛，看到了更现实的一面。11月16日，国王再次见到鲍德温，并告诉首相他决心退位，除非政府允许他和沃利斯结合。当然，退位是宪法危机中的又一个转折，首相试图恳求地向他的国王阐明这一点：国王是维系大英帝国的纽带，退位只会导致分裂。但爱德华坚持要与沃利斯结婚，退位几乎是板上钉钉了。

一天后，他终于向伯蒂和他的妻子坦白了。"哦，天哪，听到这个消息真是太可怕了，"伯蒂沮丧地喊道，"我们谁也不想这样，尤其是我。"爱德华不为所动，说道："恐怕别无选择，我打定主意了。"在不久之后的一次苏格兰之行中，伯蒂在他的私人秘书面前抱怨道："我觉得自己就像那只被带到屠宰场的众所周知的羔羊。"1981年，戴安娜·斯宾塞（Diana Spencers）与查尔斯王子结婚前不久，我们又一次从她的嘴里一字不差地听到了这句话。

11月17日晚，国王还会见了玛丽王后和他的妹妹玛丽长公主，并向他们透露了他退位的意图。可以这么说，12点05分，母子第一次展开了实质性的对话。玛丽王后将王室称为"神圣"

机构,将国王称为"与众不同的人"。王冠是她儿子的天命,履行职责是他的"真正幸福"。爱德华给出了一个非常现代的答案:他的幸福,他的命运,是和沃利斯在一起。这难道不能让他成为一个更好的国王吗?他的父亲不也是因为幸福的婚姻而成为一个更好的国王吗?如果他不能和沃利斯结婚,他就无法正常履行国王的职责,因此退位是必然的。"我们之间的分歧,"爱德华在自传中写道,"不是责任问题,而是对王室的不同概念。我已经准备好在国王作为国家元首所被期望的一切事情上为人民服务。但与此同时,我想坚持按照自己的意愿结婚的权利。"

这些记录并不完整,像温莎公爵的回忆录中大部分内容一样,例如没有提到塞尔玛·弗内斯子爵夫人甚至弗雷达·达德利·沃德,这可能是出于对他妻子沃利斯的考虑,他们于1937年结婚。"履行国王作为国家元首应尽的职责"——这位致力于革新的人并不能保证这一点,就像11月中旬的几场辩论后,爱德华启程前往南威尔士,亲眼看见威尔士完全破败的煤矿区失业人员的惨淡处境。国王由衷地被许多饥饿的人遭受的苦难感动,他表现出最温暖的一面。然后,他犯了一个凡事中立的英国君主不能允许自己犯的错误:他发表了一篇政治评论。这篇评论可以被解读为对政府不作为的批评。"必须做点什么。"爱德华当众说。这激起了他不该公开表达的期望,也是其无法实现的期望。这种话语和行为,应当在他与政府首脑的每周会见中私下表达——这才是国王施行"鼓励和警告"权力的合适场所。

这一事件在白金汉宫敲响了新的警钟,因为爱德华在其他许多场合都表明了他对传统的倔强与任性。在作风问题上，别人不能干涉，因为国王是在他的权力范围内；但在政治问题上，别人有发言权，国王必须尽可能地克制自己。最后，国王的糟糕表现使得退位变成一种政治解脱。在某些人眼中，沃利斯·辛普森被认为是个天选之人，被派去把英国从一个不称职的国王手中解放出来。诺尔·考沃德（Noel Coward）是一位受欢迎的剧作家和词曲作者，他建议在全国各地竖立沃利斯·辛普森的雕像，以表示对她的感激之情。

12月3日，媒体终于能够把他们囤积了几个月却不敢告诉公众的东西吐露出来：国王的爱情故事。它的出现是一个奇怪的巧合。12月2日下午，英格兰北部布拉德福德的主教布朗特博士（Dr. Blunt）在他的教区举行的教区会议上说，他因基督徒对明年的加冕仪式的担忧而感动。关于加冕典礼，他笑着说出讽刺的话："让我们把国王托付给上帝的恩典，他和我们一样都非常需要这种恩典；因为国王是和我们一样的人，如果他忠实地履行他的职责的话。"沃利斯没有受到任何批评，但布朗特博士对君主缺乏基督教态度的明确批评使记者们兴奋不已。起初，只有地方晚报刊登了主教的话，但伦敦的媒体在第二天早上迅速跟进。《泰晤士报》(Times)、《每日电讯报》(Daily Telegraph)和《晨报》(Morning Post)等报纸毫不含糊地反对爱德华八世。然而，与900万份《快报》(Express)和《邮报》(Mail)相比，它们的总发行量简直是小巫见大巫。这两份报纸表达了人们对爱德华八世的支持：人民想要他们的国王！示威者在唐宁街外举行公开抗议集会，标语牌上写着"上帝保佑国王免受鲍德温之害"。

萧伯纳（George Bernard Shaw）于12月5日在《标准晚报》（*Evening Standard*）上发表了一篇尖锐的文章，讽刺当权者虚伪，标题为《半疯的王国》（*Das Königreich der Halbverrückten*）。在这篇文章中，政府和教会对一个叫黛西·贝尔（Daisy Bell）的美国妇女发表了看法，她离过两次婚，因此，作者写道："对一个从未结婚的国王来说，她是个特别好的妻子。"顺便说一句，《半疯的王国》让首相和大主教知道，他们必须考虑到4.95亿臣民的意见，因为其中只有11%的人是基督徒。很好，如果教会不想祝福他的婚姻，那么在这样的数字面前，这桩民事婚姻几乎不会触犯任何人的宗教感情。"对于落后于时代两三个世纪的伦敦小集团来说，我无疑显得很疯狂，"萧伯纳笔下的国王对首相说，"但在现代世界里是无比正常的。"

事实上，现代世界的许多人挺身而出，表达了同情，有两封写给国王的信可作为证据。一位威尔士妇女写道："生命中最伟大的事情就是爱和感情。辛普森夫人值得。"一位来自英格兰中部更具政治色彩的妇女，在伦敦举行了一天反对退位的示威活动，她的口号是"离国王远点！退位意味着革命！""我的印象是，"她写道，"在工人阶级中，人们像我一样看待事物。我觉得被上层阶级成员冒犯了。我不知道英国人中有这么多欺骗和虚伪。不要放弃，陛下。普通人都支持你，他们不在乎你和谁结婚。"这完全符合萧伯纳的讽刺。

但这并不是最终的风向。沃利斯·辛普森,一个拥有两个仍在世的离婚丈夫的女人,可以在第三个丈夫身边登上英国王位的想法并没有让人们无动于衷——家庭和宪法等概念逐渐占据上风。最典型的是工会领袖 J. H. 托马斯(J. H. Thomas)与他的朋友哈罗德·尼科尔森的谈话,以及后者在他的日记里所倾诉的内容。"这个顽固的小男人和他的沃利斯·辛普森——这不切实际,哈罗德,我直接告诉你。我了解这个国家的人民。他们不会忍受一个没有家庭生活的王宫。"社会主义的《每日先驱报》(*Daily Herald*)也从不同的角度表示同意"必须维护议会的权威"。关于沃利斯(沃利)·辛普森的嘲讽诗句很快流传开来。所有皇家奖项中最负盛名的嘉德勋章的纹章语"心怀邪念者可耻(Honi soit qui mal y pense)",被改成了"心怀沃利者可耻(Honi soit qui Wally pense)"。一首著名的圣诞颂歌有了新的开场白——"听,天使们在歌唱:辛普森夫人偷走了我们的国王"。

11月底,国王最后一次不顾一切地试图为自己拯救王位和沃利斯。他要求首相向内阁和各英联邦国家询问他们对国王进行贵庶通婚的看法,这样,辛普森夫人将继续是个平民而不是王后,这种婚姻的任何子女都将没有王位继承权。通过这个请求,爱德华终于把自己交到了宪法的手中,因为一旦正式征求意见,就意味着不可逆转地向宪法投降。当然,答案是否定的。国王甚至不被允许通过无线电向人民发表讲话,提出贵庶通婚的想法。约翰·冈瑟写道:"在君主立宪制中,议会代替国王行使主权。"斯坦利·鲍德温12月4日在下议院表示："国王不需要任何权力来使他的婚姻合法化（暗指1772年的《王室婚姻法》）。但他要娶的女人必须成为王后。我们的法律不承认贵庶通婚，议会也不准备出台这样的法律，此外，这也必须得到所有英联邦国家的支持，他们肯定不会同意。"另一方面，温斯顿·丘吉尔在危机中要求"时间和耐心"，并建议第二年的加冕礼与婚姻问题脱钩，他因这个提议而在议会中被孤立。他拖延时间是别有用心的：鉴于爱德华过去不断变换女伴的故事，谁知道他对沃利斯是否会保持忠诚？

丘吉尔错了，故事的发展是不同的：沃利斯实际上设法把一个高度滥交的人物变成了一夫一妻制的依恋丈夫。根据2003年解密的英国军情五处的文件，在我们这里谈论的那些年里，在这个美国妇女身上找不到这种依恋。这个野心勃勃的女人除了她的王子之外，至少还有一个甚至几个情人。她把来自约克郡的某位盖伊·马库斯·特伦德尔（Guy Marcus Trundle），一个已婚男士，描述为"非常迷人的冒险家，非常英俊，有礼貌，而且舞技精湛"。她是否也与1936年成为德国驻伦敦大使的约阿希姆·冯·里宾特洛甫（Joachim von Ribbentrop）有过性关系，这一点尚未得到证实。无论如何，沃利斯和爱德华都是国家社会主义者的忠实崇拜者，在爱德华退位后更是如此，应德国劳工阵线（Deutsche Arbeitsfront）领袖莱伊（Ley）的邀请，这对夫妇在他们的法国婚礼几个月后，于1937年秋天对德国进行了为期一周的访问。在这次旅行中，他们还见到了希特勒，现在的温莎公爵后来在1939年希特勒50岁生日时还向他发了一封问候电报。暗地里，他可能保留自己作为一个替补国王的身份，如果纳粹入侵英国成功，他们也会把他看作这样的国王。然而，丘吉尔在1940年任命这位前国王为巴哈马群岛总督时，把他从这些纳粹背信弃义的阴谋中救了出来，沃利斯尤其把这看作一种放逐——对她来说，巴哈马群岛是"1940年的圣赫勒拿岛（拿破仑被囚禁的地方）"。

因此，国王不得不放弃自己的坚持，他不想冒政府辞职的风险，更不想冒一场类似内战的关于沃利斯·辛普森的争论的风险，尽管他有自己的意志，但他过于坚持他的国家的君主制传统。他在回忆录中写道："我无意篡改君主制的基本规则。"前一天将王冠移交给他的弟弟即现在的乔治六世之后，他在12月11日发表的广播讲话，作为一份英国王室历史上从未见过的失败的动人文件被载入史册。丘吉尔是这篇文章的灵感来源。在互联网上听爱德华痛苦而节奏缓慢的演讲：

> "我终于可以讲一些自己的话了。我从来不想隐瞒任何事情，但直到现在之前，由于宪法原因，我无法为自己说话。……你们都知道我被迫放弃王位的原因。但我想让你们明白，即使通过了这个决定，我也并没有忘记这个国家或帝国，我作为威尔士亲王和最近作为国王为之服务了25年。你们必须相信我，我告诉你们，如

果没有我所爱的女人的帮助和支持,我不可能承担起沉重的责任,也不可能如愿以偿地履行我作为国王的职责。……我的决定已经不那么困难了,因为我确信我的弟弟……肯定会接替我的位置,不会中断或损害帝国的生活和进步。"

接着是一句对即将到来的幸福的王室苦乐参半的问候:"(我的兄弟)得到了一个无与伦比的祝福,你们当中的许多人也得到了这个祝福,而我却没有得到这个祝福——一个和他的妻子和孩子在一起的幸福的家。"

新的王位继承人起初一点儿也不高兴。乔治六世继承王位的那天,他在母亲面前毫无防备地哭泣。在危机的最后两个星期里,他的结巴又变得更加明显,他对表弟路易斯·蒙巴顿抱怨说:"我从来没有拿过任何政府文件,我只是一个普通的海军军官,这是我唯一懂得的事情。"但在他身边的那位女士即伊丽莎白王后,她现在被允许称为伊丽莎白王后,成了这一时刻的决定性人物。由于没有退位的先例,自动适用的法定继承权自然也失去了约束力。伯蒂的弟弟肯特公爵乔治,已经有了一个儿子爱德华,生于1935年,也就是今天的肯特公爵。乔治本可以通过一项议会法案成为国王,那么就不会有伊丽莎白二世了,她的堂弟会成为国王,伊丽莎白充其量成为长公主。这种王朝的巧合有时会影响整个时代。是的,甚至有人考虑任命玛丽王后为摄政王,直到她的孙女伊丽莎白完全成熟,这样,可怜的、

乔治六世和伊丽莎白王后
与他们的女儿（伊丽莎白和玛格丽特）在白金汉宫，
1938年。
（照片来源：马库斯·亚当斯）

拘谨的、紧张不安的伯蒂就不必背负王位的重担了。

但正是约克公爵夫人伊丽莎白使天平向她丈夫倾斜。她在王室舞台上待了13年,在英国和各英联邦国家都非常受欢迎,被教会认为是扎根于信仰的人,与她打交道的人都很高兴:她不能也不会被忽略。他们的大女儿即受欢迎的伊丽莎白更是如此,她被说成是退位危机的真正"收获"。国王可能会是一个风险,但他的妻子却很受欢迎,是新君主身边的合适搭档。当1937年5月12日的加冕仪式上,坎特伯雷大主教给伊丽莎白王后戴上头冠时,丘吉尔对他的妻子克莱门汀低声说:"你是对的,我现在明白了,另一个人(沃利斯)不会是对的。"

但这一切对这位10岁的公主意味着什么?她现在离王位又近了一步。爱德华的退位被认为是王朝深深的耻辱,世袭的君主制受到了冲击,被证明是有缺陷的,君主制必须从中恢复。议会与一位被认为不适合担任职务的君主分道扬镳——此后,每个人都知道王国的权力是如何分配的,是在哪里分配的。激进的工党政治家托尼·本(Tony Benn)的父亲也是一位热心的社会主义者,在爱德华八世退位时,他给他的儿子写了一句令人难忘的话:"永远不要忘记——英国的政治领导人将永远牺牲君主,以保护君主制。"在爱德华颓败后,没有什么人比王室成员更清楚这一点,因此,伊丽莎白的人生道路上有一条闪着光的告诫:一定要证明自己配得上这个职位,因为一旦有疑问,你就可以被牺牲。王冠本身总是比其持有者更重要。

因此,对王室成员来说,爱德华八世成为他们从小被教育的反面典型。他的退位行为让王室有了新的职责。和她的父亲一样，伊丽莎白深藏着这样的信念：王室必须为她伯伯的罪孽做出补偿。爱德华把他个人的"对幸福的追求"置于他的职责之上，让王室蒙羞。女王之后的整个生活可以说是在试图扭转这种局面——将职责置于个人幸福之上。

伊丽莎白的苏格兰外祖母斯特拉斯莫尔夫人说，当她的外孙女听到她伯伯退位的消息时，她"热切地祈求一个兄弟"，这个兄弟将在继承人的行列中跃居首位。她的母亲即此时的伊丽莎白王后，当时只有36岁，所以很容易就会有更多的后代。但是祈祷不会持续很长时间，因为孩子们忙着从皮卡迪利大街145号搬到白金汉宫。白金汉宫有600个房间和无尽的走廊，他们可以在那里骑自行车。正如克劳福德小姐后来所写的那样，他们"像在博物馆里露营一样"，穿着制服的仆人供应"简单的英式菜肴"，但菜单是用法语印刷的。这次搬家也有一些好处：公主们现在有了自己的房间；伊丽莎白的30多匹玩具马有了更多的空间，每匹马都有不同的鞍座，她可以随时准备进行想象中的骑行。

第四章

菲利普

"她盯着他,无法将目光从他身上移开。"
——1939 年 7 月 22 日,13 岁的伊丽莎白会见了希腊王子,
玛丽安·克劳福德谈及当时的女王

"他就像一条狗,总是在寻找着自己的窝。"
——南斯拉夫末代王后亚历山德拉如此评论她的堂叔

"因为我无法浪漫地看待事物,我被说成很冷酷。"
——1994 年,菲利普亲王回应儿子查尔斯对他的指责

"在一个不是由人民统治的国家生活真是太好了。"
——1969 年,菲利普在访问巴拉圭时,
对巴拉圭总统、军事独裁者阿尔弗雷多·斯特罗斯纳如此说道

1939年，灾难临近。当年3月，希特勒突袭了"捷克斯洛伐克剩余领土"，并将其变为德国的波希米亚和摩拉维亚保护国，这使得1938年秋季签署的《慕尼黑协定》沦为一张废纸。国王曾经在首相内维尔·张伯伦（Neville Chamberlain）身上下了注，希望可以阻止战争爆发。当张伯伦首相从慕尼黑返回赫斯顿机场（希思罗机场最初的名字），挥舞着那张他同希特勒签署的臭名昭著的协议（《慕尼黑协定》）时，他看起来是如此笃定。张伯伦回国的当天晚上，也就是1938年9月30日，乔治六世和他的王后甚至亲自在白金汉宫接见了张伯伦，同他一起走上阳台，接受人民的欢呼。要知道，从古至今那里都是专为王室亮相所设的舞台。随后，回到唐宁街的官邸后，张伯伦走到窗前，再次向外面欢呼的人群致辞："我的好朋友们，这是我们历史上第二次光荣的和平从德国回到了唐宁街。我相信这是我们这个时代的和平。""我们这个时代的和平"，他说出这句话的时候距离战争爆发还有11个月。1938年白金汉宫的这张阳台照片在英国媒体上很少见，他们更喜欢拉出档案中的另外一张照片，也是在这座阳台上拍摄的。那张照片展现了欧洲胜利日（1945年5月8日）的丘吉尔。然而，英国历史中绥靖政策的耻辱仍然太深重了。

当年对张伯伦的破格接待是违宪的，伊丽莎白王太后后来也如此承认。君主必须保持中立，不支持任何具体政策。但正如威廉·肖克罗斯在2009年为这位伟大女性所编纂的官方传记中所记述的那样，王太后认为这更像是一种"小罪"，因为这与政

"我们这个时代的和平":从左到右依次为伊丽莎白王后、张伯伦、张伯伦夫人、乔治六世,摄于1938年9月30日。

党政治无关,而是与一股席卷社会各阶层的、对《慕尼黑协定》感到轻松的氛围有关,是一个无关党派之见的现象。"当然,"老伊丽莎白明智地补充道,"这只是对我们来说是一种解脱,而不是对捷克斯洛伐克。"众所周知,国王夫妇在政治上倾向于绥靖政策,贵族和政客的广大圈子也是如此。在圈子里深度传播着这样一种观点,即民众的基本信念是"不再有战争"。除此之外，许多前往德国的英国旅行者对柏林的事态发展表示同情，仅仅是因为他们认为布尔什维克主义的危险要大得多。

直到1939年5月，乔治六世仍然在努力。他通知外交部，他计划给希特勒写一封私人信，"作为一个退伍军人寄给另一个"，并希望通过这种方式避免战争。外交部认为这个想法毫无吸引力，并禁止国王寄出这封信。

但在所有这些不祥的几周里，英国人不能也不会放过伊丽莎白这位王位的第一继承人。在1939年4月，也就是她13岁生日的月份，一位敏锐的照片编辑为这个女孩的一张新照片添加了说明文字："伊丽莎白公主正在长大。"无须多言，所表达的含义不言自明。从孩子到女人，从及膝袜到丝袜，人们相信他们会见识到她的一种新姿态、一种新的优雅。那年7月，伊丽莎白合上了她的课本，与玛格丽特和她的父母一起乘坐皇家游艇"维多利亚和阿尔伯特号"(Victoria and Albert)去度假——随即她坠入了爱河。

那一天是7月22日，爱情发生的地点是德文郡达特茅斯的海军学院，乔治六世就在那里和他的兄弟大卫——退位的爱德华八世——在第一次世界大战前接受了海军军官训练。对国王乔治六世来说，这将是与早期训练地点令人怀念的重逢。轮船缓缓驶入达特河的河口，驶向坐落在石崖上的学院。那天，命运扮成了路易斯·蒙巴顿勋爵的样子。作为海军元帅，他是"维多利亚与阿尔伯特号"上访问团的成员。蒙巴顿是王室的亲戚，因为他的父亲巴腾堡的路易斯王子（Prince Louis von Battenberg）娶了维多利亚女王的外孙女。所有温莎、巴腾堡、俄罗斯、南斯拉夫、保加利亚和黑山的王室都可以追溯到维多利亚女王这个"欧洲的祖母"和她的九个孩子，更不用说还有德意志的若干小国。截至1990年，贵族统计显示维多利亚女王有670名在世的后裔。

路易斯王子是归化的英国人。1917年，王室姓氏萨克森-科堡-哥达（Sachsen-Coburg-Gotha）改为温莎后，他也不得不改姓；随着王室更姓，居住在英国的王室成员的德语姓氏也被英语化：玛丽王后的兄弟泰克公爵（Herzog von Teck）、泰克的亚历山大王子（Prinz Alexander von Teck）分别成为剑桥侯爵（Marquess of Cambridge）和阿斯隆伯爵（Earl of Athlone）；国王的表兄弟巴腾堡的路易斯王子和亚历山大王子（Prinz Alexander von Battenberg）改姓为蒙巴顿，成为米尔福德黑文侯爵（Marquess of Milford Haven）和卡里斯布鲁克侯爵（Marquess of Carisbrooke）。1914年，米尔福德黑文侯爵已经失去了"第一海务大臣"的职位，当时他还是巴腾堡的路易斯王子：一个德国出生的人在与"匈奴"①的战争中身居如此高位是不可接受的。住在德国的王室亲属，现在在敌方阵营，受到的打击更大：他们被剥夺了所有英国头衔和世袭继承权。正如皮尔斯·布伦

---

① 此处的匈奴是英国人对德国憎恨下的蔑称，起因是1900年威廉二世派遣军队赴远东镇压义和团运动时发表的匈奴演说。——译者注，下同

登（Piers Brendon）和菲利普·怀特黑德（Phillip Whitehead）在《温莎家族——王朝揭秘》(*The Windsors : A Dynasty Revealed*)中所说的那样，"一只英国蝴蝶从德国的蛹中孵化出来"。威廉皇帝（Kaiser Wilhelm，即威廉二世）用巧妙的俏皮话回避了表弟乔治五世的家族改姓的过程——他们都是伟大的维多利亚女王的孙子——他期待在不久的将来能看到奥托·尼古拉（Otto Nicolais）的喜剧歌剧《萨克森-科堡-哥达的风流娘儿们》①。

路易斯·蒙巴顿勋爵，"维多利亚和阿尔伯特号"上的海军元帅，一位39岁、英俊潇洒的男士，他早就在思考伊丽莎白公主的未来——谁会追求她？他比直系王室中有着类似想法的其他人领先了好几节（航速）。他还知道当时在达特茅斯接受海军军官培训的人是谁：他18岁的外甥，希腊的"学员上尉"菲利普亲王。这真是主场作战加上近水楼台，正如今天人们所说的那样。

由于学院暴发了流行性腮腺炎和水痘，值班医生建议不要让两位公主参加王室访问开始时的礼仪场合。取而代之的是，学员菲利普即希腊王子被指派招待这两个女孩。爱神开始助攻。他们在网球场上跳跃，正如克劳福德后来写的那样，菲利普"相当耀眼"，而伊丽莎白则一直"无法将目光从他身上移开"。在

---

① 原汉诺威王朝维多利亚女王的儿子爱德华七世从父系算属于德国萨克森-科堡-哥达家族，由此开启萨克森-科堡-哥达王朝，而后其子乔治五世在一战中因与德国交恶，改姓温莎。奥托·尼古拉的代表作是歌剧《温莎的风流娘儿们》。

人们的口中,菲利普这个人绝对是最丰富多彩的,因为他"部分是丹麦人,部分是德国人,部分是俄罗斯人",正如克劳菲在她的回忆录中描述的那样。还有这样一句话:"我可以在欧洲任何一个国家找到一个亲戚来收留我。"不过,这句话听起来并不是那么富有冒险精神。

他们还玩了槌球——一张照片显示菲利普穿着海军学院的制服,头微微倾斜,专注于槌球,而伊丽莎白穿着双排扣米色外套,美丽动人,好奇地盯着他。在告别晚宴上,根据玛丽安·克劳福德的说法,总是饥饿的金发少年菲利普吃了大量的虾,这让女孩们感到惊讶。他是出身高贵却无家可归的人,一个饥饿的少年。菲利普两岁时就随家人被驱逐出希腊,从此像孤儿一样在各个亲戚家辗转——父母在流放之初就分居了。菲利普的堂侄女即南斯拉夫末代王后亚历山德拉(Alexandra von Jugoslawien),曾将他比作一条"总是在寻找着自己的窝"的狗。那个年轻人即使在那时也用他大胆的举止来掩饰这一点。菲利普讨厌自怜,正因为如此,就像我们都知道的那样,让他为他人感到难过也不容易。有着这种性格的菲利普,他的未来多么适合一个这样的伴侣——尽管她没有经历过菲利普那样缺乏关爱的环境条件,但也通过训练自己"上唇僵硬",使得自己在孩童时代便学会了抑制情绪。

伊丽莎白和菲利普都是维多利亚女王的玄孙——伊丽莎白通过父系血统,菲利普则是通过他的母亲巴腾堡的爱丽丝公主(Prinzessin Alice),她可以追溯到两代前维多利亚的第三个孩子，也是爱丽丝。在达特茅斯港口一起玩槌球的年轻人，第三代的表兄妹，早已在他们还是孩童的时候便有过一次短暂的会面。1934年，在伊丽莎白的叔叔肯特公爵与菲利普的堂姐希腊公主玛丽娜的婚礼上，伊丽莎白担任伴娘。但撇开亲属关系不谈——从一开始就吸引了这位英国国王的女儿的，是比她年长五岁的菲利普所表现出的那昂扬的自信，这种性格特征相比于她相当谨慎的天性显得十分突出。她很害羞，他不太越界——这应该是一种成功的共生关系。在达特茅斯之后，伊丽莎白的圈子里有很多男人，都是友好的关系，但没有第二个能让她爱上的人。1939年7月22日之后，这位13岁就已经相当成熟的小姑娘，芳心暗许，矢志不渝。

菲利普的血统值得仔细研究，因为他的家谱很复杂。我们必须了解他的家系，以此来判断伊丽莎白和这个当时18岁的孩子所发生的事情，且在这当中"她一见钟情"——如约翰·惠勒-贝内特爵士（Sir John Wheeler-Bennett）在1958年由王室正式授权的乔治六世的传记中所说的那样。一般来说，如果不了解王室的家系分支，我们就无法理解英国君主制，伊丽莎白-菲利普夫妇也是如此。因此，让我们尝试了解这位希腊人（菲利普）的家系。

这位希腊王子有一头金发，身材高大，蓝眼睛闪闪发光，在玛丽安·克劳福德眼中是"维京人"，但我们直截了当地说：这个"希腊人"，无论是从父系还是母系的血缘看，都属于德国人。爱丽丝公主即菲利普的母亲，是黑森－巴腾堡人；父亲是希腊的安德烈亚斯王子（Prinz Andreas），是德国血统的丹麦人。菲利普是这个家庭五个孩子中最小的一个。他的四个姐姐——玛格丽塔（Margarita）、西奥多拉（Theodora）、塞西尔（Cécile）和索菲（Sophie）——都嫁给了德国贵族家庭，其中一些是后来的纳粹高官，这也给王子和他未来的妻子在1947年结婚时带来了麻烦。结婚的时候，男方在德国的亲戚没有一位受到邀请，除了他的母亲。新郎是又一个进入英国王室的德国人，这已经够糟糕的了，伊丽莎白的母亲最初称他为"匈奴"，尽管菲利普喜欢称自己为"斯堪的纳维亚人"。他们不是在1917年就决定放弃德国的根了吗？

但是菲利普家谱中带有希腊色彩的部分又是哪些呢？在希腊于1832年成为一个王国后，希腊人在他们来自巴伐利亚的维特尔斯巴赫家族的初代统治者之后，根据欧洲的王室成员名单，选择了一位来自丹麦的君主——当时的欧洲统治者，出生时不必属于他们有幸所属的国家。即使是在1845年成为希腊人的第一位丹麦人国王的乔治一世，也根本不是丹麦人，而是德国石勒苏益格－荷尔斯泰因－森德堡－格吕克斯堡家族的成员，该家族统治着丹麦、挪威甚至希腊——直到希腊在1974年通过全民公决废除了君主制。

因此，菲利普的父亲即希腊和丹麦的安德烈亚斯王子，作为上述乔治一世的儿子，不是希腊人而是德国人，菲利普也是。希腊的血液根本没有在他的血管中流动。然后是英国的，关于与维多利亚女王的亲属关系。顺便说一句，她也把丹麦纳入过考量范围，因为她让长子爱德华七世娶了丹麦公主亚历山德拉（Dänenprinzessin Alexandra），她是菲利普的祖父乔治的姐妹。维多利亚的婚姻政策巧妙且泛欧。

但现在，我们得回到路易斯·蒙巴顿勋爵那里。他是海军上将兼职婚姻魔药制造商，菲利普的母亲爱丽丝的兄弟，因此也是菲利普的亲舅舅，他和家人一直称他为"迪基舅舅"（Uncle Dickie）。他在丰富他的"希腊"外甥的简历并使之英国化方面发挥了重要作用。将菲利普安置在历史悠久的达特茅斯学院是蒙巴顿的明智之举。没有比通过在海军中建立职业生涯，然后在第二次世界大战期间东地中海的海战中递交投名状来证明自己，能获得更多的英国化特征。

蒙巴顿勋爵是这位出身于石勒苏益格-荷尔斯泰因-森德堡-格吕克斯堡家族的希腊王子的福星——他成为菲利普的事实上的养父。菲利普于 1921 年 6 月出生，他父母的婚姻在他们遭到流放后几近破裂。1922 年 12 月希腊发生军事政变后，全家不得不离开该国，乘坐英国"皇家海军卡里普索号"（HMS Calypso）从科孚岛撤离，菲利普被放在一张苹果板条箱制成的小床上。母亲最初和五个孩子一起住在巴黎的亲戚家，而父亲后来和一位情妇搬到了蒙特卡洛。他的父亲贫穷却有魅力，总是受到有钱朋友们的援助。家里的其他人即仓皇出逃而一贫如洗的希腊王室，则依靠着亲戚和朋友的帮助。菲利普儿时的朋友肯纳德夫人（Lady Kennard）证实，这个男孩从不呜咽或抱怨——"但他没有足够的衣服，所以我父母给他买了一件外套。"

不久，菲利普的母亲在患上早期麻疹后几乎失聪，很快就出现了精神分裂症的迹象，因此在她的两个兄弟即路易斯·蒙巴顿和乔治·蒙巴顿的压力下，她被送进了精神病院，首先是在柏林泰格尔短暂停留，然后去康斯坦茨湖瑞士一侧的克罗伊茨林根疗养院疗养。正如我们从雨果·维克斯（Hugo Vickers）的传记《希腊的安德鲁王妃爱丽丝》（*Alice, Princess Andrew of Greece*）中了解到的，这位公主患有宗教狂热症（一种妄想型精神分裂症），认为自己是基督的新娘，精神上也依恋于佛陀等其他精神形象。幸运的是，这种状况并没有持续多久，爱丽丝在两年后出院，并在经历了欧洲游荡的不安生活之后，搬到了雅典。在那里，她在第二次世界大战期间以慈善工作而著称，并于1949年创立了一个在俗妇女会。在雅典期间，她还在德国占领期间藏匿了一名希腊犹太裔寡妇和她的两个孩子，拯救了他们的生命。由此，她死后被以色列大屠杀纪念馆授以"义人"的荣誉。1994年，菲利普亲王和他当时唯一在世的姐姐索菲[她二婚嫁给了乔治·威廉·冯·汉诺威王子（Prinz Georg Wilhelm von Hannover）]参加了在耶路撒冷举行的仪式。

"我在英国有亲戚可以付钱"，这位不带感情色彩的王夫后来陈述了为什么他的职业生涯选择了英国，并得到了他的两个舅舅即乔治·蒙巴顿和路易斯·蒙巴顿的经济支持。这个男孩从他的母亲那里学会了英语，因为他的母亲和孩子们在一起时，几乎只用这种语言交流。但菲利普最初也能说一口流利的德语和法语。从萨里郡契姆的预备学校毕业后，在他的英语课程中有一个短暂的德语阶段。1933年在巴登-符腾堡的塞勒姆，在那里他的姐姐西奥多拉嫁给了巴登侯爵（Markgrafen von Baden），并结交了著名的教育家库尔特·哈恩（Kurt Hahn），即塞勒姆城堡寄宿学校的著名创始人。1933年，在国家社会主义者的压力下，哈恩不得不关闭学校，但得以在苏格兰的戈登斯顿继续经营，菲利普也去了。当伊丽莎白在1939年7月遇到希腊王子、她的远房亲戚和未来的丈夫时，他刚刚离开戈登斯顿，被达特茅斯学院录取为学员。

戈登斯顿"塑造"了菲利普和他的性格吗？至少从某种意义上说，坚韧被哈恩始终作为教学目标来宣扬，和当时作为学生的王子一起来到了这片肥沃的土地上。谁能表现出比他更坚韧的教养？在8岁到15岁之间，他甚至没有收到母亲寄来的生日贺卡；而且1933年到1939年期间，他的希腊、德国、英国支派亲戚也没有来过苏格兰北部。菲利普被"存放"在那里。他能够在欧洲每个国家都找到一个愿意收留他的亲戚，这也发生在假期期间。但这并不能替代失踪的父母之家。难怪据说爱丁堡公爵（菲利普）对弱者有敏锐的感觉。

戈登斯顿创始人库尔特·哈恩和他的格言在这位年轻王子的认知中占有重要地位。宿舍的窗户一直开着，冷风吹进来，他7点钟醒来，步行300米到取水点洗个冷水澡，夏天和冬天都是这样。"毛孔应该关闭"，哈恩过去常说，不只是皮肤在痉挛中闭合。菲利普当时失去了一些感情的定位能力，他不断通过粗鲁、运动型、过度活跃的天性隐藏自己这一状态。长期担任温莎城堡哥特式圣乔治教堂座堂主任牧师的迈克尔·曼主教（Bischof Michael Mann）在20世纪80年代后期接受《每日电讯报》采访时，提供了一份较为贴合菲利普的人物速写："他的童年经历向他暗示，带着感情要小心，不要表露出来，而是要用机枪武装自己的心。只要是他不能完全信任的人，便绝对不会让他触及自己的心。"

这种对感情的潜在抵抗源自他的老师库尔特·哈恩。中年妇女和产妇除外，任何与女性的接触对于未婚男子都是不安全的，这位教育家把女性视为教育中的禁忌话题，禁止任何关于性的讨论。这些规定简直就是戈登斯顿寄宿学校内部的纠察队。"甚至连音乐会都不能参加"，正如他的儿子查尔斯王子在1994年出版的关于他的传记中告诉乔纳森·丁布尔比的那样。查尔斯讨厌戈登斯顿，尽管他父亲让他去那里。他经常因为自己的招风耳被欺负得很惨，旁人丝毫不尊重他作为王位继承人的身份。

在这样做的过程中，库尔特·哈恩的教学前提非常符合英国人的特性：无论是在苏格兰的荒野还是在任何天气条件下的海上，都要在户外艰苦、苛刻的条件下锻炼青少年。此外，学生们也可以参与慈善和社会工作。这些都是课程的一部分，且反映了一种对纯粹知识性教育的评价相当低的教育理想，哈恩给予实践至少同等的重要性。这也是英国王室一直秉持的理念。

对校长来说，重要的是年轻人学会对自己提出要求，测试自己的抗压极限，尽可能通过各种各样的方式推动他们成长，包括实习、野外生存、体育运动、兴趣爱好、社会服务等。

菲利普亲王毫无保留地同意了这样的教育方针，这让他能够在充满挑战的世界中证明自己，从而成为许多想要以类似方式塑造自己性格的人的榜样。菲利普于1956年发起的"爱丁堡公爵奖"（Duke of Edinburgh Award）可以追溯到库尔特·哈恩的想法，这一奖项使14岁至24岁的年轻人有机会根据他们的能力获得金奖、银奖和铜奖。这个奖项与竞技无关，而是关于每个人为自己设定的目标，且在这条路上能走多远。该"奖项"早已国际化，如"德国国际青年项目"（Internationale Jugendprogramm in Deutschland e.V.）便有类似的传统。

无论是在实践还是体育方面，查尔斯王子都追随父亲的脚步，不管是作为海军军官、空军飞行员还是马球运动员。他努力为环境保护和人道主义做出贡献，正如他父亲菲利普早期承诺过的那样。然而，同他父亲比起来，他有着自己的特征：深思熟虑，时而忧郁，不成熟的哈姆雷特，音乐爱好者，以及出色的水彩画家。查尔斯多年前透露道，有时他会和他的花说话。对此，英国人通常只能感叹"典型的德国人"。

菲利普称他的儿子为"浪漫主义者"，他们两人似乎达成了某种停战协议。这使得菲利普有别于之前的严父形象，而这一形象在丁布尔比1994年出版的书中被查尔斯王子反复提及。书中他不得不提出指控，以反对他父亲严厉且在他看来几乎没有爱的教育。爱丁堡公爵当时深受伤害。"查尔斯是个浪漫主义者,我是个实用主义者,"他为自己辩护,"这意味着我们以不同的方式处理事情。而且,因为我无法浪漫地看待事物,我被说成很冷酷。"

无论是不是冷酷无情,菲利普亲王直到他晚年仍然显得粗暴。他无疑有威慑的能力。女王的表姐妹玛格丽特·罗德斯(Margaret Rhodes)与斯特拉斯莫尔家族有血缘关系,在她位于温莎大公园的家中,她坦率地向作者讲述了公爵有时是多么可怕:"你坐在他旁边吃饭、说话,突然他就爆发了,吼道:'你刚才说什么?你是什么意思?这怎么能行?证明给我看!'"

路易斯·蒙巴顿勋爵在1979年成为爱尔兰共和军恐怖袭击的受害者。他喜欢讲述菲利普和伊丽莎白结婚初期的一段插曲,当时这位年轻的妻子偶尔因丈夫的脾气感到焦虑。汽车里坐着他们三个人,由菲利普驾驶,但速度过快,伊丽莎白时不时紧张地喘着粗气。王子终于爆发了:"如果你再这样,我就把你赶出去。"后来蒙巴顿问她:"你是对的——你为什么不抗议他这种粗暴行为?"女王惊讶道:"你听到他说什么了?"当然,这种没来由的顺从很快就消失了。相反,人们偶尔会听到女王叫她丈夫闭嘴。

菲利普本人后来在一次演讲中深入展现了他的天性和塑造他性格的最重要的经历:"我不是任何大学的毕业生,我不是人类学家或科学家,相反,我完全效忠于这个世界上另一个真正伟大的兄弟会,尽管其中成员很少——海洋。那里有着人类必须应对的所有冲突,一直都在海上,现在仍然在海上。"

"先生,您简直就是一辆推土机。"没有人敢像蒂姆·赫兰德(Tim Heald)在他1991年出版的《公爵:亲王菲利普的自画像》(*The Duke : A Portrait of Prince Philip*)一书中所写的那样,当面冒犯这位精力充沛又自信的前海员。他们会这么说,也许是因为人们知道菲利普亲王在工作中如何无情地驱使自己,这些工作包括他主导或赞助的所有项目,从"爱丁堡公爵奖"到世界自然基金会(WWF,他从1961年起担任主席多年),到国际马术联合会(International Equestrian Federation,1964—1986年),再到"女王出口和技术贡献奖"(Queen's Award for Export and Technology),而这些也仅仅是我们从浩如烟海的活动中挑选出的四个而已。

他性格中的矛盾总是令人啧啧称奇,它们形成了令人眼花缭乱的对比:谦虚中夹杂着傲慢,乐观的能量中带着冷冰冰的责备;作为王夫,他既和蔼可亲又会拒人于千里之外,时而坚定时而踌躇,一会儿敏感一会儿又不敏感;温暖和苛刻,合群和孤独,你都能在他身上找到。他喜欢辩论,输了却受不了。他出行时必须跟在女王身后一步,心里则从未怀疑过自己才是领导者。然而,他始终以模范的忠诚支持他的妻子,即使两人有时会在仆人的耳边发生口角,这与王室要求的冷静相差甚远。

最让公爵恼火的莫过于人们试图片面地用他的某一著名的失礼举动来概括他整个人,尽管他确实以一种训练有素的方式进入了大家所期待的角色；尽管他会抱怨，但他继续以尽职尽责的姿态扮演着这个角色。面对长期以来对他没有好感的宫廷，这也始终是他宣扬自己个性的一个出口。最后，这成为他的第二天性。他不是在80岁生日的一次演讲中称自己为"老麻烦制造者"吗？有人把他所领导的特别艺术称为"牙科学"（Dontopedalogy），指一种"把你的脚放在你的嘴里"的能力，在英语里表示一个人的行为不合常规。在菲利普的履历中，这些例子都成了他的传奇，是伟大的"政治不正确"的产物，给他带来的责难和掌声一样多。他也乐于丑化自己的形象——这完全是他个人的特权。

我第一次遇见菲利普亲王的失礼举动，是在1962年夏天，当时公爵访问了卡迪夫大学。我是那里的讲师，他是该大学的名誉校长。我们德语系的人好好地排队与这位访客握手。他也正确地先与当时的德语系主任T. P. 威廉姆斯教授（Professor T. P. Williams）握手。随着队伍走的时候，他突然停了下来，仿佛被一阵灵感打动。然后他回到威廉姆斯教授身边，高高掀起他那破旧长袍的一端，调侃道："您在这里教书已经很久了，是吗？"教授——还有我们——无言以对。

事实上，亲王的"眯眯眼事件"[①]不应该被人们一再拿出来讨论。它实在过于世界闻名，甚至不是菲利普所说的最有趣或最粗鲁的话。不幸的是，它会永远存在于网络空间。1986年女

---

① "眯眯眼"是西方人对华人带有种族主义色彩的蔑称。

王访华期间，菲利普在长城会见了一群苏格兰学生。他们告诉公爵，自己已经在中国学习了多少年。公爵好心地告诫他们不要留学过久，否则他们再回英国时可能眼睛都会眯起来。但是每个菲粉都有自己的公爵失言清单，在英语里被称为口头侮辱，这本书也不例外。

结婚后不久，亲王的一位朋友评论说，爱丁堡公爵夫人伊丽莎白当时的肤色多么美。"是的，她全身都是这样。"菲利普轻率地回答道。在1969年访问巴拉圭时，他奉承前军事独裁者阿尔弗雷多·斯特罗斯纳（Alfredo Stroessner）："在一个不是由人民统治的国家生活真是太好了。"但在1964年，女王夫妇的第四个孩子刚刚出生时，菲利普的口才遇到了对手。当时有一位巴西海军上将，他的胸前装饰着满满的勋章，这令菲利普十分惊讶，他用傲慢的口吻询问道："你是在哪片海域收获这些荣誉的？""反正不是在婚床上。"对方如此回答。这是菲利普在口舌之争中没有占上风的罕见事件之一。与之相反的是，菲利普在和《星期日快报》（Sunday Express）的主编约翰·朱诺（John Junor）的交锋中表现得相当机智。20世纪70年代，当他在白金汉宫的约会中问公爵"柯基犬危险吗？"时，菲利普回击道："你的意思是你对它们有危险吗？"他讨厌形式上的提问，因此不喜欢闲聊。有一次，在飞往加拿大的长途飞行后，一位官员问他："你的飞行怎么样？"菲利普回答说："你飞过吗？是吧？嗯，首先飞机起飞，然后降落。事情就是这样。"不幸的是，当爱丁堡公爵毫不掩饰地用"你好，帝国总理先生（Herr

Reichskanzler）[①]！"向德国总理赫尔穆特·科尔（Helmut Kohl）打招呼时，我们不知道德国总理是如何回答的。

菲利普亲王总是与注重外在标签、略显僵硬的伊丽莎白女王形成对比，后者把她的害羞隐藏在她的谨慎背后，这也是她作为君主要承担的责任。两者几乎可以说是分工明确，这也很符合英国人的双重性格：一方面，他们喜欢盛大而正式的君主制仪式，女王在其官方职能中对此负责；另一方面，英国人同样喜欢通过幽默来解构这一切，这种不可抑制的"喜剧解脱"倾向，触及严肃核心的滑稽表演——这就是菲利普亲王的角色，他巧妙地掌握了这一点。

但在 2021 年的圣诞讲话中，女王为我们提供了更多注解，我们以前从未从她口中听到过这些告白。她说，菲利普的"求知欲和在任何情况下都能找到乐趣的能力"，简直是百折不挠；那种"淘气又好奇的光芒，直到最后都和我第一次见到他时一样明亮"。菲利普于 2021 年 4 月 9 日去世，女王以前从未如此公开地描述过与她丈夫的深厚和谐：他的幽默感也是她自己性格中的一个重要细节。与流行的观点相反，她对菲利普亲王"淘气又好奇的光芒"以及他言语上的不当十分理解。把这一点说清楚显然对她来说很重要。

[①] 帝国总理是德意志帝国的官职。

第五章

艰苦岁月和年轻人的幸福

"不同我一起，公主们永远不会离开这个国家，不同国王一起，我也不会离开，而国王永远不会离开英国。"

——伊丽莎白王后，1940年

"千金之体，不坐垂堂。"

——历史学家罗伯特·莱西谈及战争年代在温莎城堡的伊丽莎白和玛格丽特两位公主

"她身上散发出我们之前从未见过的光芒。"

——玛丽安·克劳福德谈论起1943年圣诞夜伊丽莎白和菲利普重逢时的场景

"我在大家面前宣布，我的整个生命，无论长短，都将致力于为你们服务。"

——1947年4月21日，伊丽莎白21岁生日时在开普敦广播中致辞战争，即使是其爆发前的紧张氛围，也有助于将国王和他的人民特别紧密地团结在一起。在英国，这是在乔治六世身上发生的事实。被退位危机打击的君主制在第二次世界大战期间以一种在1936年底被认为不可能实现的方式重新获得了民心。在1937年5月12日乔治六世的加冕典礼上，英国人高涨的民族情绪像经历了某种复兴。加冕仪式很威严，这一民主自由的华丽外衣促使许多人将其与欧洲法西斯主义的粗俗舞蹈相对比，由此在人们的心中提高了英国的地位。一位特别热情的评论员称，伦敦街头的庆祝游行"比独裁者的任何东西都光彩照人；它在这一领域远远超过了罗马和纽伦堡，且没有人受到任何强迫或恫吓"。

14个月后，荣华富贵落尽，爱国抗争者必须拿起铁铲和铁锹：1938年7月，伦敦第一次挖了战壕，分发了沙袋和防毒面具，人们如此害怕一场新的战争，因为希特勒在苏台德问题上剑拔弩张。《慕尼黑协定》签订之后，所有人都松了一口气。和平的希望一直持续到战争爆发之前不久，在某些圈子甚至持续更久。这是萧伯纳在1939年10月所写的《新政治家》(*New Statesman*)中的一个专栏："我们的任务是与希特勒和整个世界和平相处，而不是在此过程中制造更多的灾难并毁掉我们的人民。"

但自1939年9月1日以来，战争爆发，德国对英国大肆破坏，英国方面在一开始却无动于衷。在张伯伦于9月3日宣布英国进入战时状态后，乔治六世这位君主走到英国广播公司

第五章 艰苦岁月和年轻人的幸福　097

（BBC）的麦克风前，用痛苦而缓慢的句子传达了王室对这一举动的答复："在我们大多数人的生命中，我们第二次处于战争中……被一种理念逼入这一挑战，如果该思想获得胜利，将对世界上所有文明造成致命打击。……如果强权即公理等原始信条在当今世界得以确立，那么我们自己国家和英联邦国家的自由也将处于危险之中。"电影《国王的演讲》采用了这次广播演讲的核心句子，您可以轻松地从互联网上下载原文，更清楚地体会这些词的崇高力量。乔治六世从不长时间说话，人们总是把他的语言障碍考虑在内，保存下来的原始材料更加令人难以忘怀。国王在他的人民面前，仅次于丘吉尔，是当年支持英国人民的第二个重要人物。

  对该岛国来说，战争最初只是一场假的战争，一场发生在远离自己海岸的假战争。这种情况在1940年突然发生了变化，当时希特勒的入侵计划在5月底的敦刻尔克惨败之后被人所知晓，该岛不得不为最坏的情况——被德国占领——做准备。为此，柏林的帝国中央保安总局（Reichssicherheitshauptamt，RSHA）预设了特遣部队在第一拨军事行动之后需要控制的六个关键地区：伦敦、布里斯托尔、伯明翰、利物浦、曼彻斯特、爱丁堡。除此之外，B集团军群总司令、被指定为该岛最高指挥官的瓦尔特·冯·布劳希奇（Walther von Brauchitsch）在1940年9月9日的"关于大不列颠军事政府的指令"（Directive on Military Government in Great Britain）中，下令"除规定的特殊情况外，年龄在17岁至45岁之间的健康男性将被拘留并移至欧洲大陆"。傲慢催生了奇怪的花朵。

英国的精英们对德国成功入侵时会发生什么并不抱幻想。事实上,在战后,英国得知有一份2820名"特别通缉犯"的黑名单,所有人都被精确地标明了地址。他们在德国入侵后将被立即逮捕,不仅有政治家,还有艺术家、出版商、移民、新闻界人士、科学家和工会会员。这本《盖世太保手册》在2000年首次以英译本出版。

有一个人甚至当时就知道(即使不知道这份名单)逮捕的达摩克利斯之剑也悬在他头上,他就是在我们的故事里已经提到了好几次的哈罗德·尼科尔森,即信息部的政务次官、散文家、日记作者和知识渊博的评论员,他专门批判德国那不可理喻的傲慢;事实上,上述名单中就有他的名字和地址:伦敦东南1,4王座法庭大街。帝国中央保安总局第六局G1分队(London S.E. 1, 4 King's Bench Walk. RSHA Ⅵ G1)。1940年5月26日,尼科尔森忧心忡忡地写信给他的妻子、作家薇塔·萨克维尔-韦斯特(Vita Sackville-West):"为了不让你受辱,你实际上应该准备好一个毒药胶囊,必要时带着它出去。我也会给自己买一个。我一点都不害怕这样可怕的突然死亡。我真正害怕的是被折磨并受到羞辱。只是——如何获得这种胶囊?我会问我的医生朋友。"然后,在6月19日,尼科尔森向薇塔发出"令人放心"的信息:"我现在有我想要的东西,并且在周日给你带来你的一半。这一切看起来非常简单。"

1940年9月8日，乔治六世和伊丽莎白王后站在德军空袭过后的白金汉宫前。

（照片来源：ILN）

国王没有带毒药，但他在赶赴所有约会中都带着左轮手枪。倘若德国人真的入侵英国，乔治六世及其夫人也想要战斗——这对夫妇在白金汉宫的公园里上了射击课。伊丽莎白王后对此特别认真，她在打靶练习中表现出的热情让工作人员大吃一惊。当战争爆发时，时任海军大臣的丘吉尔为她提供了一把特别精准的美国左轮手枪。外交大臣哈利法克斯勋爵（Lord Halifax）

被允许在前往白厅的途中穿过白金汉宫公园,有一天看到王后和她的侍女的打靶练习后,他谨慎地决定从这时开始采取不同的路线。

当然,在这些反抗姿态中有很多算计——我们已经将老伊丽莎白视为公众舆论的熟练管理者。但事实上,这些所作所为所涉及的不仅仅是宣传。虽然许多贵族和其他阶级里面有能力的人可以为了自己的安全逃离英国,或者至少把孩子带到国外,但王后陛下用一句名言表明王室不会效仿:"不同我一起,公主们永远不会离开这个国家,不同国王一起,我也不会离开,而国王永远不会离开英国。"

简单的话语中蕴藏巨大的能量——这也是伊丽莎白和她的丈夫在决定留下时表现出的勇气。1940年7月10日,英国上空的空战开始,即"不列颠之战",紧随其后的是9月7日的"闪电战",夜袭的第一次轰炸在伦敦造成400人死亡和4357人受伤。白金汉宫随后一共被击中9次。丘吉尔写信给国王:"这场战争使王室和人民比以往任何时候都更加紧密。"而命运可以轻易地挫败这种说法。1940年9月13日,一枚炸弹险些击中白金汉宫的王室夫妇。飞行员朝向他的目标保持低空飞行,爆炸摧毁了花园的一部分和院子里小教堂的全部建筑。在早些时候的一次袭击中,有几扇窗户被打破,炸弹在袭击这对夫妇的起居室附近时没有完全发挥作用。

两位陛下立即动身去了伦敦东区,视察伦敦城内被破坏得更严重的地点。有一句话几乎具有标志性的意义,而且又是王后

第五章 艰苦岁月和年轻人的幸福 101

说的："我觉得现在我可以直视伦敦东区了。"当她和国王一起踏过废墟时，她补充道："同在白金汉宫附近爆炸的炸弹相比，东区所遭受的毁坏更令我感同身受。"与人们平等地分享他们的苦难经历，这就是温莎家族在战争年代如此受欢迎的原因。

白金汉宫在这段时间里是个充满悲哀的地方。美国总统的妻子埃莉诺·罗斯福（Eleanor Roosevelt）在年底前来访问。1942年，她给丈夫写信，对水、暖气和食物的匮乏感到沮丧。王后给这位尊贵的客人安排了她自己的卧室，破裂的窗户被木板封住，原始的暖气片只有一根可以工作的管子发出热量。在浴缸里，一条黑线标志着可以让水流到多高——12.5厘米。"食物很差，"埃莉诺总结道，"宫殿很大，没有暖气。国王和王后都感冒了。"真是奇闻。

顺便说一下，乔治六世和他的妻子并不是在所有地方都收获了人气。当这对夫妇访问伦敦或其他城市的轰炸区时，王后戴着帽子、穿着高跟鞋的做法也受到了批评，偶尔可以听到人们响亮的嘲笑声。"王后根本无法理解我们的情况，"伦敦东南部刘易舍姆的一位妇女站出来说，"她有其他的房子可以避难。"肯辛顿有人附和道："估计有六个地址，家里有熊熊的柴火在等着她。"我们之所以知道这些和其他公众意见，是因为在1937年初，三位聪明的企业家建立了他们自己的民意调查——"大众观察"（Mass Observation），在学校、街道、酒馆和教堂里的谈话都被记录下来，由数百名志愿者收集。他们聆听这些人的讲述并从中提炼重点，以更好地了解此刻的情况。"大众观察"在

20世纪60年代才停止工作，被更专业的舆论研究方法取代。

但是，国王希望不仅仅是在英国上空的空战中以及丘吉尔身边宣称自己国父的地位。从1943年起，他总是在高度保密的情况下访问在北非的英国军队。当丘吉尔似乎准备参加1944年6月6日盟军在诺曼底的登陆行动时，乔治六世威胁说如果他这样做，他也会去。"你也确定你的女儿已经很好地学习了王位继承的程序吗？"国王的私人秘书接着尖锐地问他。就在这时，丘吉尔意识到他自己的想法有问题，并放弃了这个想法。然而，6月15日，国王确实到达了法国，在那里他收到了英国盟军总司令蒙哥马利（Montgomery）的一封信。为了掩饰他日渐衰弱的身体状况，从1942年起，乔治六世在公开露面前都会把皮肤晒黑。1945年后，他油尽灯枯——这一点无法再掩盖了。

由于国王和王后平日里在伦敦或乡下访问，他们的两个女儿可以说是被托付给了温莎城堡，而且是整整五年。步入少年的王位继承人和更年幼的妹妹都不能暴露在炸弹的危险中，那是不负责任的。因此，女孩们在比以前更加孤立的条件下长大。伊丽莎白的大多数同龄人在这些年里迅速获得解放，当时动荡的环境使许多传统的纽带松动，无论是通过提前进入劳动力市场还是通过提前的性体验，都加速了他们的成长。伊丽莎白和玛格丽特则不然。正如罗伯特·莱西所写的那样，她们"千金之体，不坐垂堂"。

克劳菲后来告诉我们，在温莎，公主们生活在"地下世界"

第五章　艰苦岁月和年轻人的幸福　　103

中，徘徊于阴暗的走廊。当空袭警报响起时，他们沿着冰冷、潮湿的楼梯进入城堡中央塔楼的地下室，以获得更好的保护。幸运的是，温莎大公园的皇家小屋就在附近，包括桑德林汉姆和巴尔莫勒尔的王室住宅，都可以为她们一家提供帮助。它们一个在诺福克海岸附近，另一个在苏格兰高地。在那里，王室可以在表面上维持着正常的田园生活，尽管留下的照片显示战争和参战义务当时正逐渐消耗着英国君主的精力。

为胜利而做手工编织：伊丽莎白王后、玛格丽特公主和伊丽莎白公主在温莎大公园的皇家花园，1941年7月。
[照片来源：丽莎工作室（Studio Lisa）/RBO]

战争期间，公主们的确切行踪从未被暴露过，也没有人向敌人提供任何线索。当时的照片显示，总是微笑着穿得一模一样的公主骑在马背上，带着她们的狗，做着园艺或学习，他人从中找不出可以确定她们所处地点的线索。但是面对德国可能会进行的登岛入侵要怎么办？为此她们采取了预防措施，并制订了逃生计划，进行代号"克伦威尔"的逃生演习：女佣、有限的行李，还有一只柯基犬，不能再多了，然后前往威尔士或英格兰西部乡村地带如格洛斯特郡的某个地方。

同时，王室夫妇必须证明他们的女儿在安全的情况下也能为战争目标即"击败希特勒"做出贡献。这些"贡献"包括收集锡纸，缠绕纱布绷带，编织袜子，将零用钱捐赠给红十字会，打开收音机并阅读战事消息等。正是有了这些生活经验，1940年10月13日，当伊丽莎白第一次从温莎城堡通过无线电波在儿童节目《战时的孩子》（该节目在国内、英联邦国家和美国播出）中发出她的声音时，这个当时只有14岁、嗓音略尖锐的女孩才会如此说道："我们从亲身经历中知道远离我们所爱的人是什么感觉。"虽然这并不完全正确（她和玛格丽特经常接触父母，尽管肯定比战前每周见面的次数少了很多），但是从人口稠密的大都市被送到农村的英国孩子们肯定从她的发言中感到被理解和被关注。

在这段电台发言中，伊丽莎白甚至想象着"遇见新事物对你们来说会是怎样的冒险"。其中饱含安慰、关怀的音调："我们也会尽力帮助我们在海上、陆地和空中的勇士，同样也会努

第五章　艰苦岁月和年轻人的幸福　　105

力承担我们在战争中的危险和悲伤的负担。"然后是乐观的尾声："我们知道,我们每个人都知道,最后一切都会好起来的。"伊丽莎白是如何知道这一点的,她无法透露,但这也能反映出丘吉尔同时在努力提振国家低迷的精神的不可动摇的信念。无论如何,当时丘吉尔的私人秘书乔克·科尔维尔(Jock Colville)在公主的广播首秀后说:"如果君主制在这场战争中幸存下来,伊丽莎白二世应该是一个非常成功的女王。"由于互联网的存在,你也可以在白金汉宫的网站上找到这段广播的原声。如果我们将年迈的女王的声音与她昔日的声音进行比较,倾听她在时间中展现出的连续性,这是一种奇特的体验。

那个时候,希腊王子、维京人、德国人菲利普在哪里呢?这么多年来,伊丽莎白没有再与他联系吗?不是的,他们互相写信,她的床头柜上有一张他的加了框架的照片,克劳菲试图说服她不要这样做——它太显眼了。不久照片中的人物便换了一个形象,菲利普蓄起了胡子,这让他看起来陌生了许多。"看,克劳菲——看这个!"她冲着家庭教师大喊。菲利普"打了一场漂亮的仗",正如他们所说——他以优异的成绩完成了各个战区的任务,并稳步提高了军衔,先是在印度洋的战舰上保护澳大利亚的军事运输队,然后是在东地中海的克里特岛战役中,最后在 1944 年,他在作为英国太平洋舰队一部分的"皇家海军惠尔号"(HMS Whelp)驱逐舰上服役。他于 1945 年 8 月在东京湾见证了日本投降。他和他远在温莎的女友之间的对比不可能再大了:在这里,"千金之体,不坐垂堂";在那里,他是一名在

通过胡须进行伪装：战争期间菲利普亲王是皇家海军的一名中尉。

（照片来源：ILN）

战争中证明自己的英雄，1942年10月被提升为皇家海军最年轻的中尉，当时只有21岁。

不过我们也不能过早下结论，这位王位继承人对武器也不是那么没有经验。在菲利普获得中尉军衔的那个月，16岁的她在苏格兰高地射中了第一只雄鹿。毕竟她是未来的女王，人们对她的期望范围包括贵族的运动——打猎，伊丽莎白以越来越大的热情投入这项运动。巴尔莫勒尔的动物群在这个神枪手面前并不安全。在她的家族中，除了大卫伯伯之外，其他人都是打猎迷。祖父乔治五世就是个非常痴迷打猎的人。虽然他们大多数人都用猎枪打猎，也就是用铅弹，但伊丽莎白更喜欢用步枪进行瞄准射击。

战争使得食品和服装供应量急剧削减。1940年1月8日，开始实行培根、黄油和糖配给制，并逐渐扩大到包括国内食品消费的其他部分，这也引起了埃莉诺·罗斯福的注意。即使战争结束，凭票购买食物仍然是英国的日常生活，直到1954年7月4日才最终废除；直到配给制最终被废除，肉类在全国的菜单上一直是要配给的。粮食的紧张供应之所以持续了如此长的时间，也与英国在战后履行对其占领区的义务有关。在德国，饥饿迫在眉睫，这使得英国必须进口粮食，并将手伸向自己的战略储备。1946年在下议院，克罗克山克（Crookshank）议员抱怨这种"历史上的堂吉诃德行为——我们打败了一个国家，然后要求我们的纳税人每年用8000万至1亿英镑帮助它重新站起来"。

1942年，伊丽莎白担任皇家掷弹兵近卫团荣誉团长。
（照片来源：塞西尔·比顿）

只有野生动物没有被纳入配给体系中，而打猎还是特权阶层的偏好。桑德林汉姆和巴尔莫勒尔的皇家庄园包括广阔的狩猎场，确保了野鸡、鹧鸪、松鸡和鹿肉不间断供应。如前所说，伊丽莎白也很快学会了在狩猎中尽自己的力量。"我们在战争期间没有长出鹿角真是个奇迹。"巴尔莫勒尔的一名职员对肉类的供应情况讽刺地说。在1947年11月20日伊丽莎白和菲利普相当简朴的婚宴上，仅有的三道菜中——如果更多的话，那将是对当时的食物限制政策的侮辱——鹧鸪是第一道菜，其次是鳎目鱼，即"蒙巴顿鱼片"，最后一道菜是"伊丽莎白公主冰激凌"。乔治六世后来向菲利普道歉，说第二道菜是以"蒙巴顿"的名义提供的。它实际上应该被称为"爱丁堡公爵鱼片"，但国王在婚礼前夕才将他的女婿提升到这个地位——菜单已经印好了，上面的新郎只是被称为"菲利普·蒙巴顿，皇家海军中尉"（Philip Mountbatten, Lieutenant RN)——"RN"代表皇家海军。菲利普放弃了他的希腊王子头衔，以换取他在1947年春天的归化。直到10年后，女王才授予他"联合王国亲王"的头衔。从那时起，世界才重新认识了他——菲利普亲王。

战争期间，公主们在乡村或狩猎旅行中的贫民窟生活（当然，玛格丽特从不喜欢狩猎），偶尔会因为社交晚会而放轻松，当皇家掷弹兵近卫团（16岁的伊丽莎白在1942年成为其荣誉团长）在温莎城堡的时候，会被邀请去参加舞会，所有成员来自上流社会，伊丽莎白王后在其中秘密地寻找她女儿的可能伴侣。她的名单上有11名候选人，"匈奴人"菲利普是最远的候选人之一。但这对小伊丽莎白来说并不重要，她早已下定了决心。喜新厌旧不是她的天性——她更喜欢像菲利普这样有吸引力的、不可预测的男人，而不是她所熟悉的那些名门子弟。菲利普没有带来财富，却带来了胆量和惊喜。1943年圣诞节，她的父母邀请希腊王子和海军中尉蒙巴顿到温莎城堡参加舞会，最重要的是参加这个季节的传统戏剧表演——童话剧，这使他们的女儿得到了一半的纵容。

"pantomime"（童话剧），缩写为"panto"，是一种典型的英国乐趣，不要将它与我们德国人所理解的严格的童话剧艺术相混淆。在英国制作的童话剧属于圣诞季，就像圣诞布丁或人们在节日期间吃饭后放的彩色拉炮。童话剧将滑稽元素与童话故事混合在一起，利用人们熟悉的素材——例如灰姑娘、小红帽，或英国童谣的主题。众所周知，这些童话剧充斥着无厘头和黑色幽默。观众（尤其是孩子们）总是被要求通过喊出动作来帮忙；男女主角往往是反串，这增强了整体的喜剧性。对于成年人来说，有关时事的笑话也包括在内，也不乏音乐，还有精心制作的服饰。

为了这些表演，王室获得了布匹配给的特权；两个公主和剧中其他亲戚都穿着得体。"莉莉贝特"在1943年以阿拉丁的身份出现，照片上是一个容光焕发的年轻女子爱上了穿着巴洛克服装并注视着她的男人。"我很少见过公主这么活泼，"克劳菲回忆道，"她身上散发出我们之前从未见过的光芒。"

第五章　艰苦岁月和年轻人的幸福

1943年，伊丽莎白公主和玛格丽特公主在温莎城堡的圣诞童话剧中。

但与玛格丽特和她母亲不同,伊丽莎白并不是个真正的派对女孩。她相当害羞,缺乏合适的气质,也缺乏必要的自信,她只有在办公室里才能获得自信。1943年圣诞节是一个例外,她未来的丈夫鼓舞了她。毕竟在爱德华八世之后的时代,对这位王位继承人来说,重要的是责任而不是享乐。这些职责中最重要的一项,可以说大不列颠君主制的支柱之一,过去和现在都是对福利、对公共福利的承诺。长期以来,"福利君主制"在英国之外几乎从未被人察觉。然而,要了解英国的王室,它却是不可或缺的。因此,对于伊丽莎白的未来生活来说,1944年被证明是一个特别重要的转折点:在18岁时,她承担了她的第一个皇家赞助项目,即对位于伦敦东部哈克尼的伊丽莎白女王儿童医院的资助。这是她不断扩大对慈善机构赞助的开始。

除了这样的慈善工作培训外,伊丽莎白没有经历过她父亲所经历的任何事情,只有他的保护,甚至可以说是压迫性的保护。20世纪20年代,当乔治六世还是约克公爵时,他就推出了开创性的"青年营"。那是一个非常现代的想法。每年一次,200名来自精英家庭的青少年和200名来自下层阶级的青少年聚集在一起,进行为期两周的社会互动练习,也就是我们今天所说的夏令营。伊丽莎白和玛格丽特在1939年与他们的父母一起参加了这样一个训练营,当时是在巴尔莫勒尔附近举行的。照片显示这两个女孩热情地跟着游戏鼓掌,但她们被剥夺了参与的机会。然而,5年后,不再有任何理由能让一个18岁的女孩远离与同龄人的接触,例如与战争有关的活动。这个年轻女子怎么能在她从未接触过的社会中成为领袖人物呢?

但直到 1945 年 3 月,公主 19 岁生日前夕,她才获准在本土辅助部队(ATS)[①]服务,成为编号 230873 的"少尉伊丽莎白·亚历山德拉·玛丽·温莎",并在战争结束前不久与其他同龄女性一起打败敌人——直到 4 月 16 日,时间只有三个星期。在伦敦以西的汉普郡奥尔德肖特,她和其他 11 名受训人员被分配到一个修理厂,在那里她学会了驾驶军用卡车并维护其发动机。这是英国历史上第一次有一位王室女性成员参加"与其他人一起"的课程。伊丽莎白学会了所有关于活塞和汽缸盖的知识,并被拍下了照片。她的母亲看着她勤奋地进行着专家模样的操作。"这是我唯一的一次,"未来的女王在接受工党政治家芭芭拉·卡塞尔(Barbara Castle)的采访时承认,"当时我可以通过我的年龄组中的其他人来衡量自己的能力。"在讲课时,她坐在前排中间,两边各有一个中士;午餐是在军官餐厅吃的。可见她参加了如此多的社交互动。

她自豪地穿着她的 ATS 制服,还在 5 月 8 日欧洲胜利日穿着它出现在白金汉宫的阳台上——挨着她的母亲,中间是温斯顿·丘吉尔,然后是乔治六世和 14 岁的玛格丽特。在那里,出现了我们所知道的她一生中唯一不受控制的时刻。在这一历史性狂欢的夜晚,她和玛格丽特偷偷溜出宫殿,与一群年轻的

---

① ATS 是第二次世界大战期间英国陆军妇女队。它成立于 1938 年 9 月 9 日,最初是作为妇女志愿服务机构;1949 年 2 月 1 日并入皇家女子军团。

从左至右依次为伊丽莎白公主、伊丽莎白王后、温斯顿·丘吉尔、乔治六世、玛格丽特公主，他们站在白金汉宫的阳台上，1945年5月8日。

（照片来源：ILN）

近卫军军官见面，其中包括一个家族朋友，即贵族亨利·乔治·莫利纽克斯（Henry George Molyneux），他后来作为波切斯特勋爵（Lord Porchester）成为伊丽莎白在养马方面最重要的顾问。她们沉浸在王宫外欢呼的人群中，唱着"二战"时期的名曲，先步行到议会，然后沿着白厅到特拉法加广场，再到皮卡迪利大街的丽兹酒店，从那里穿过格林公园回到王室住所。在

第五章　艰苦岁月和年轻人的幸福　　115

那里,伊丽莎白遇到了一个宫廷官员,她指示他告诉国王夫妇,她也在宫殿外面的人群中仰望着阳台。不久,人们再次热情地喊道:"我们要国王,我们要国王。"乔治六世和王后几次走出来挥手回应,他们的女儿在成千上万的人影中看着自己的父母。

伊丽莎白当时一定经历了最不可能的梦想——成为芸芸众生中的一员,对于这个注定为王的人来说,这是难以想象的珍贵。"这是我一生中最难忘的夜晚之一。"她后来承认。

1946年夏天,在一次乡村度假期间,菲利普亲王在巴尔莫勒尔向乔治六世和他的王后请求,希望与他们的女儿成婚。这对父母曾怀疑,他们几乎没有任何办法阻挡这个年轻人的步伐。出于一个海军士兵对另一个海军士兵的忠诚,国王也很欣赏这位25岁屡获勋章的海军中尉。

国王和王后只提出一个条件:他们的婚约暂时不应公开。这对王室夫妇计划在1947年2月对南非进行为期一个月的访问,南非和其他英联邦国家一样,在战争期间没有见过王室成员。现在战争结束,他们可以弥补拖延已久的对英联邦国家的访问,并感谢英联邦国家在战争期间提供的人员和物资支持。乔治六世也想收获类似和平红利的东西,对他来说,这意味着"我们四个"——只是"我们四个(家人)"——再次一起经历一些事情,无忧无虑,心无旁骛,以一种战争不允许的方式。无论如何,这对父母还从来没有在他们两个女儿的陪伴下进行过长途旅行。在他们回来之前,婚约是保密的。伊丽莎白和蒙巴顿中尉的耐心就这样受到了相当大的考验，时间几乎长达一年。然而，如果乔治六世和他的妻子认为这个等待期可能会导致他们女儿的感情降温，那么很快就会证明他们错了。

当时，这位希腊王子给王宫带来了一些新鲜空气。他在伦敦海军部找了一份办公室的工作，开着一辆跑车风风火火地来到王宫。他穿着布雷泽西装外套，衬衫领子敞开，从车里走出来，有目的地走向皇家公寓。这不可能不被宫廷官员们注意到，而且从菲利普的角度来说，不应该不被注意到。他越是听到宫廷官员不屑一顾的低语，他的自信心就越强。他毕竟是真正的一无所有者，一个没有土地或财富的王子；他的衣服——当他不在跑车里时——显示出典型的战后面貌。1946年他访问巴尔莫勒尔时，他面对为他打开行李的仆人几乎有点难为情，行李里面包括他父亲的两件旧西装——他唯一的西装。1947年11月在威斯敏斯特教堂举行的婚礼上，他穿了一双缝补过的袜子；在他和伊丽莎白的蜜月中，伊丽莎白带了15个手提箱，而他只带了2个。

在南非之行前，关于两人的传言已经流传了很久。有一天，伊丽莎白从工厂参观回来，明显地心烦意乱，向仍在她身边的家庭教师倾诉她的心声。"克劳菲，他们一直在喊'菲利普在哪里'。"公开露面对她来说不再是一种乐趣。让完全陌生的人了解她最隐秘的希望和感受，就像是暴露她的内心世界一样，触动了这个从小就受到庇护的年轻女子的神经，令向来谨慎的她感到不安。当她意识到她的公共角色对她的隐私有很大干扰时，烦恼就涌上心头。因此，她开始采取防御措施，有时甚至变得闷闷不乐，她把自己封闭起来，不让任何东西侵入她的私人生活，并且在她的余生中一直如此。玛丽安·克劳福德在1954年出版的传记《女王伊丽莎白二世》中，考虑到女王这种被公众永久照亮的生活，想出了一句令人印象深刻的俏皮话："王室成员唯一真正的私人时间，就是在受孕和宣布怀孕之间。"没有比这更好的表达了。

当公主不觉得自己是被公众打扰的受害者时，她有一个灿烂的笑容，这对任何优秀的摄影记者都是不可抗拒的。1947年1月，纽约的国际艺术家委员会（International Artists Committee）将伊丽莎白评为"世界上最迷人的女性"之一。《时代》杂志谈到了她的"销魂魅力"，《新闻纪事报》（News Chronicle）认为她"比她最近的竞争对手秀兰·邓波儿高出一些"。媒体绝没有忘记伊丽莎白10年前在她母亲的娴熟指导下成为名人。年轻女孩在20世纪40年代末转变为童话公主，媒体对她的好奇心也与日俱增。在对威尔士王妃戴安娜·斯宾塞的赞美以及后来对剑桥公爵夫人凯瑟琳·米德尔顿（Catherine Middleton）的关注中，我们忘记了在"戴夫人"之前的40年，伊丽莎白和她的妹妹玛格丽特在国际媒体上是名副其实的顶流，她们是被崇拜的偶像，甚至是被全球仰慕的人物。只要能用公主们的肖像来装点门面，报纸就卖得出去。这在戴安娜和威廉和哈里（Harry）的妻子们身上再次得以验证。

1946年到1947年的冬天是人们记忆中最严酷的冬天，无论是在欧洲大陆还是在不列颠群岛。自1883年以来，英国从未出现过像1947年2月到3月这样的低温记录。由于火车被冰冻住，供应部分崩溃，许多地区被切断了所有供应，无论是公路还是铁路。在这个严寒的冬天里，王室成员在各等级宫廷官员的陪同下，于2月1日踏上了前往南非的昂贵的海上航程。这并不受欢迎：根据一项民意调查，当时有32%的公民不赞成这次旅行，只有29%的人表示赞成，其余绝大多数人没有意见——可能是因为人们都在关注其他问题，而不是王室成员的世界旅行是否可取。这次旅行将持续到4月底。旅途中，乔治六世的私人秘书艾伦·拉塞莱斯对伊丽莎白的成长感到惊叹。他指出，她的无私精神——"在这个家庭中不是一个正常的特征"——特别令他印象深刻。还有，她是如何以"与她母亲一样的技巧"来处理无数次的例行亮相，其中一些是难以言喻的乏味。在他看来，她已经显得"非常有经营头脑"。有几次，当她的母亲再次沉浸在不必要的谈话中时，伊丽莎白站在王后身后，用她的阳伞在她的脚跟上谨慎地捅了一下，防止不必要的谈话打乱日程。国王偶尔也不得不接受女儿要求他守时的告诫。

如果需要更多的证据来证明伊丽莎白便是未来的君主，那么4月21日在开普敦对英联邦的广播讲话便证明了这一点。该活动已提前宣布，演讲者确信有大量听众。这是伊丽莎白的21岁生日，所以根据当时的理解，她已经成年了。这段简短的演讲即使在当时也被认为是历史性的：从那时起，伊丽莎白不得不发表的数千次演讲中没有哪一次可以与这个早期演讲相提并论，也许只有在儿媳戴安娜去世后她在电视上的出色演讲可以吧。70多年前，她正处于人生任务的开始阶段，尽管这是被强加于她的身上，但这位年轻女子对君王义务的解读方式让全世界的听众都侧耳倾听。我们必须从整体上理解演讲文本，它预告了女王在位70年的基调：

"我的许多祖先都使用过一句格言，一句崇高的格言：'我服务'（威尔士亲王的盾徽上仍然带有这句德国谚语）。这句话激励了许多早期的王位继承人，他们在成年后承诺履行骑士的献身精神。我不能像他们那样做，但是科技的发明让我可以做他们做不到的事情。我可以在整个帝国倾听的同时做出我庄严的献身行为。我现在想做出这个承诺。这很简单。我在大家面前宣布，我的整个生命，无论长短，都将致力于为你们服务，为我们都属于的这个帝国大家庭服务。但是，除非获得你们的帮助，否则我将没有力量单独执行这项决议，我在此邀请各位。我知道，你们将坚定不移地支持我。愿上帝帮助我实现这个誓言，愿上帝保佑所有愿意帮助我的人。"

伊丽莎白的话语温柔而坚定，带有宗教色彩，听起来像是结婚誓言和修女完成见习期后的庄严宣誓的混合体。这次讲话中的服务精神是立竿见影的：王室在这一高潮之后走向了新的认可高度，甚至对国王的南非之行的不满也在这一广播消息之后消失了。伊丽莎白的学术教育结果相当糟糕，这一事实并没有困扰任何人。令人印象深刻的是她的性格：正派、诚实、直率、尽职。坦普尔伍德勋爵（Lord Templewood）作为战前英国政坛一个像塞缪尔·霍尔（Samuel Hoare）一样的关键人物，说出了许多人的心声，他说道："我们可以期待伊丽莎白女王的时代。"他还说，她加强了君主制，现在君主制是"在干净的手中"。

1947年4月21日的开普敦也为亨利·马顿爵士在1939年向他的学生灌输的东西提供了压倒性的证据：君主制的存续归功于其"适应变化"的能力。伊顿公学副教务长指出，哪两项变化是现代最重要的？英联邦及广播。前者被证明是凝聚民族大家庭的一个重要工具，伊丽莎白仍然按照旧的习惯称之为"帝国"。但是，当印度于1947年8月从英国独立时，帝国实际上已经不复存在，取而代之的是1931年根据《威斯敏斯特法案》宣布的英联邦。在伦敦的君主不再自动成为英联邦的首脑；相反，是成员国（诚然，在20世纪40年代末不超过8个）的共识决定是否应该向王室提供这一职位。这种情况发生在1949年，当时乔治六世被如此确认为英联邦首脑，而这种情况在1952年秋天再次发生，当时印度共和国总理贾瓦哈拉尔·尼赫鲁（Jawaharlal Nehru）邀请伊丽莎白二世接任英联邦首脑。

随着1947年的到来，我们仍在旧世界。在这个世界中，尊重、礼貌、敬畏王权是规则。有着这种敬畏心理的时代以及随之而来的公共道德准则早已让位于"百无禁忌"的心态,任何形式的权威都失去了威信,这也影响到了英国君主制,它不得不习惯于接受公众舆论机构的无情对待。因此,像"我知道你们将坚定不移地支持我"这样的句子在今天是绝对不可想象的,正如女王本人在她的"可怕的一年",即1992年,当一切都有可能从她手中溜走时,在一次令人难忘的演讲中指出:"任何机构都不应假定不受那些给予其忠诚和支持的人的监督。这种批判的态度可以,实际上也应该同时成为变革的有效铰链。"1947年,是"坚定不移地支持";1992年,是有条件地支持。在这里,是可靠的共识;在那里,是王室必须永远重新赢得的共识。然而,我们把这两篇演讲都归功于同一个人,在她身上连续性和变化以一种非凡的方式结合在一起,用一个词来表达:服务。

1946年底,一家法国报纸,《法兰西晚报》(*France Soir*)声称已经知道菲利普亲王即将入籍英国,并计划不久后举行婚礼,随后英国媒体急切地报道了此事。宫廷不得不予以否认——这只是为谣言火上浇油。这位没有希腊人血统的希腊王子的入籍申请很快就扫清了官僚主义的障碍,一路绿灯。当时王室成员还在南非履行其国事访问的职责。但是,关于"订婚和结婚"的谣言必须平息下去。下议院已经有人提出疑问,为什么这项申请会得到如此优先的考虑?对此,政府通过其内政大臣准备了一个标准答案:"因为菲利普正在寻求在皇家海军中的职业生涯。"这是很可信的,因为英国海军在战争期间接收了许多外国水手，他们现在也在加速归化。3月中旬，希腊、丹麦和石勒苏益格－荷尔斯泰因－森德堡－格吕克斯堡的菲利普王子放弃了他所有的王室头衔，改变希腊东正教信仰，接受了英国教会的洗礼，成为一名普通的英国人，名字叫菲利普·蒙巴顿，皇家海军中尉。

1947年7月10日，宫廷终于缓解了紧张局势，宣布了订婚消息。婚礼定于11月20日举行。对于婚礼这一盛大场合来说，这不是一个好年头，特别是在经济上，是真正可怕的一年。配给制盛行，新的工党政府正在制订其国有化计划，战争遗留的高额债务令人担忧，失业率也是如此，甚至连白金汉宫的泛光灯都只允许在11月19日和11月20日两个晚上使用，以节约成本。批评家们正在观望，想看看君主打算承担什么责任。

但是，正如王室经常出现的情况一样，这些场合如果不是事先被打折扣，也会被怀疑地分析，这一次最终引发了人们的善意。如果人们能够欣赏到像年轻的伊丽莎白和与她一同站在舞台中央的英俊的中尉这样一对明星时，怎么可能不感动？甚至连主持婚礼的约克大主教——这次不是坎特伯雷——也被动人的热情所感染。他转向新娘和新郎，说："你们中的一个，我们亲爱的国王夫妇的女儿，已经凭借魅力和朴素的优雅赢得了所有人的期许和喜爱。另一个，是个水手——我们要感谢海军，我们的强大盾牌！"一个时代的安慰，一个时代的亮点，在那个阴沉的11月里，这场婚礼照亮了当时的社会情绪；在一个星期里，甚至连街上的人都以自己的方式庆祝。来自世界各地的权贵和

第五章 艰苦岁月和年轻人的幸福

伊丽莎白和菲利普在白金汉宫宣布订婚之后的路上，1947 年 7 月 10 日。

王室成员在宫廷里沉浸在无数的聚会中，其中许多人被他们的人民赶走了。女王后来喜欢讽刺地谈论她的"法贝热阿姨们"，当时菲利普的亲戚、来自欧洲王室的女性前殿下，谨慎地对据称只有半贵族血统（她的苏格兰母亲并非贵族）的她屈尊。然而，斯特拉斯莫尔伯爵是古老的苏格兰贵族。

伊丽莎白的婚纱最初引起了关注，包括批评。这套有着长达5米裙裾的织物是在法国缝制还是在工作机会稀缺的本国呢？当人们知道有350名女士在埃塞克斯郡的布伦特里为它辛勤工作了7个星期时，激愤的心情很快就平息了下来——在法国只织了大约一米的布料。下一个争议点：蚕是不是来自红色中国，甚至是日本或意大利这样的敌国？不，别担心：是由中国台湾负责。来自美国的1万颗养殖珍珠装饰着礼服，由宫廷服装设计师诺曼·哈特内尔以简单的方式设计。刺绣灵感来自波提切利的画作《普里马韦拉》（Primavera）或《春》（Spring）——作为11月的正确对应物——得到了应用，珍珠以约克白玫瑰的图案排列，与麦穗相连。

2500件礼物的清单描绘了当时世界的美丽画面，尤其是其中的代表。圣雄甘地（Mahatma Gandhi）送来了一块由他特别编织的花边布，用于一个大的托盘。这遭到了伊丽莎白的祖母玛丽王后的反对，她认为那是一条缠腰布。以拥有纯种马闻名的阿迦汗（Aga Khan）将其所拥有的一匹母马送给了爱马的伊丽莎白。印度最后的贵族之一、海德拉巴德的尼扎姆（Nizam of Hyderabad）也大出风头，赠送了一个以树叶为造型的钻石项链。最后，肯尼亚殖民地领袖得知新娘对狩猎怀有热情，在他们的国家公园为新婚夫妇提供了萨加纳狩猎小屋（Sagana Jagdhütte）——与其说是小屋，不如说是一个住所。正是在那里，伊丽莎白得知了她父亲于1952年2月6日去世的消息——当时她和菲利普刚刚参加了英联邦的世界巡游。希腊总理对"菲利普王子殿下"订婚的祝贺是很尖锐的。由于菲利普当时不再是王子，也不是"殿下"，英国外交部歪打正着，故意避开未婚夫的名字致谢，以防希腊人认为以"蒙巴顿中尉"的名义致谢是一种冷落。

此外，乔治六世也为菲利普准备好了一份特别的礼物。在婚礼前夕，在他以类似方式表彰女儿之后几天，他将王国中最古老的奖项——嘉德勋章——授予了他的女婿，以及将"殿下"作为菲利普·蒙巴顿皇家海军中尉的前缀，并同时将他提升为爱丁堡公爵，其全称是"伦敦郡格林威治男爵、梅里昂斯伯爵和爱丁堡公爵"（Baron Greenwich of Greenwich in the County of London, Earl of Merioneth and Duke of Edinburgh）。

顺便说一句，这在1947年仍然是一个以无线电广播为传播媒介的事件，数百万人也在海外收听，以感受来自伦敦的魅力。婚礼影片随后开始在全球放映；在柏林英占区一家拥有4000个座位的电影院里，影票连续七天被订满。新郎有三个幸存的德国姐妹，其中两个嫁给了纳粹高官，她们收到了她们的母亲即爱丽丝公主写的长达22页的信，详细介绍了庆典活动，作为对她们没有被邀请参加婚礼的安慰。

在威斯敏斯特教堂举行仪式的第二天，人们在《泰晤士报》上看到，"强大的过去"在这一天"获得了一个新的、充满希望的篇章"。新娘不是确实看起来"很高兴，同时又非常像孩子"吗？正如1937年乔治六世的加冕仪式和1953年伊丽莎白自己的加冕仪式一样，这种盛况被赋予了民主的意义。丘吉尔特别从这场婚礼的"绚丽色彩"中看到了冷战初期"反对极权主义的宣传攻势"。国家领导者可以为其机构的稳定感到自豪，这是国家统一的基础。这是由两个来源提供的：对传统的尊重和对王室的忠诚。

如果将1947年的婚姻与1981年另一位王位继承人查尔斯王子与戴安娜·斯宾塞的婚姻相比较，人们会被1947年王室的深刻意义所震撼。这种意义在后来的事件中已经随风而逝了。在伊丽莎白和菲利普身上，稳定的民主和稳定的君主制在令人信服的结合中相遇。相比之下，34年后的1981年，纯粹的壮观场面占了上风，为证实温莎家族的王朝而呈现。它不再与重新确立王国存在理由的问题相关，从宪法根源上断了联系。"重要的是娱乐"，最敏锐的观察家之一马尔科姆·穆格里奇（Malcolm Muggeridge）在1957年已经称之为"王室肥皂剧"。我们将不得不更详细地研究它。

蜜月旅行先去了汉普郡的布罗德兰兹乡村庄园，那里是蒙巴顿家族长期居住的地方；然后去了比尔霍尔，这是巴尔莫勒尔广阔土地中的一处庄园。早在1948年5月，这对夫妇就代表国王对法国进行了一次国事访问；伊丽莎白在当年1月首次阅读了外交部的机密信件。随着国王健康状况的恶化，王室为可能的登基所做的准备工作变得更加紧张。在婚礼一年后，即1948年11月14日，一个男性继承人也诞生了，他就是查尔斯王子。人们都说伊丽莎白真是尽职尽责。传记作者一致表明：母亲很骄傲，但对儿子却没有特别的母爱。又过了一年，伊丽莎白公主，也就是她这时自称的爱丁堡公爵夫人，搬到马耳他与她的丈夫会合，后者于1949年秋天在那里恢复了他的海军生涯；与此同时，查尔斯与他的祖父母住在一起，就像伊丽莎白在1926年她的父母去世界旅游时与她的祖父母住在一起一样。伊丽莎白品味着在马耳他的快乐时光，这也是因为她第一次见到了普通人——她丈夫的同事和他们的妻子，去购物，开派对。1950年8月，第二个孩子安妮公主（Prinzessin Anne）出生，马耳他的田园生活被打断了；然而，伊丽莎白很快就回到了地中海。

1951年10月——这对夫妇现在已经搬进了离白金汉宫不远的克拉伦斯宫的住所——公爵和公爵夫人再次代表国王对加拿大和美国进行了一次长期访问。乔治六世不得不接受肺部手术，这位重度吸烟者的一个肺被切除。艾伦·拉塞莱斯在去加拿大的路上带着登基的官方文件，即登基文件，作为一种预防措施。这种情况在1952年1月31日再次出现，国王派他的女儿和她的丈夫代替他前往澳大利亚和新西兰进行拖延已久的访问，当时他已经病入膏肓。这对夫妇在肯尼亚停留，住在萨加纳狩猎小屋，最重要的是拍照记录他们钓鱼、远足这两个主要爱好。2

月 5 日,他们继续前往"树顶"(Treetops),这是一个专门为他们建造的树屋。很久以后,茅茅(Mau-Mau)"叛乱分子"烧毁了这个树屋。无花果树脚下的守卫,据说是负责保护他们的殿下不受野生动物的伤害,实际上是在留意已经在该地区活动的茅茅游击队。黎明时分,伊丽莎白和菲利普看到大型动物在水潭边觅食。在一个水坑里,一只老鹰在他们上方盘旋,那是1952 年 2 月 6 日。

第六章

国王已逝,女王万岁

"在这个时候我必须完成什么手续？"
　　——得知父亲的死讯后，伊丽莎白向她的私人秘书提出的第一个问题

"显而易见，一个女人完成这一切要比一个男人优雅得多。"
　　——温莎公爵在巴黎对他侄女的加冕仪式的电视广播评价道

"纸醉金迷的呓语。"
　　——美国社会学家诺曼·伯恩鲍姆对伊丽莎白加冕盛况的评论

Elizabeth II.

宫廷就紧急情况、肺病中国王的死亡以及接下来的处理商定了一个暗语：海德公园花园（Hyde Park Gardens）。1952 年 2 月 6 日早晨，一名仆人正按照传统习俗向国王奉茶，同时进行叫早服务，但今天的情形格外不同——国王去世了，在诺福克郡王室住所桑德林汉姆的床上。约定的暗号开始了——"海德公园花园，"艾伦·拉塞莱斯爵士告知他的副手爱德华·福特（Edward Ford），"立即通知首相和玛丽王后。"当福特在 9 点 15 分到达唐宁街时，温斯顿·丘吉尔还在床上舒服地研究杂乱地堆在地上的文件。在床头柜上放着一支蜡烛，用来点燃他的雪茄。"我有个坏消息要告诉您，首相大人。国王去世了。""坏消息？"丘吉尔反问道，"这是最糟糕的消息。"首相毫不掩饰地流下眼泪。"这一切现在都不重要了。"他评论道，并对着地板上堆积的文件做了一个夸张的手势。后来，他的顾问即已经从白金汉宫搬到唐宁街的乔克·科尔维尔拜访他时，看到他坐在床上，眼里还含着泪水。丘吉尔说："我根本不认识她（伊丽莎白），她只是个孩子。"

在南面 6500 千米处，爱丁堡公爵和公爵夫人正在肯尼亚的阿伯代尔山脉的树屋里，全神贯注地看着长颈鹿、大象和大草原上的其他动物寻找它们早上的水源。他们一回到萨加纳小屋，《内罗毕标准报》（Nairobi Standard）的主编就给公主的私人秘书马丁·查特里斯（Martin Charteris）打电话，请求允许他刊登他刚刚通过电报得知的内容：国王逝世了。这是处理来自王室消息的传统，即礼貌询问标题是否合适。

查特里斯在内罗毕的总督府询问情况时，只被告知收到一些加密信息，总督不在，没有人能够破译。所幸直达伦敦的电话线路起到了作用，查特里斯知道消息后先告知了菲利普，然后是伊丽莎白。伊丽莎白在萨加纳小屋的花园里走了很久。菲利普长期的澳大利亚秘书和好伙伴迈克尔·帕克（Michael Parker）后来描述了公爵在听到这个消息时的表情，"仿佛整个世界都落在他的肩上"。菲利普马上知道：与"莉莉贝特"和他的年轻家庭一起生活的无忧无虑的时光已经一去不返。不仅如此，他所期盼的海军生涯也化为泡影，今后他的生涯里只有一件事——成为女王的仆人。2011年6月，他90岁生日前夕，菲利普亲王在接受英国广播公司的电视采访时罕见地坦率承认，如果他能有充实的职业生涯，"而不是在这个世界上艰难前行"，对君主制和他自己来说都是一件好事。他的海军事业的巅峰本应该是海军上将。

不再是公主的伊丽莎白保持了镇定——这是她在后来所有危急情况下的典型表现，诉诸礼仪来处理她的感情。"在这个时候我必须完成什么手续？"这是她问私人秘书的第一个问题。"只有一个，夫人，"她得到了回答，"您必须从您的名字中选择一个您希望的作为王号。"

对于伊丽莎白·亚历山德拉·玛丽·温莎来说，毫无疑问，她坚持用自己的第一个名字，也是教名，自称伊丽莎白二世女王，以纪念她伟大的前辈、都铎王朝的伊丽莎白一世。作为女王，伊丽莎白的第一次亮相是急匆匆地赶往最近的机场飞回伦敦。当时没有照片保存下来，五位摄影记者将相机放在地上，在旅馆前排成一排，恭恭敬敬地向离去的王室成员鞠躬。他们被一种职业偷窥以外的责任攫住。那是一个不同的时代。

哈罗德·尼科尔森在2月6日的日记中写道："伊丽莎白公主今天从肯尼亚飞回来。她在非洲一棵树的高处观看犀牛饮水的时候，成了英国的女王。"即使是历史学家威廉·肖克罗斯，也无法避谈这幅景象的特殊性。他在《女王与国家》中写道："伊丽莎白是我们知道的唯一一个上树时是公主，下来时是女王的女人。"

在英国君主制的连续性中，除了17世纪奥利弗·克伦威尔（Oliver Cromwell）统治下的间歇期外，没有无君主的日子。在统治者死亡之日，指定的继承人自动取代前任的位置。王室委员会还会在统治者死亡之日宣布继承人的名字，但伊丽莎白此刻正在飞回伦敦的途中，委员会不得不在她没有出席的情况下宣布。这是200年来第一次没有在新国王面前进行宣布。

2月7日抵达希思罗机场时，新任女王首先看到的是一排黑色的服务型豪华轿车，玛格丽特和她总是把它们说成"灵车"。"看，他们派了灵车。"当飞机落地时，她对她随行的表妹帕梅拉·蒙巴顿（Pamela Mountbatten）说。和女王在一起时，必须注意言外之意，她喜欢间接地表达自己。因此，关于灵车这句话不仅是对她父亲的哀叹——她父亲在56岁时过早去世，也是对她自己无忧无虑的青春结束的附带评论。25岁这一年，她不得不告别的不仅是她在王位上的前任，还有登上王位之前的自己。

第六章 国王已逝，女王万岁　　135

"感谢上帝，我们还有丘吉尔"——这是国王意外去世后的流行观点。温斯顿·丘吉尔在1945年的下议院选举中失败，6年后又重回唐宁街。他的话语蕴含力量，战时是抗战的灵丹妙药，现在则成为抚慰这个被悲伤笼罩的国家的信心源泉。2月6日晚，他通过广播向国民发表了热情的现实主义言论："国王与死神同行，仿佛死神是他的伙伴。最后，在一个享受了阳光和打猎的快乐日子之后，死亡以朋友的身份到来。"此刻大家都知道，乔治六世在2月5日下午打野兔，收获颇丰，国王满意地上床睡觉；凌晨时分，他死于栓塞——他患有肺癌的事实一直向公众隐瞒。广播讲话结束时，丘吉尔谈到过去和未来："我在青年时代感受了属于维多利亚时代的辉煌、不受挑战的和平盛世，当我再次说出祈祷词和赞美诗'天佑女王'时，我感到一阵颤抖。"

第二天，这位伟大的首相在下议院补充说："在她登上王位之际，殉道的人类正处于世界灾难和黄金时代之间岌岌可危的境地……我们希望并祈祷女王伊丽莎白二世继承我们古老的王位，这将是一个信号，像一盏幸福的灯一样照亮人类的前景。"在核武器的首次使用以及第二次世界大战战胜国为拥有这些新的权力武器而展开军备竞赛的背景下，丘吉尔说出了这些强有力的话语。英国早在1952年8月就在澳大利亚西部引爆了它的第一个原子弹头，随后苏联在1953年进行了第一次氢弹爆炸试验，而美国则在1954年进行了自己的试验。在朝鲜战争中，新任女王开始了她的第一个官方行动——为在朝鲜作战的1.2万名士兵中的一个授予最高的英勇勋章，即维多利亚十字勋章。

年轻的女王一定会思考丘吉尔的表述里关于她的部分，丘吉尔这样表达，就像与生俱来一样。它们不符合她自己相当简单的风格。但她对她的第一位首相——后面还有14位——有一种特殊的感情，他来自旧时代，可以为她搭建一座通往英国历史奥秘的活生生的桥梁。这是一堂直观的课，很好地补充了亨利·马顿爵士在战前教给她的理论。丘吉尔喜欢玩弄历史和他自己在其中的人生历程；1898年，他参加了英国军队对苏丹"叛乱分子"的最后一次骑兵进攻，并在维多利亚女王之后的所有君主统治下从事军事活动，他不厌其烦地强调这一点。"我服务于女王的高祖母、她的曾祖父、她的祖父、她的父亲和现在的她。"1953年5月，即女王加冕前两周，他自豪地回忆道。他体现了连续性，他在早期的自传体作品《我的早年生活》（*My Early Life*）中称之为"英国民族生活中最独特的优点和最高贵的品质"。

年老的首相和年轻的女王见面时几乎是互相敬畏。他是因为她的魅力和对学习的渴望，她则是因为他杰出的履历。"但我根本不认识她，她只是个孩子"，首相忘记了自己之前的话。年轻和纯真遇到了年长和经验，他们很好地互补了。与首相的定期会晤对伊丽莎白二世来说是非常重要的。正如她后来承认的那样，"总是那么有趣"。而丘吉尔被问到他们谈论的内容时，嘲讽地回答"哦，关于赛马"。1955年丘吉尔辞职时，女王在给他的信中遗憾地表示，她将特别怀念每周与他的会面，这些会面对她来说是很有启发的,而且,"如果可以这样来谈论国家事务,是很有趣的"。

首相对于女王最大的帮助,是解决了一个关乎国家利益但不那么有趣的棘手问题:新的统治家族的姓氏应该是什么?迪基舅舅、海军上将路易斯·蒙巴顿勋爵、菲利普的准养父,在乔治六世死后欢呼:"现在是蒙巴顿家族统治了!"他的出发点是,妻子和孩子在婚姻中随夫姓的民族习俗也适用于他的外甥。只要伊丽莎白和菲利普以"伊丽莎白公主殿下,爱丁堡公爵夫人"和"殿下,爱丁堡公爵"的身份生活,查尔斯和安妮以没有姓氏的王子和公主的身份生活,这个问题就不是尖锐的问题。随着"伊丽莎白女王"的出现,情况发生了根本性的变化。

越来越多的人开始强烈反对以蒙巴顿作为统治者的姓氏。从玛丽王后到内阁,到议会,再到丘吉尔本人,并且丘吉尔本人是保留温莎这个姓氏的最坚定的支持者。蒙巴顿认为1917年乔治五世改尴尬的德国姓氏"萨克森-科堡-哥达"为英国姓氏"温莎"的转变是可以逆转的,丘吉尔对此感到愤怒。他坚定地站在女王的背后,女王也有同样的想法。因此,在1952年4月,王室委员会宣布伊丽莎白的家族将以温莎为姓氏。

菲利普登上了身份的最高位,但他身上的海军大男子主义让他觉得被羞辱了。"我只是一个该死的变形虫,"他说,"全国唯一一个不能给孩子冠姓的人。"然而,根据古代的习俗,伊丽莎白曾在婚礼上承诺"服从"她的丈夫。国家的原因让这个承诺不再有效力,这也让菲利普非常恼火。他和妻子之间出现了紧张的关系,这种关系在很长一段时间内都没有消退。女王试图安抚,赋予菲利普一些重要的职责,希望能缓和他的火暴脾气。其中,最灾难性的职责是对查尔斯王子的教育,然后是桑德林汉姆和巴尔莫勒尔的皇家城堡的管理。在那里,据伊丽莎白王太后(这位女王母亲现在的称呼)所说,菲利普"表现得像个德国容克(普鲁士贵族)"。

当乔治六世还在世时,国王亲自委托菲利普对白金汉宫进行改造,但即便如此,这对这位有进取心的公爵来说也是不够的。因此,本着"福利君主制"的精神,他还被赋予了一个大型慈善项目的管理权,即全国运动场协会(NPFA)。该协会的任务是创造绿色运动区,特别是在社会福利住宅区周围,以便儿童能够在新鲜空气中进行有意义的休闲活动,并保证这些宝贵的空间不会被新的建筑项目铺满。在幽闭的战争年代后,这是一个非常紧迫的问题。菲利普以他一贯的充沛精力推进这个项目。"我向你们保证,"他在他主持的第一次委员会会议上宣布,"我无意在这里做一个木头人。""该死的工作狂,"一位工作人员评论说,"这个人不知道什么是休息。"这句话可以一直适用到爱丁堡公爵的晚年。

人们忘记了此后的生命中极度活跃的菲利普在宫廷中的艰难处境。这种艰难处境不仅出于对他作为没有土地和财产的继承人的怀疑,而且出于对他的德国血统的怀疑。对亲王来说,一层无法逾越的官僚主义环绕着他的妻子,包括私人秘书、副私人秘书、数百名宫廷官员，他们在宫廷等级中承担着各自的具体职责，却并没有为他拟定任何职责。这与维多利亚女王的丈夫、辅佐她的阿尔伯特亲王（Prinz Albert）没有任何可比性。阿尔伯特亲王站在维多利亚女王身边时充当她的耳目，担任她的公共事务经理、私人秘书和办公室主任。100年后的同一情况下，菲利普亲王却被排除在这样的职务之外。宫廷中已经形成严格的等级制度。在这种制度下，女王的丈夫始终是个局外人。女王也不能让她的丈夫看到"红盒子"里的文件。拥有秩序是必要的，遵循礼节更是如此。因此，菲利普开展自己的事业活动作为补偿，他不再跟在女王身后作为牵线木偶，而是可以决定自己的步伐和节奏。

此外，他和他的舅舅至少在姓氏问题上达成了迟到的平局：1960年2月，在伊丽莎白本人的缓缓推动下，安德鲁王子（Prinz Andrew）出生前不久，政府宣布所有直系王位继承行列之外的王室成员今后都将使用复姓蒙巴顿－温莎。事实上，就连安德鲁的姐姐安妮也接受了这一规定，并在她的结婚证上签了"蒙巴顿－温莎"。然而，一切都是亡羊补牢，"变形虫"永远留在菲利普的脑海中。

伊丽莎白还让菲利普担任加冕礼准备工作的督工职责，加冕礼在1953年6月2日，同时也是赛马季的高潮德比马赛的前一天。一切都必须从头开始设计，没有1937年5月的加冕仪式那样的既定计划，这个计划工作早在1936年爱德华八世退位之前就已经开始组织，所以斯坦利·鲍德温有一句名言："同样的日期，不同的国王。"对丘吉尔来说，1953年6月同样也是一个政治期限。他绝不愿意在加冕典礼之前卸下首相的职务。许多人在此时向这位79岁且健康状况不佳的政府首脑提出卸任建议。他的指定接任者安东尼·伊登（Anthony Eden）焦急地表示不满，但无济于事。丘吉尔不想以退休人员的身份观看年轻的伊丽莎白即温顺的国家女主人的加冕仪式。事实上，他在自己的办公室又坚守了近两年。

伊丽莎白作为国家元首和年轻母亲的双重身份引发了一系列关切的思考。全国妇女协会联合会（National Federation of Women's Institutes）是该国的一个妇女组织，甚至起草了一项决议，要求国家应该"努力不要让我们亲爱的年轻女王负担过重，要记住她也有作为妻子和母亲的职责"。医疗机构也同意上述看法，医学协会的期刊《柳叶刀》（Lancet）认为，应该让女王"在她的孩子还小的时候"远离公众的视线。更重要的是，女王应该把家庭放在第一位，以"保证小王子和小公主的健康和活力"。

但女王没有听从这些建议，出于她的责任感，这几乎是一种宿命。1992年，英国广播公司拍摄了一部名为《伊丽莎白女王》（Elizabeth R）的电影，讲述了她在位的前40年。她向英国广播公司做了重要的坦白："我父亲去世得太早了，而且太突然了。最终，我只能将我的能力发挥到极致，并接受现在的事实，这是我的命运。"这位讲话的女王在1936年的退位危机之后，决定把对王室和国家的责任放在首位。正如她在开普敦讲话中所重申的那样："我服务。"在她作为君主的第一次圣诞演讲中,她呼应了那次讲话中的"献身"理念,并请求她的听众祈祷"基督赐给我智慧和力量,以履行我在加冕礼上所做的庄严承诺"。

丘吉尔的突发奇想是正确的:在加冕礼前结束糖果和巧克力的配给制。此刻,味觉应该和视觉一起被调动,在这个英国的专属节日,整个世界都是旁观者。因此,1953年6月,电视媒体得以发挥其全球作用:在伦敦细雨淋湿的街道上举行的加冕礼和游行,以白金汉宫阳台上的一幕为尾声,成为电视史上第一个超级奇观;全世界有3亿人通过电视机参与其中;在英国,电视拥有者的数量一夜之间从几十万增加到400万。那些没有电视的人只能开车或骑自行车到朋友家去观看活动现场。今天,我们只需点击鼠标就能看到世界各地正在发生的事情,很难想象1953年6月电视诞生初期的情景:那是历史上第一次没有亲临现场的人有机会与那些实际看到的人分享他们的感受。

在巴黎,一位前王室成员、未被邀请的温莎公爵观看了这一幕,并给他的侄女留下了深刻的印象:"显而易见,一个女人完成这一切要比一个男人优雅得多。"人们把当天一些最令人印象深刻的照片归功于塞西尔·比顿,他在他的日记中自以为是地把伊丽莎白的华丽外表描述为"移动的婚礼蛋糕"。后世之人可能会问旁人:约翰·肯尼迪被刺杀时,你在哪里?在柏林墙倒塌的时候,你在哪里?在戴安娜王妃去世那天,你在哪里?2001

一盏"幸福的灯","照亮了人类的前景":1952年11月4日,伊丽莎白二世在前往她第一次议会开幕式的路上。

年9月11日，你在哪里？1953年以后人们也会问，伊丽莎白女王举行加冕仪式时，你在哪里？特别是在前一天，世界被另一个历史性的消息震惊了：新西兰人埃德蒙·希拉里（Edmund Hillary）和他的尼泊尔同伴丹增·诺盖（Tenzing Norgay）首次登上珠穆朗玛峰。著名时装设计师克里斯蒂安·迪奥（Christian Dior）也称他被伦敦的王室活动感动了："年轻的伊丽莎白的加冕仪式不仅让英国人受到鼓舞，而且奇怪的是，也让法国人充满了新的希望，对未来产生了新的乐观主义。"

起初，在这样神圣的、充满象征意义的仪式中，电视能够扮演一个重要的角色，并不是一个必然的结论。伊丽莎白本人是严格反对的——在其早期，"电视"被认为是非常普通甚至庸俗化的东西，王室成员必须远离它。即使是组委会主席菲利普，在其他方面对创新持相当开放的态度，也和他妻子一样对电视感到厌恶。坎特伯雷大主教抨击了这种"大规模生产娱乐的形式，可能是对世界最大的危险之一"。如果仪式出了问题，直播是否还应该进行？1838年关于维多利亚女王加冕仪式的记载被传得沸沸扬扬，其中一个著名的记载是由女王自己写下的，内容包括：82岁的罗尔勋爵（Lord Rolle）在爬楼梯向他的君主致敬时如何被绊倒，以及女王如何在他第二次尝试时起身迎接他；大主教如何在造成剧痛的情况下把专门为维多利亚的小手指制作的加冕戒指强行戴在她的第四根手指上，后来她在冰水的帮助下才把它解下来。

但加冕仪式的组织者做了一个错误的决定，早在1952年10

月就宣布这将是一个没有电视参与的加冕礼。这给了媒体抗议的机会。他们大声疾呼，一致谴责这"愚蠢的决定"，因为电视注定要突出王室与人民之间的联系。对于这一事件，媒体能够以几乎全民公决的方式干涉王室的决定，并迫使他们修改这些决定。这是第一次也是直接的媒体干预的典范。媒体民主和王室之间的这种碰撞将伴随着伊丽莎白的整个任期。这甚至可能导致女王更克制，正如1997年威尔士王妃、她的儿媳戴安娜去世后所显示的那样，她最初对全国的震惊不知所措。但和45年前一样，女王最后还是妥协了——在这两个事例中，公众舆论的压力都变得太大了。禁止电视报道加冕仪式的指令被取消。伊丽莎白很少成为第一个走上创新之路的人，但她总是明白如何在不可避免的情况下让步。

今天，那些再次观看加冕礼影像的人可能会问，在一个民主、自由的政体中，这个介于宗教行为和中世纪盛典之间的仪式有什么作用？然而，在1953年，君主制与现代性的古老联结被证明是正确的：民主越巩固，英国社会就越忠诚地（在这里必须这样说）团结在王冠周围。加冕礼的古老性实际上是它最有力的广告媒介，这种没有威胁的古老性在改革的过程中没有阻碍社会的发展。伦敦国家剧院前院长理查德·艾尔（Richard Eyre），更像一位知识分子出身的共和主义者，即在英国所称呼的反君主主义者，他在1992年的日记中写了英国人对国王的"宗教热情"：他也不得不指责自己产生的这种热情，因为他接受了一个高级勋章，即"大英帝国司令勋章"，而他实际上想拒绝这个勋章。历史学家罗伯特·莱西更加煽情地说："像爱情本身一样，国王和人们之间的关系从根本上是非理性的。"但这是真的吗？这种关系在很大程度上是基于理性而有意识的欣赏——人们知道他们在这个古老的机构中拥有什么。哈罗德·威尔逊（Harold Wilson）是伊丽莎白在20世纪60年代和70年代任命的第一位工党首相，他喜欢把他和女王的会面描述为"民主与君主相遇"的快乐时刻。这是一位工党人士说的，他丝毫不会被怀疑恭维贵族。

然而，聚集在威斯敏斯特教堂的观众反映了统治阶级的一种倨傲的自我肯定。如果王室不想损害其尊严，那么参加加冕典礼的邀请名单将永远不会像以前那样不民主，典礼也不会以如此奢华的形式进行。王室仪式及其服饰也不是永恒不变的，人们最迟会在国王查尔斯三世的加冕仪式上看到这一点。1953年基本上还以旧贵族的仪式为主，当时只有上议院的世袭贵族（直到1958年才增加了终身贵族）被邀请。当然，整个上议院都被邀请了，但下议院只有大约100名议员被邀请，就像一块民主的遮羞布；然而事实上，他们一定觉得很正常，与他们所在的"下议院"这个名字保持一致。在1953年，敬畏之心占了上风，没有人想要向王室贵族反抗——必须补充说明，只是当时还没有，因为情况很快就会改变。顺便说一句，这一奇观（加冕仪式）本身的历史性辉煌令人叹为观止，这才是重点，而且让与英国人一起观看的全世界的观众都很高兴。

丘吉尔是如何描述连续性的？——"英国民族生活中最独特的优点和最高贵的品质。"在威斯敏斯特教堂举行的仪式也很独特，很高贵。女王在13世纪爱德华一世（Edward Ⅰ.）的加冕椅上就座。在她手上的珠宝中，有一颗蓝宝石来自忏悔者爱德华（Edward der Bekenner）的戒指。他是威塞克斯王朝的最后一位盎格鲁-撒克逊国王，死于1066年，即诺曼征服的那一年。亨利五世的红宝石也闪闪发光，这是他在1415年阿金库尔战役中战胜法国人的纪念物。女王的耳朵上挂着她伟大的前任伊丽莎白一世的珠宝。涂圣油可能是仪式中最古老的部分，取自《旧约》中的《列王纪》，这是在国王埃德加（König Edgar）973年的加冕仪式的篇章已经被述及的。伴随着乔治·弗里德里克·亨德尔（Georg Friedrich Händel）在1727年为乔治二世（George Ⅱ.）的加冕仪式创作的古老赞美诗《祭司撒督》（*Zadok the Priest*），"像所罗门被祭司撒督和先知纳旦涂圣油一样……"，坎特伯雷大主教杰弗里·费舍尔博士（Dr. Geoffrey Fisher）祝伊丽莎白成为英国和英联邦的统治者——与其说这是世俗的就职典礼，不如说是一种授圣职礼，一种对法律的服从，即对君主立宪制和精神君主制的服从。

1953年，一项调查显示，34%的英国人仍然相信君主的神圣使命。350年前的莎士比亚在《理查二世》（*Richard Ⅱ*）中就这样说过："汹涌的怒海中所有的水，都洗不掉涂在一个受命于天的君王顶上的圣油；世人的呼吸决不能吹倒上帝所简选的代表。"①

在著名的期刊《社会学评论》(*Sociological Review*)中，在加冕之年，爱德华·希尔斯（Edward Shils）和迈克尔·杨（Michael Young）写道，加冕是一种"民族共融的行为"，回顾了加冕礼这一"神奇时刻，脆弱的人们在与神灵接触后，就变成了国王或牧师，从一个单纯的人变成了一个盛满美德的容器，美德通过他流向社会"。美国年轻法学家和社会学家诺曼·伯恩鲍姆（Norman Birnbaum）强烈反对这种浮夸的做法。该杂志使他有机会对英国的同业者做出回应。伯恩鲍姆称他们的君主制论点是"纸醉金迷的呓语"和"不公平社会秩序的支撑点，由于这些支撑点，统治者试图让被统治者看不到包容他们的制度的腐败性质"。这是这场讨论的第一炮。从20世纪50年代中期开始，这场讨论将全面进入王室，并随后导致深刻的变革。

当时流传了很多"纸醉金迷的呓语"，温斯顿·丘吉尔和他敬爱的"神话女王"也不是完全没有参与其中。6月2日晚，首相说："与等级和特权统治社会的时代相比，王室现在更广泛、更牢固地嵌入了人民的爱和国家的意志。"正如我们所看到的，这句话的后半句不那么真实：等级和特权依然可以再次站稳脚跟。伊丽莎白还夸张地宣称："我的加冕不是昨天的权力和辉煌的象征，而是我们对明天希望的宣言。"希望——当然，但"昨天的权力和辉煌"依然在有意识地上演。然而，那是一种正在

---

① 借鉴朱生豪先生的译文。

消逝的辉煌，来自旧帝国的代表团在街道上行进，是对一个正在消失的世界的最后致敬。这也是一种正在衰败的力量，正如1956年英国政府在殖民幻想的诱惑下，在苏伊士与法国一起经历了一场悲惨的失败。

英国人是否处于第二个伊丽莎白时代的开始？1952年后，这种"纸醉金迷的呓语"也变得非常时尚。然而，伊丽莎白并不想听到这些，正如她在1953年的圣诞致辞中明确表示的那样。她和菲利普当时正在新西兰进行之前由于父亲去世而不得不中断的英联邦之旅。"说实话，"她以令人耳目一新的坦率态度说，"我完全不觉得自己像伟大的都铎王朝的前辈（伊丽莎白一世），她既没有丈夫也没有孩子。作为一个专制君主进行统治，她从未离开过祖国的海岸。但她的年龄和我的年龄至少有相似之处。她的王国虽然与她的欧洲邻国相比又小又穷，但却被注入了一种伟大的精神。"

即使在1953年之后，仍有伟大的精神？人们会看到的。首先是英联邦国家在新女王为期六个月的旅程中向她致敬。这成了一场胜利的游行——女王和她的丈夫永远都不会离开英国领土，旧帝国就在他们的脚下。

第七章

玛格丽特

"我是独一无二的,我是一位国王的女儿和一位女王的妹妹。"

——玛格丽特·罗斯公主,伊丽莎白的妹妹

"你肯定要么是疯了,要么是堕落了。"

——当彼得·汤森向艾伦·拉塞莱斯爵士坦白他对玛格丽特的爱时,艾伦·拉塞莱斯爵士对他说

"我深深感谢所有为我的幸福不断祈祷的人的关怀。"

——玛格丽特在其1955年10月31日的放弃声明中说

1986年，玛格丽特在她最后的住所肯辛顿宫拍摄了一张照片。这张照片作为其外表的记录和其生活的缩影而被铭记。这是一个生动的注释，因此《星期日电讯报》（*Sunday Telegraph*）在2002年2月10日，也就是玛格丽特公主去世的第二天，将这张照片放在了头版且占了一半篇幅。这张照片以前从未面世，离婚的斯诺登伯爵夫人、阿姆斯特朗－琼斯（Armstrong-Jones）夫人即女王的妹妹，穿着色彩鲜艳的锦缎服装，她的目光从镜头前移开，手里拿着一个枕头，上面绣着讽刺的信息："做公主并不容易。"戏剧性的印象压倒了一切，仿佛是为后人上演的一样。剧院、舞台、舞蹈和表演不是她的全部激情吗？

"做公主并不容易"，人们经常听到她说这句话。另一句话听起来语气更加沮丧："我是独一无二的，我是一位国王的女儿和一位女王的妹妹。"玛格丽特公主的命运几乎是直接受制于王室的，但只是次要的角色——年长的公主被任命为女王，玛格丽特公主却没有被赋予这么重要的职责。在她复杂的生活中，她无法应对这种冲突。这场冲突很早就显现出来，任何想要写一首关于玛格丽特·罗斯公主和她人生中的10年即20世纪50年代的诗句的人，都必须从这种冲突开始。

我们看到随着爱德华八世退位，一场深刻的冲击不仅席卷了英国当权派，也席卷了王室的生活。在这场危机中，王后即老伊丽莎白积极地抓住了缰绳，在与澳大利亚言语治疗师莱昂内尔·洛格（Lionel Logue）的合作下，帮助她的丈夫克服了糟糕的口吃，使他建立了自信，并让她的长女伊丽莎白（现任女王）接受了王位继承人角色的训练。玛格丽特即第二个女儿，从她母亲的缰绳上消失了；她更是被她的父亲宠坏了，乔治六世自己也知道作为王位的第二顺位继承人在王室里生活意味着什么。当玛丽安·克劳福德批评这名少女偶尔熬夜并向她的母亲寻求建议时，她不以为意："我们只有一次青春，克劳福德，我们希望在生活中获得乐趣。"玛格丽特被善意宠坏了，这是放纵的同义词，而更严格的缰绳可能会帮助她。易犯错成了她的标志。

乔治六世在56岁时死于肺癌，对于将父亲视为偶像的玛格丽特来说是第二次打击。她掉进了一个"黑洞"，正如她后来向历史学家本·皮姆洛特所承认的那样。她的姐姐挺身而出，完成了她被训练的任务，成为女王。玛格丽特更有活力、更机智，甚至更有知识，和伊丽莎白一样，一直没有接受任何正式的教育，但她看不到自己的任务，转而向上流社会和波希米亚的耀眼魅力①投降，因为这个世界适合她。她曾对法国伟大的作家和导演让·科克托（Jean Cocteau）夸耀说："不服从是我的乐趣。"因此，她成了所有问题的前兆，这些问题很快就像克星一样紧紧跟着温莎家族。某种漫无目的的情绪盘旋在玛格丽特周围，预示着她会频频失礼——她的祖母玛丽王后一直喜欢称她为"淘

---

① 法国人认为流浪的吉卜赛人来源于波希米亚王国，故将他们称作波希米亚人。20世纪60年代，热爱自然与和平的嬉皮士通过波希米亚风格的轻松与浪漫以及与社会主流不同的生活方式，表达他们对自由的向往和对社会秩序的挑战。

偷窥视角：玛格丽特、伊丽莎白和彼得·汤森在阿斯科特的皇家包厢，1951年6月13日。

[照片来源：吉斯通（Keystone）]

气鬼"（espiègle），即调皮、任性的女孩。1948年，奇普斯·钱农在阿斯科特赛马场见到这位年仅18岁的女孩后，便在他的日记中写道："我发现她身上有一股玛丽·安托瓦内特（Marie

第七章 玛格丽特   155

Antoinette）^①的香气。"奈飞剧集《王冠》巧妙地展现了她身上的这一光环。

这一切都始于 1953 年 6 月 2 日的加冕日。摄像机随处可见，摄影师也拍摄到了玛格丽特公主掸去皇家骑士团队长（上校）彼得·汤森（Peter Townsend）衣襟上的绒毛，一切是那么轻松愉快，哦，是那么有爱。这使自 1947 年以来一直在酝酿的秘密恋情公之于众。汤森于 1944 年以侍从的身份为国王陛下服务（相当于侍女的男性角色），并在 1947 年陪同王室前往南非旅行。在路上的三个月，他与当时将近 17 岁的玛格丽特走得更近了，这种关系最初是有距离的——宫廷官员必须洁身自好，与统治者家庭的私人关系是严厉禁止的。此外，彼得·汤森在 1941 年就结婚了，是一段典型的战时婚姻，但这段婚姻很快就宣告结束。这种情况显示汤森也是为宫廷服务所带来的巨大压力的受害者。

乔治六世非常欣赏汤森，他举止谨慎，比周围的其他仆人更能应对国王频繁的愤怒。作为"豪客飓风"（Hawker Hurricane）战斗机的飞行员和著名的 43 中队的一员，汤森在 1940 年的"不列颠之战"中多次表现出色。在 1950 年，乔治六世任命能干的汤森为王宫内部组织的副主管。从那时起，伊丽莎白王后把

---

① 法国国王路易十六的妻子，生活奢靡，与其丈夫一起在法国大革命中被推上断头台。

他带到自己身边，作为她的事务主管，实际上是她的首席财务官。他的婚姻没有经受住这种永久性的压力，他于1952年无罪离婚，因为他的妻子与另一个男人发生了关系。相比之下，备受尊敬的汤森和宫廷看起来是一种长期、稳定的关系。

当他和玛格丽特在加冕礼前向伊丽莎白坦白他们相爱时，情况发生了变化，汤森同时向他的直属上司即女王的私人秘书艾伦·拉塞莱斯爵士坦白了一切。艾伦·拉塞莱斯告诉他这位下属，如果某人认为在1936年之后，王室的一个重要成员甚至有可能与一个离过婚的人结婚，他一定"要么是疯了，要么是堕落了"。如果政府允许这样做，并且与英联邦领导人一起为此负责——就像1936年面临的情况一样——那么为什么要对爱德华八世大惊小怪，为什么导致他退位呢？

女王对这段恋情表示理解，并邀请他们俩在宫中共进晚餐。在汤森1978年出版的回忆录中，谈到了女王的"非正式支持"，这听起来比"支持"更不明确。而"非正式"应该是什么意思？人们可以从字面上理解伊丽莎白面临痛苦的选择，她现在不得不扮演类似斯坦利·鲍德温在爱德华八世面前的角色，而且她一点儿也不喜欢这样。我们可以假设，她更愿意逃避。汤森称她的话为"模糊的"，不清楚，不透明，他自己精心地编织了语言（出于前王室雇员的礼貌），她"非常感动，简单、充满同情地接受了她妹妹对我的爱这一令人不安的事实"。菲利普亲王更愿意公开地解决这个问题，但他们同意暂时保密，直到加冕仪式结束；对伊丽莎白来说，这一切都有点儿过分，因为她的祖

第七章 玛格丽特　157

母玛丽王后也刚刚在1953年3月去世。

玛格丽特粗心大意，6月2日的掸绒毛举动显然违反了保密的约定。因此，媒体知悉了这一恋情。尽管媒体的报道时间相对延迟，而且还只能通过美国媒体宣告出来，再次报道英国本土禁止的内容。1953年7月13日，左翼的《每日镜报》(Daily Mirror)在头版刊登了"支持或反对玛格丽特公主与彼得·汤森结婚"的调查问卷，收到了7万多份答复，结果67907人赞成结婚，2235人反对。新闻评议会不得不谴责该报"无礼"，未经询问就揣测王室是一种政治犯罪。有一次，一位摄影师拍到了年轻的查尔斯在去参加生日聚会的路上的黑白照片，报纸的主编问王宫是否可以告诉他查尔斯所穿大衣的颜色，结果被粗暴地拒绝了："大衣的颜色是一个私人问题。"更何况一位"恋爱中"的公主！就媒体而言，现在这里仍然处于前现代时代。但这种情况不会持续太久。

议会做了预先准备，修订了《摄政法》(Regency Act)。这项法律此前规定，如果国家元首去世，王位继承人还太年轻——查尔斯王子只有4岁——下一个王位继承人，在这种情况下玛格丽特公主将接管摄政。这看来风险太大，因此爱丁堡公爵被指定为可能的摄政者，如果玛格丽特坚持她的婚姻，就可以从宪法上控制住争论。请不要再提1936年（爱德华八世退位）的事了！与此同时，彼得·汤森被派往英国驻布鲁塞尔大使馆担任防务专员两年，虽然不是去拿破仑的流放地圣赫勒拿，但同样也是属于失败者的荒凉之地。

当时人们认为，女王在这次事件中没有给民众留下好印象。她的态度不够明确，即使人们了解她的困境并表示同情，因为根据1772年的《王室婚姻法》，玛格丽特必须向她申请结婚许可。她的态度不够明确是国家的原因还是妹妹的原因？如果是关于伊丽莎白自己，做决定对她来说就会更容易：对她来说，责任永远是第一位的。但她是否应该让玛格丽特接受同样的优先原则？然而，我们从邱园国家档案馆的解密文件中了解到，如果公主坚持结婚，安东尼·伊登的政府绝不会像人们长期以来所认为的那样，威胁要对她进行严厉的惩罚。人们总是说，玛格丽特被威胁要失去她所有的特权，所以她屈服了，放弃了她的爱情。但事实并非如此：她只需要放弃王位的继承权——在已经有男性继承人的情况下，这是一件容易的事——但她将保留她在王室年俸名单（该名单规定了王室的薪金）上的津贴，并保留"殿下"的头衔。伊登本人也离过婚，他是第一个有这种家庭背景的首相，因此也许对时代的迹象和绝大多数写给《每日镜报》的信件中的信息有更好的感觉。还有，汤森是一个无辜的离婚者。

两年后，随着媒体的声音越来越大，王室成员和玛格丽特再次在去巴尔莫勒尔度假时见面。温莎家族内部发生了什么？鸵鸟式逃避。像历史学家罗伯特·莱西所写的那样，"由于英国人非常厌恶面对面地谈论问题"，没有人愿意去解决这个问题。正如编年史学家所报道的那样，当时玛格丽特和她的母亲即王太后一起住在克拉伦斯宫，她们"在漫长而冰冷的沉默中"进餐数周。

这不能再继续下去了，戈尔迪乌姆之结（Gordische Knoten）①需要被解开。1955年8月，玛格丽特已经年满25岁，因此可以自由决定自己的生活。但是，政治在这个时候发挥了主导作用：第五世索尔兹伯里侯爵（5. Marquis von Salisbury），维多利亚女王时期最后一位首相的孙子，作为上议院领袖和枢密院议长的重要内阁人物，把婚姻问题变成了一个宗教问题，并威胁说如果玛格丽特对她的离婚情人认真起来，他将于1955年10月20日辞职——他不能宽恕"这种对教会教义的颠覆"。一场内阁危机开始了：首相伊登被迫加入棋局，他实际上是个温和的人，但现在他发现自己被迫屈服，甚至无法尝试另一种解决方案，例如说服他的同事。

10月26日即将到来。这一天，士气低落的玛格丽特公主想和几个月没见的彼得·汤森谈一个半小时。然而，这一天对我们的叙述很重要还有另一个原因：早上，《泰晤士报》再次成为当权派的代言人，并通过主编威廉·海利爵士（Sir William Haley）发表了一份声明，让我们深入了解当时英国的思想状况。威廉爵士用迷惑人的恭维话来接近他的主题。他说，关于彼得·汤森，除了他的离婚妻子还活着之外，没有什么其他的缺点。他还说，在女王身上，英国和英联邦国家的人民发现了"他们更好的自我"。而另一方面，玛格丽特正在计划一种"在她姐姐统

---

① 西方传说中的物品，神用山茱萸绳结成了一个绳扣，绳扣上看不出绳头和绳尾，要想解开它，非常困难。

治下的许多人凭良心不能把这看作婚姻"的结合。

然后是这样的结尾:"公主的同胞们将祝愿她获得一切可能的幸福,但不要忘记,完整意义上的幸福描述的是一种精神状态,其中最珍贵的元素包括履行责任的感觉。"这不是出自受阻的大主教,也是出自平信徒的布道。事实也是如此:在婚姻道德问题上,与社会大部分习惯的变化相反,舆论的定调者几十年来没有改变立场,这在许多人听来是虚伪的。用丘吉尔的话说,这也是一种连续性——虽然可能不再是高贵的,但也是一种独特的连续性。《泰晤士报》刊载该文章的第二天,《每日镜报》称该报"为一个尘封的世界和一个被遗忘的时代说话"。

被遗忘的时代?不,完全没有,至少在当权者中没有。考虑一下约克大主教和后来的英国圣公会教长科斯莫·兰(Cosmo Lang),1923年在威斯敏斯特教堂为伊丽莎白的父母约克公爵和公爵夫人举行婚礼时所说的话,"我们全心全意祝愿你们的婚姻幸福,"他对新郎和新娘说,"我们希望你们的婚姻是一个幸福的过程。你们自己可以而且将决定,它应该是高尚的。你们将不会过多地考虑享受,而是考虑完成了什么。"随着时间的推移,各个时代的要求并不会发生变化,大主教呼吁履行责任,32年后的政治评论家们也呼吁履行责任。他们不约而同地认为,幸福是对道德的遵从。当然这种看法可能会带来幸福,但也有可能最终成为"追求不幸福"。

玛格丽特也被如此规训,公主必须履行责任。在与汤森谈话后,他们彼此同意放弃这段恋情。《泰晤士报》上的文章并非没有效果：对手的阵营太强大了。第二天，公主去见坎特伯雷大主教杰弗里·费舍尔。他搜集了所有相关的书籍和引文，以向公主展示支持反对婚姻的理由，但玛格丽特拒绝道："大主教，你可以把你的书放在一边。我已经下定决心了。"然后他说："感谢了不起的上帝！"在这一点上学者们至今仍意见不一。然而他们一致认为，在玛格丽特的事例中，教会在法律上没有发言权。这是一个纯粹的政治决定：由索尔兹伯里侯爵的举动促成，诚然这一举动要保密几十年——国家文件只能在30年后，有时甚至更晚才能被公布。

在10月31日的放弃声明中，玛格丽特也把主要重点放在了宗教方面，政治方面的阴谋被她掩盖了。"铭记教会的教导，基督教的婚姻是不可分割的，"玛格丽特写道，"并意识到我对联邦的责任，我决定将这些考虑置于所有其他因素之上……我深深感谢所有为我的幸福不断祈祷的人的关怀。"

公主也会对《泰晤士报》深深感谢吗？该报第二天赞叹道："英联邦的所有人民都会感激，因为她选择了这条无私的皇家道路，正如他们内心深处期望她所做的那样。"《每日镜报》一如既往地挑衅，拒绝"加入这种令人窒息的'做得好！'的呼声"。《卫报》（*Guardian*）预测："这一决定将被绝大多数人看作不必要的，是一种巨大的浪费。这些人一直拒绝让公主享有与他人一样的自由，而从长远来看，这对他们的信誉和影响力不会有什么好处。"

19年里出现了2次"放弃声明"，而且都是在类似的情况下——伊丽莎白不得不问自己，是不是该认真对待亨利·马顿爵士的教导，即君主制的存续取决于其适应变化的能力——是不是该寻找改革的方法了。但女王还很年轻，在她统治的最初几年里，她成为人们赞美的对象，几乎是吹捧的对象，"自路易十四时代以来无与伦比"，正如查尔斯·皮特里爵士（Sir Charles Petrie）在1961年的研究《现代君主制》（The Modern Monarchy）中所总结的那样。伊丽莎白以她一贯清醒的态度，并没有被这一点迷惑——但也没有任何动力让她反思王室，如果做了是有好处的。尽管某些反君主主义的圈子对她横加指责，但她还是沐浴在普遍的认可之中。其余的时间，她全身心地投入适应她的统治规则和学习"最高工作"（戴安娜·斯宾塞在1995年不得体地称女王的职位为"最高工作"）中。很快，她就意识到自己的能力。伊丽莎白·朗福德（Elizabeth Longford）在她1983年出版的传记《伊丽莎白女王》中告诉我们，女王当时是如何向一位朋友透露的："太神奇了，我不再感到焦虑或担心。我不知道在我身上发生了什么，但我已经卸下了作为君主和定期接见首相的所有羞怯。"

玛格丽特在这种内心的坚定中并没有获得安全感。她选择了奢侈之路，被演员、艺术家甚至高级时尚和风月场所包围——她的世界被一个充斥着名人、明星的旋涡包围着，与她的伯伯爱德华八世尚未继位时的世界相呼应。至于玛格丽特，她的问题是如何在一个古老的机构中成为现代人。她的答案是争议与魅

第七章　玛格丽特　　163

力。有一段时间，伊朗国王的第二任妻子索拉雅（Soraya）和玛格丽特公主不由自主地竞争娱乐杂志的封面。低俗媒体的流言和狗仔队文化的萌芽从花蝴蝶玛格丽特身上获益，她也从他们身上获益。报道女王时的一切克制和谨慎，在涉及玛格丽特时都不复存在了。

玛格丽特从1953年开始的公共生涯与20世纪50年代愤怒的年轻人——金斯利·艾米斯（Kingsley Amis）的小说《幸运的吉姆》（*Lucky Jim*，1954年）中的吉姆·迪克森（Jim Dixon）以及约翰·奥斯本（John Osborn）的《愤怒的回顾》（*Blick zurück im Zorn*，1956年）中的主角吉米·波特（Jimmy Porter）——不谋而合。与女王所体现的富有责任感的英国及其循规蹈矩的社会相反，公主对应的是对矛盾和固执的崇拜。当然，这位叛逆的公主也没能免于批评——她是全国虚伪的道德君子的批评对象；正如哈罗德·尼科尔森在他的日记中所写的那样，上层阶级拒绝玛格丽特，认为她很庸俗。但完美的外表给了这位公主一张额外的宣传王牌。一家报纸写道，当人们梦见王室时，"女人梦见女王会到她们家喝茶，男人梦见玛格丽特会爱上他们"。玛格丽特的代表性形象——公主拿着她的香烟，优雅地抽着银色的长烟嘴，这让世人想起奥黛丽·赫本（Audrey Hepburn）。她在1961年的电影《蒂凡尼的早餐》（*Frühstück bei Tiffany's*）中使这个形象永垂不朽。

没有那么不朽的恰恰是玛格丽特与摄影师安东尼·阿姆斯特朗-琼斯（Antony Armstrong-Jones）的婚姻——除非我们用引

世界了解温莎家族的一个错误线索：玛格丽特公主和安东尼·阿姆斯特朗－琼斯在他们的婚礼当天，1960年5月6日。

（照片来源：塞西尔·比顿）

第七章 玛格丽特

起的争论来界定不朽的标准。1959年10月，彼得·汤森在他的新驻留地布鲁塞尔告诉她，他即将与一位比利时妇女订婚。玛格丽特是在爱情失意之时选择婚姻的，这在英语中被称为"on the rebound"（反弹），从可能的幸福之墙中弹出，心中的痛苦仍未得到缓解。1960年5月6日，公主与摄影师在威斯敏斯特教堂举行婚礼，其照片被传向世界各地，这也成为世界了解温莎家族的一个错误线索。每个人最初都喜欢这对夫妇——不因循守旧的玛格丽特和她丈夫（新晋斯诺登伯爵，放荡不羁的艺术家）。他们把劳斯莱斯换成了一辆迷你库珀，人们偶尔会看到公主坐在安东尼的韦士柏摩托车的后座上，并在伦敦街头呼啸而过。在他们结婚后的四年内有两个孩子出生，分别是生于1961年的林利子爵大卫（David, Viscount Linley）和生于1964年的萨拉·阿姆斯特朗-琼斯夫人（Lady Sarah Armstrong-Jones）。

但狂热的爱情很快就消失了，被双方对婚姻的不忠吹散，分居是在1976年，离婚是在1978年。这证实了公众舆论，当权派反对玛格丽特和汤森结合的决定不仅仅是错误——正如《卫报》在1955年所写的那样，这是"一种巨大的浪费"。这对离婚夫妇以自己的方式继续着甜蜜的生活。玛格丽特在加勒比海的穆斯蒂克岛上快乐地生活着，她在那里拥有一栋房子，与她的小男友罗德里克·卢埃林（Roderick Llewellyn，比她小17岁的上层阶级浪子）一起堕入了暧昧的逢场作戏。在1992年，她生气地给约克公爵夫人、不幸的萨拉·弗格森（菲姬）[Sarah Ferguson（Fergie）]写了一封信，因为公爵夫人和情人的照片上了头条。"你给家族带来的耻辱比你想象的还要多，"她斥责这位嫁给安德鲁王子的妻子，"你没有一次因为这些照片而羞愧地把头低下。"她显然不觉得公爵夫人的得克萨斯情夫在法国南部的游泳池里为公爵夫人吮吸脚趾很有趣。

这就是玛格丽特公主：一个充满活力、机智的局外人，但仍然非常重视地位和等级。最终公主成了一个病态的女人，因长期沉迷于尼古丁和酒精而崩溃，受到中风的困扰，偏瘫，几乎失明，而且孤独。她被埋葬在温莎城堡的圣乔治教堂，比她心爱的父亲晚了50年。查尔斯王子在电视上谈到他姨妈的死时说："对我所有的家人来说，这是一个非常悲伤的日子。我们都会非常想念她。许多人没有意识到她所拥有的才能。她的钢琴弹得非常好，唱歌时像个天使。由于这些可怕的疾病，过去几年对她来说是一段糟糕的时期；她很艰难地应对，因为她是个非常有趣的女人，有着如此独立的精神。她热爱生活，尽情享受生活，我们将永远铭记这一点。"

第八章

20 世纪 50 年代：新的批评论调出现

"她的表达中体现出来的个性像个自以为无所不知的女学生。"

——阿尔特林奇姆勋爵关于女王的讲话，1957年8月

"是公爵夫人们认为女王朴素、缺乏吸引力、平庸无奇，而不是出纳员们。"

——马尔科姆·穆格里奇在《星期六晚邮报》上的文章，1957年10月

"现在，女王神采飞扬地微笑着，为她的生命而游。"

——摘自1963年3月英国广播公司关于温莎家族的电视讽刺节目

Elizabeth II.

在伊丽莎白二世在位的头几年里，白金汉宫在媒体面前表现得像一个无懈可击的堡垒。19世纪伟大的宪法专家沃尔特·巴盖特本人好像被任命为王室监督员一样，他的开创性著作《英国宪法》（1867年）中最著名的一句话是关于"王室的魅力"："它的神秘是它的生命所在。我们决不能让日光穿透它的魔法。"这种理念的鞭策者是王室的新闻发言人、司令理查德·科尔维尔爵士（Sir Richard Colville），他是军事上的"勇士"。诚然，称他为"发言人"是非常诌媚的，因为他几乎没有对媒体说过话，他只是分发文件，每天宣布宫廷的消息：哪位殿下打算在什么时候什么地点进行什么任务，以及在白金汉宫会见哪些访客。《泰晤士报》在其"王室通告"（Court Circular）中转载这些内容，并且今天仍然是这样。当时仅有的两名派驻宫廷的记者来自报联社（Press Association）和交换电讯社（Exchange Telegraph Wire Service），他们被允许收集这些文件，并将它们传递给其他的同事。新闻界称科尔维尔为"可恶的反对者"，他在宫廷的表现与苏联外交部部长安德烈·格罗米科（Andrej Gromyko）在当年的强权政治中的表现相同——他被称为"不同志"（Genosse Njet），或在英国被称为"冷酷的格罗姆"（Grim Grom），他是国际外交舞台上永远的反对者。

科尔维尔在他力所能及的地方都进行了保密与封锁，前面已经提到了与小查尔斯王子的外套颜色有关的例子。1954年，爱丁堡公爵的一位前仆人约翰·迪恩（John Dean）以著作形式发表了他的经历，而之前则是在杂志上连载——这是自玛丽安·克劳福德1950年未经授权的出版物以来,第一个"做克劳菲"式的不检点案例。在迪恩的案例中,人们读到了这样一个令人兴奋的消息:爱丁堡公爵在冬天穿秋裤,用一种酊剂来减缓他的脱发。这促使科尔维尔向英国新闻评议会发出尖锐的警告。他在警告中说,这侵犯了王室和其他任何家庭一样享有的隐私权。与一年之前他谴责《每日镜报》的读者"无礼"地揣测玛格丽特的婚姻时的情况不同,新闻评议会面对他的警告进行了反击,驳斥了这位"可恶的反对者":"所有涉及王室的东西都代表公共利益",即使是菲利普的秋裤。

我们正处于一个转折点。邀请电视参与伊丽莎白的加冕典礼,就像邀请公众更多地关注王室家族一样,鉴于年轻女王的受欢迎程度,这是一个受欢迎的信号。但它现在也鼓励了批评家们走出困境,抨击他们所认为的陈旧的宫廷等级制度、其僵化的附庸,甚至可能是中间的人物——女王本人。"新的伊丽莎白时代是否以失败告终?"早在1956年9月,《每日镜报》(其发行量为460万份,1953年6月曾高达600万份)就尖锐地发问。王位周围的内部圈子是"贵族式的、孤立的和自大的"。

阿尔特林奇姆勋爵(Lord Altrincham)在1963年后自称约翰·格里格(John Grigg),当时他有可能自愿放弃贵族头衔,作为平民生活。阿尔特林奇姆勋爵是一位具有改革思想的保守党议员,他致力于君主制,担心王室可能会错过现代性的发展。作为爱好,他出版了一份小发行量的月刊《国家和国际评论》

伊丽莎白二世穿着嘉德骑士礼服：皮埃特罗·安尼戈尼（Pietro Annigoni）的画作，1954年。

（*National and International Review*），这位自封的历史学家常常用自己的稿件来填补文章空缺。在1953年6月的期刊中，他批评在威斯敏斯特大教堂举行的加冕仪式上挑选的客人是多么没有代表性。他说，新的君主制必须让这种场合的观众有更多的民主成分，包括更多的种族多样性，以反映英联邦的情况。这难道不让我们想起威尔士亲王在1919年的意图，即使君主制度"更接近人民"吗？

阿尔特林奇姆勋爵在1953年的呼吁没有得到回应，考虑到他的杂志的影响力，这本是意料之中的。然而在1957年的8月刊中，勋爵的话引发了一场丑闻。这场丑闻的影响一直延续到我们的时代，争论一直延续到今天。这位33岁的作家犯下了引起当时人们义愤的罪行：他无礼地攻击了女王，认为他经认证的对君主的忠诚度将使他有权力这样做——他错得很离谱！必须逐字逐句地阅读他文章的核心段落，才能理解为什么在1957年的气氛中这些段落似乎是一种亵渎：

"克劳菲，亨利·马顿爵士，伦敦的季节，赛马，狩猎松鸡，卡纳斯塔纸牌，偶尔的王室之旅——对伊丽莎白一世来说都不够好！但至少这对我们的女王来说是足够好的，尽管她的工作训练严重不足，但她至今还没有失败。她有尊严，有责任感，而且——就人们所知——有一颗善良的心，这些都是重要的资产。但是，她是否会有智慧给她的孩子提供与她自己完全不同的教育？最重要的是，她是否会注意确保查尔斯王子长大后与那些未来会成为公交车司机、医生、工程师等的孩子在一起，而不仅仅是未来的大地主或股票经纪人？这些都是至关重要的问题。"

远远不止上述这些，他还对女王的个人形象进行了有力的批评，他像老师一样对她讲话：

"如果她继续像以前那样以这种风格演讲，就不会取得好的结果，坦率地说，这让人神经紧张。和她的母亲一样，她似乎没有能力在脱稿的情况下拼凑出几个句子。即使女王觉得不得不宣读她所有的演讲稿，她至少也必须改进她的演讲风格。只要稍加练习，即使是准备好的演讲也能表现出自发性。然而，演讲的主题需要更多的真实感。例如，乔治五世也没有亲自准备自己的演讲稿，但他的演讲总是很自然，把准备好的稿子变成他自己的表达。现在的女王却不是这样。她的表达中体现出来的个性像个自以为无所不知的女学生，或曲棍球队的队长，抑或学校的领袖生和刚被选中的坚信礼候选人。所以，她将永远无法形成自己独立和独特的性格。"

让我们快速添加一些补充材料，评论家汤姆·奈恩（Tom

Nairn）在他 1988 年出版的《施了魔法的玻璃》（The Enchanted Glass）一书中，对女王的呆板上层阶级英语做出评价。这种英语总是被推荐给外国人模仿，被称为"女王的英语"，而这种英语有时——用阿尔特林奇姆勋爵不客气的说法——"让人神经紧张"。奈恩称伊丽莎白的语言是被"沙龙、狩猎聚会和伦敦俱乐部极端提纯的副产品"。

阿尔特林奇姆勋爵身边的世界开始崩溃，热心的保皇主义者的血液沸腾了。其中一位名叫菲利普·金霍恩·伯比奇（Philip Kinghorn Burbidge）的帝国忠诚者联盟成员（League of Empire Loyalists），在勋爵离开电视演播室时（不是英国广播公司，因为英国广播公司不敢邀请阿尔特林奇姆）给了这位亵渎女王的人一个响亮的耳光。法官对愤怒的伯比奇先生处以 20 先令（1 英镑，当时价值 20 德意志马克）的罚款，法官忘记了自己的公正性，对这位罪人表现出极大的同情，因为"这个国家 95% 的人对所读到的内容感到厌恶和冒犯"。坎特伯雷大主教下令将阿尔特林奇姆勋爵逐出教会，甚至有人匿名提出要将他枪杀、吊死或分尸。很久以后，这位勋爵也就是现在的约翰·格里格，把批评的风暴归咎于加冕后的"神道主义氛围"，归咎于"一种与我们国家传统完全不同的倾向，即把对国家元首的批评，无论意蕴多么忠诚和有建设性，都说成叛国"。

但伯比奇先生给的也不仅仅是一个耳光。1957 年 8 月，在 1956 年秋季苏伊士危机之后，法英联盟与以色列勾结，对阿卜杜勒·纳赛尔（Abdel Nasser）的埃及采取行动，但由于美国在联合国安理会的反对而被迫撤出，这篇文章发表的时机尤其让他感到愤怒。苏伊士惨败导致了1957年1月首相安东尼·伊登辞职，英国的世界地位受到严重冲击。1957年3月，从印度国大党的机关报《经济评论》（*Economic Review*）中可以看出，这对王室造成了多大的影响并导致了英联邦的负面头条新闻。像伯比奇这样的王室效忠者对这份期刊相当熟悉："所有英国人的女王，现在的荣耀正在消退，正迅速从她权力的顶峰走向低谷。"伯比奇先生在法庭上为自己辩护说，在这样一个国家脆弱的时刻，你不应该在你的团队背后捅刀子，尤其是王室已经宣布女王将在秋天前往美国和加拿大——那里有许多因苏伊士问题而破碎的关系需要修补。

然而，情况变得更糟了。《周六晚邮报》（*Saturday Evening Post*）是美国资产阶级传统的、受人尊敬的杂志，它邀请了英国新闻界最犀利的笔者马尔科姆·穆格里奇在女王访问美国之际为其10月刊写一篇文章，内容包括对君主制的讨论以及女王在英国人生活中的地位问题。正如编辑们喜欢做的那样，这篇文章被赋予了一个只涵盖其部分内容的标题——《英国真的需要女王吗？》这是一个有争议的问题，作者不想或无法直接回答这个问题。但他对王室的批评态度是众所周知的，这也是邀请他的原因。两年前，他在左翼的《新政治家》杂志上抱怨道："再多拍一张王室的照片都让人无法忍受。整个王室表演完全失控了。"这也是他这篇文章的主旨，但并非希望给君主制做最后的涂圣油（安息）仪式。

他的抱怨足以在英国再次引起抗议，因为是在阿尔特林奇姆勋爵事件仅仅两个月后出现的。甚至过了25年，穆格里奇的文章才在英国重印。作者在一夜之间失去了英国广播公司文化节目主持人的职位，其他地方的大门也对他关闭了，对他的排斥是彻底的。他到底做错了什么？为什么他甚至在女王到来之前就必须赶到美国，在一个著名的电视节目中与主持人解释他的想法？为什么美国广播公司（ABC）的负责频道要确保在王室成员访问首都期间，这段对话没有被传送到华盛顿的网络上？

穆格里奇作品的核心是王室肥皂剧的理念，作者在文章中广泛阐述了这一理念——这是历史上的第一次。几十年后，这个词成为描述王室和温莎家族的标准术语；仅凭这一点，穆格里奇就应该得到一个奖项。玛格丽特和彼得·汤森对他来说，是精彩的肥皂剧剧情之一。一个受欢迎的君主制很适合"我们这个具有英雄崇拜倾向的物质主义社会。王权是一种替代性的宗教"。在穆格里奇的作品中，我们还发现了君主制与普通人之间的特殊联系的想法："是公爵夫人们认为女王朴素、缺乏吸引力、平庸无奇，而不是出纳员们。很多人对如此明显为大众所设计的表演嗤之以鼻。"他继续说，宫廷顾问中比较聪明的人至少面对着这样一个两难问题：必须在肥皂剧和尊严之间取得平衡，保持君主制既受人欢迎又受人尊重。

所有这些都很真实，观察也很敏锐。"缺乏吸引力、平庸无奇"，这听起来像是在重复阿尔特林奇姆勋爵的批评。根据一项民意调查，55%的英国人同意了这一批评。王室是否还要继续其虚伪行为，对有说服力的分析进行辩护？可能王室成员对穆格里奇知道如何挥舞讽刺之笔感到特别不安。他指责王室滋生"势利和谄媚"，其顶点是女王，就像社会金字塔一样，是一个等级社会的支架。美国社会学家伯恩鲍姆的论点再次出现，这些"纸醉金迷的呓语"，"使被统治者对制度的腐败性质视而不见"。但这位英国作家微妙地承认，这种阶级差别和隐秘憧憬"构成了社会凝聚力的黏合剂，而不是一个荒谬过时的、最终崩溃的社会分裂模式"。就英国而言，他说，"君主制是我们现在的稳定中非常有价值的因素"。这位批评家提出了甚为毒辣的恭维。君主制作为凝聚力的保证是很重要的，因为英国社会是如此落后，甚至喜欢基于等级制度的阶级差异和不平等。

但穆格里奇最后提出了一个友好的警告：仅靠人气并不能使王位安全。我们不要忘记奥利弗·克伦威尔曾经对他的将军费尔法克斯男爵（Baron Fairfax）说过的话，当时他们都在马背上被欢呼的人群包围着："他们在我们被处决时也会表现出同样的热情。"作家补充说，国家元首的连续性也是不够的，即使它超越了那些"宦海沉浮"的政治家，正如《李尔王》（*King Lear*）中所说："在一个充满实际和潜在不和谐的社会中，女王也必须作为一个有用的团结元素而存在。"

阿尔特林奇姆和穆格里奇的批评值得在此留出如此宽广的空间，因为它预见了许多后来主导有关君主制讨论的论点。无论如何，王室被点醒了。马丁·查特里斯是女王新的私人秘书，在阿尔特林奇姆的文章发表两天后，邀请作者到他的办公室进行辩论，后来甚至承认1957年的猛烈抨击最终对王室有很大帮助。一些改革开始了：王宫推出了午餐会，女王与各社会阶级的代表一起参加；一年一度的名媛首次亮相秀这种荒唐场面被取消了；1957年，女王的圣诞演讲首次通过电视进入家庭；查尔斯王子在契姆预备小学上学，当然这是一所为年轻学生开设的精英寄宿学校，但最终还是一所学校；玛格丽特嫁给了一个普通人，非贵族，摄影师安东尼·阿姆斯特朗－琼斯。穆格里奇在20世纪60年代的文章《女王和我》(*The Queen and I*)中，嘲讽又带有一丝认可地说道："一个纳入了阿姆斯特朗－琼斯和公司的机构一定是真正强大的机构。"

菲利普亲王也同意批评家们提出的许多论点。他这样做是出于他的局外人身份的自由，因为他没有参与到宫廷的等级制度中，因此更充分地体会到宫廷有时令人窒息的古板。出于其他原因，媒体紧盯着菲利普亲王的一举一动。关于他的私生活和在周四俱乐部里发生的事情有很多传言，周四俱乐部是男人们午餐时间在苏荷区惠勒餐厅楼上的一个房间里的聚会。女王有点嘲笑意味地称他们为"菲利普的有趣的朋友"，"有趣"是指奇怪，有时也指"这些大胆的人"。他们都是社会和文化界的知名人士，演员如大卫·尼文（David Niven）和彼得·乌斯蒂诺夫（Peter Ustinov），作家如康普顿·麦肯齐（Compton Mackenzie），还有美国爵士乐口琴演奏家拉里·阿德勒（Larry Adler），以及公爵最老的朋友之一、社会摄影师亨利·纳哈姆·巴伦（Henry Nahum Baron）。菲利普与女性的友谊并不是什么秘密，被归类为舞池上和豪宅里上流社会聚会上常见的社交感情。"女王知道她的丈夫喜欢被逗乐"，这是那些假装能够破译君主思想的人给出的标准信息。他喜欢狂野的舞蹈，而女王太害羞了。但他是否曾向任何不忠的诱惑屈服？传记作者在这个问题上的论述一直是空白，这可能是由于绝对的谨慎或实际缺乏事实依据。奈飞剧集《王冠》也沉浸在对这个话题的疯狂猜测中。信息都是在未经证实的情况下传播，甚至一位女王身边的官员说"亲王有时候会被漂亮的脸蛋迷得神魂颠倒"，这在本·皮姆洛特的书里的一个脚注中被确认为源于一次"秘密采访"。

"真的，报纸上写我的方式——我为什么不真的这么做？"菲利普公爵曾经开玩笑说。然后，他以更严肃的神情说："我怎么能对女王不忠呢？当然，她绝不可能以牙还牙。"1956年11月，他前往澳大利亚进行为期四个月的旅行，参加在墨尔本举行的奥运会开幕式，但主要是为了从过去的疲惫岁月中恢复过来。那些岁月甚至让他这样的工作狂付出了很多代价。媒体又一次对此持不同看法，他们认为——菲利普在其助手及最好的朋友迈克尔·帕克的陪伴下，长期缺席王室生活——是王室婚姻出了问题的标志。

然后在1957年2月，美国的《巴尔的摩太阳报》（*Baltimore Sun*）刊登了一篇报道。这篇报道某种程度上揭开了一些未知的事情："女王、公爵因派对女郎产生裂痕"——公爵和女王之间因派对女郎而发生争执。"可恶的反对者"科尔维尔爵士立即被派往前线否认这一报道。他不应该这样做，因为这使事情变得更加吊人胃口，现在也为英国媒体所关注，当然这些关注是没有结果的。

女王盲目地信任菲利普，她甚至愿意在他身上押注。在《巴尔的摩太阳报》的故事引起轰动的一个月里，她和丈夫在里斯本重逢，计划对葡萄牙进行国事访问。亲王从澳大利亚抵达，女王乘坐皇家游艇"不列颠尼亚号"（Britannia）从英国抵达。在团聚时，女王很少公开展示的幽默感发挥了作用。王室成员戴着假胡须迎接他们，通过舷梯上岸。伊丽莎白为她的丈夫准备了另一个惊喜：经与哈罗德·麦克米伦（Harold Macmillan）政府协商，决定授予菲利普"联合王国亲王"的称呼和荣誉。因此，在36岁时，他正式成为"王夫"。在国事访问期间的一次晚宴上，有人听到这位新晋亲王对伊丽莎白说"你看起来可口"。在漫长的几个月的分手之后，这一句漂亮的恭维让女王高兴得脸都红了。这些情景是菲利普的一位朋友后来向历史学家威廉·肖克罗斯说的。

与厄运的预言相反，女王夫妇的婚姻关系蓬勃发展，尽管因为白金汉宫的独立模式，他们每个人都有自己的浴室、餐厅、客厅、书房和卧室。1960年2月和1964年3月，又有两个孩子出生，分别是安德鲁和爱德华（Edward），这意味着"公司"（乔治六世如此称呼他的家人）——如果算上玛格丽特的后代，他们也在这几年登上了舞台——有了很多新鲜血液。女王在第二次开始家庭生活后,从她的第一次错误中吸取了教训,现在更多地利用她的时间为两个儿子服务——第一次孩子们被忽视了,第二次孩子们被宠坏了,二者都是父母粗心大意的结果。女王的丈夫是一家之主——当然,女王是"公司"的负责人——伊丽莎白在 1972 年伦敦市政厅的一次活动中给出了一个恰如其分的证明,这一年是她的银婚纪念日。她说:"当主教被问及他对罪的看法时,他是怎么说的?他说:'我反对。'借用这种方式,在结婚 25 年后,我可以回答我对家庭生活的看法:'我赞成。'"

阿尔特林奇姆和穆格里奇,愤怒的年轻人或安东尼和玛格丽特——他们只是一个时代的先驱,这个时代在 20 世纪 60 年代强势降临到英国。对王室的敬畏文化被放任社会的做法全面打破,它只允许自己被些许规则支配。一场社会革命爆发了,在其压力下,战后世界经历了至此为止最大的转变。这也反映在立法中。成年人中的同性恋不再是应受惩罚的罪行,堕胎合法化(在某些条件下),投票年龄降低到 18 岁,废除了死刑,并在 1968 年废除了为艺术自由斗争最激烈的障碍之一——戏剧审查制度。1960 年 11 月 2 日,一场轰动一时的审判拉开了放任的 10 年的序幕,在老贝利法院(the Old Bailey,伦敦中央刑事法院)对戴维·赫伯特·劳伦斯(D.H. Lawrence)的小说《查泰莱夫人的情人》(*Lady Chatterley's Lover*)进行了审判。该小说因涉嫌色情,在此之前不被允许在英国出现。陪审团首次不仅包括上层阶级权威人士的通常代表,从大地主往下都有代表参加，他们解除了禁令并让这本小说自由出版发行。

紧随性解放信号之后的是时尚界的迷你裙，还有像《放大》(*Blow-Up*)这样的邪典电影，戏剧界早在1967年就预见到了审查制度会被废除。当时伦敦西区的音乐剧《头发》(*Hair*)吸引了大量的观众观看两性赤裸的场景，在其中一场演出中，安妮公主也作为观众出席了。摇摆的伦敦成为所有年轻人和进步分子的圣地；披头士乐队用他们的音乐传递了那个时代的声音。菲利普·拉金（Philip Larkin）是当时最著名的英国抒情诗人之一，他写下了一首著名的诗——《奇迹之年》(*Annus Mirabilis*)，其中包括以下五行：

> 性的发生
>
> 在一九六三年
>
> （对我来说实在晚得可怜）
>
> 那一年《查泰莱夫人的情人》的禁令告终
>
> 披头士发行了第一张密纹唱片

英国总是充满了丑闻，但在这种类型的丑闻中，有一个超越了其他所有的丑闻——麦克米伦政府的陆军大臣约翰·普罗富莫（John Profumo）因应召女郎克里斯蒂娜·基勒（Christine Keeler）而遭逢厄运。1963年10月，哈罗德·麦克米伦因身体不佳，将"缰绳"交给了亚历克·道格拉斯-霍姆（Alec Douglas-Home）。但他只坚持了一年，直到1964年，在保守党政府执政13年之后，权力被移交给工党，哈罗德·威尔逊成为女王统治时期的第一位工党首相。

社会解放对应的是广播和电视政策放宽。怀疑主义、讽刺和无所不用其极的东西大行其道，并取代了过去对接触禁区，特别是长期以来不可接触的王室的恐惧。像《边缘之外》(Beyond the Fringe)这样的舞台剧，像《就在那一周》(That Was the Week that Was)这样的电视讽刺连续剧，在深夜（希望女王已经睡觉了）播出，定义了这10年，并引起了一场骚动，因为当时君主制也得到了应有的批判。当然，还不是以15年后变得普遍的诋毁形式。友好、有趣的语气仍然占了上风。但《巨蟒剧团之飞翔的马戏团》(Monty Python's Flying Circus)这类反体制的讽刺作品，自1969年起语言变得更加犀利。

1963年3月，电视上出现了第一部关于王室的讽刺小品，当得知玛格丽特公主也就是那个调皮、叛逆的斯诺登伯爵夫人是发起人时，人们并没有感到惊讶。玛格丽特在一次聚会上认识了电视制片人内德·谢林（Ned Sherrin），并建议他应该讽刺媒体在报道王室成员时展现的那种讨厌的谄媚风格。"你为什么不对他们报道我们的荒谬方式做些什么？"她调侃道。荒谬是关键词。《女王的离去》(The Queen's Departure)就是答案。在那里，人们看到一艘载有王室成员的汽艇逐渐沉入湖中，危险越大，模仿宫廷记者理查德·丁布尔比（Richard Dimbleby，当时所有王室场合的优秀报道人）的声音就越令人敬畏。当国歌响起时，节目达到了高潮，旁白缓慢庄重地说出浮夸的辞令："现在，女王神采飞扬地微笑着，为她的生命而游。女王陛下穿着一件淡黄色的丝绸套装。也许你们中间的唇读者能读懂菲利普亲王在汽艇沉没时对船长说的话。"这里的幽默是无害的，但回过头来看其中压抑的隐喻，在1963年是无法理解的。一个正在衰落的王室——这在1992年才成为一个话题，然后在1997年再次成为话题。30年前，这部充满爱意的讽刺作品让女王更受欢迎，部分原因是她的家庭已经成长，尽管"日光已经穿透了魔法"，巴盖特曾对此警告过。

虽然缓慢，但肯定的是，英国——所有工业社会都会经历的发展——开始转变为今天的电视社会。这意味着围绕君主制改革的许多问题，围绕君主制变革的力量，以及在适应现代性方面应走多远的许多问题都集中在媒体上，其中以电视为首。这立即引出了马尔科姆·穆格里奇在《星期六晚邮报》上的文章中已经谈到的一个两难问题，宫廷顾问中比较聪明的人至少面对着这样一个两难问题：必须在肥皂剧和尊严之间取得平衡，保持君主制既受人欢迎又受人尊重。加冕之年的争论被重新提起，当时王宫曾谈到电视可能会导致"庸俗化"，甚至菲利普最初也曾反对电视报道威斯敏斯特教堂的庆祝活动。坎特伯雷大主教也曾抨击这种"大量生产娱乐的形式，可能是对世界最大的危险之一"。

现在的争论与其说集中在世界面临的危险上，不如说集中在王室面临的危险上，因为他们越来越多地打开通往外部世界的窗户。菲利普经过重新培训，在这个问题上作为新的倡导者出现。他作为慈善事业的赞助人开展了许多活动，与外部世界的联系要比他妻子多得多，对时代波动的洞察力也比她强。然而，矛盾的是，也正是通过电视女王认识了她在电视时代之前从未见过的世界。到20世纪60年代末，她的见识比1953年加冕时的情况要好得多，她明白人民和王室之间的关系问题不能用旧的论据来回答。只有当她确信这些真理并朝着这些真理前进时，她周围的环境才能采取行动。在这之前，什么都没用。

"可恶的反对者"科尔维尔爵士终于要退休了，他不再是新时代的人。他的位置在1968年由38岁的澳大利亚人威廉·赫塞尔廷（William Heseltine）接替。赫塞尔廷因其在澳大利亚政坛的经验而被推荐到宫廷，自1965年以来，他一直作为科尔维尔的副手研究（悲惨的）宫廷联络业务。赫塞尔廷学得很快——最重要的是，必须有针对性地让媒体参与进来，而不是把他们拒之门外。科尔维尔和赫塞尔廷都是他们那个时代的孩子——科尔维尔是一个保持距离的敬畏者，赫塞尔廷则是一个希望在王室和"臣民"之间架起桥梁的更加具有整合意识的人。和科尔维尔一起，其他几位"苏格兰花呢穿戴者"（阿尔特林奇姆轻蔑地称呼他们）内部圈子的人物也都退了下来。

赫塞尔廷在菲利普亲王的支持下，认为王室的公共生活和私人生活不能像以前那样严格地分开。如果只允许王室成员以公共角色在舞台上走动，他们看起来总是一样的，"都是一维的人物"。对女王来说，这是一个最不幸的情况：新的新闻发言人认为，她似乎生活在另一个世界，"遥远、尘封和富有"。事实上，这位澳大利亚人只是回顾了约克公爵夫人在20世纪30年代的策略：像女王的母亲一样，他也喜欢引导性的沟通、软性的宣传——她当时借助于图画书，他则以电视为合作者。他并不担心太多的"日光穿透魔法"，女王和公爵都赞成。菲利普甚至抛出了一句很有启发性的话："我们每周每天都有选举活动。"这句话远远超前于现代政治，超前于比尔·克林顿（Bill Clinton）和托尼·布莱尔（Tony Blair）的见解，他们在20世纪90年代希望用类似的口号为自己和自己的政党赢得舆论支持。菲利普意识到即使是君主也必须谋生——这是对君权神授信仰的颠覆。

他们实际上生活在哪里？在一个宣传的世界里，他们是否想继续拉上温莎家族的帷幕，让他们保持自己无聊的形象？事实上，在当时，王室成员可以被描述为相当于亨利·福特（Henry Ford）的"T型车"的人类，他们在王室的流水线上生产出来，形状总是一样的。但他们最终是一个没有发动机的身体，没有生命。权威和有距离感的冷漠外表必须被亲切、勤勉和家庭的放松的印象取代。

这意味着需要一部电影或一部关于王室成员的电视纪录片来宣传他们是什么样子，或者他们想塑造什么样的形象——在早餐时，在炉边，在巴尔莫勒尔，在闲暇时，在野餐时，在欢迎外国客人时。1969年夏天，彩色纪录片《王室》（Royal Family）在英国银幕上播放了105分钟，取得了巨大成功。制片人理查德·考斯顿（Richard Cawston）和他的摄制组被允许陪伴王室成员数月，即使对亲王来说，这也是一个严峻的考验，他和赫塞尔廷是整个事件的推动者。"不要把你那该死的摄像机离女王这么近。"菲利普反复对制片人说。一个无奈的反射：整部影片应该是为了接近女王和她的家人，这是它唯一存在的理由。玛丽安·克劳福德在她的阿伯丁小屋里一定很想知道：这里正在提供的是"自己做克劳菲"（指王室自己向公众揭露自己的生活）！而她在幕后以类似的方式受到了永恒的诅咒。不同的时代，同一个不公正的世界。

但是，通过这部纪录片，正如后来所证明的那样，一个先例已经建立起来了，或者说发生了一次堕落，这预示着王宫和媒体之间即将出现的紧张关系。"与魔鬼共进晚餐"，正如他们在英语中所说——一旦你与魔鬼共进晚餐……为什么电视记者今后带着相机来采访时，只能收到王宫规定的图像剪辑？王室成员试图表现出受欢迎的一面，这使他们依赖于这种商品的销售商，即媒体商人。但是媒体商人总是贪得无厌，想要更多。在伦敦的《标准晚报》上，评论家米尔顿·舒尔曼（Milton Shulman）写道："我们很幸运，王室目前呈现出一幅友好的画面。但把电视摄像机作为王室的形象代言人是否明智？每一个试图利用电视进行自我宣传或自我升华的机构，最后都发现自己被削弱和轻视了。"换句话说，电视纪录片《王室》唤醒了一些同时代人在1953年就已经表达过的旧有担忧，即对君主制庸俗化的担忧。拥有模范人物的王室也打出了一张必将自食其果的王牌：

如果孩子们长大了，模范人物在青春期的考验和磨难下崩溃了，怎么办？

但是王室没有办法摆脱这种困境。作为一个需要被尊重的机构，想要沉寂下来，在窥视癖的电视社会的冲击下是没有办法的。通过向大众化的趋势开放自己，他们已经打开了潘多拉的魔盒。澳大利亚新闻界的沙皇鲁伯特·默多克（Rupert Murdoch）已经选好了自己的定位，在1969年买下了《世界新闻报》（*News of the World*）和《太阳报》（*Sun*），开始走上了明显的反建制路线。英国的阶级社会与他格格不入，他轻蔑地说，那些曾经被封为爵士或被提升到上议院的人告诉世界：我出卖了自己。20世纪90年代初，默多克相当居高临下地向他的传记作者威廉·肖克罗斯透露："我怀疑英国人是否有足够的自信，在没有君主制的情况下生活。"平等主义天性和哗众取宠的混合——从字面上讲——不惜一切代价制造头条新闻，统治了（如果不是毒害）20世纪80年代和90年代的英国媒体格局。这将了王室一军！

在这一点上，模范家族的终结还没有被提及，但马上接踵而来。人们已经在猜测，如果王室作为一个模范家庭的基础不再适合，那么什么可能取代它？20世纪70年代，佩雷格林·沃斯霍（Peregrine Worsthorne）在《星期日电讯报》上撰文，半开玩笑地说："即使在王室中，也会偶尔出现害群之马、破碎的婚姻、快乐的寡妇、不光彩的离婚和任性的青少年。这个家庭越是接近人民，就越是受到放任社会不断变化的规范的影响。"这并不是对"什么可能取代它?"这个问题的回答,但很好地描述了即将到来的报道王室的指导原则。最终,王室中不受欢迎的人会越来越多。用威尔士亲王1919年的说法,"使君主制度更接近人民"——这只能被冷酷地解释为向下调整,以适应"放任社会的规范"。一句英国谚语在这里似乎很合适:"亲不尊,熟生蔑。"

许多年过后,当提到1969年的电影时,这位君主仍悔恨不已——回想起来,她宁愿没有拍摄这部电影。2011年初,当伦敦国家肖像画廊(National Portrait Gallery)准备举办一个名为《女王——艺术与形象》的展览时,白金汉宫拒绝让超过90秒的《王室》作为展览的一部分。整部105分钟的影片被沉入温莎城堡的王室档案中,从未再向公众开放,即使用于历史研究也不开放。摄制组在长达一年的准备工作中留下的43个小时的素材更是如此,这些材料都是在不同地点拍摄的:它被转移到英国电影协会的档案中,女王和亲王都没有表现出去看其中的片段的兴趣。当时,制片人和导演对这些素材实行了50年的限制,仿佛它们是一种有毒物质一样。女王希望实行100年的限制,这样她就不会在有生之年与这些早期对她的家庭进行打量的影片有任何关系。

在相对无害的原始影片《王室》之后,1987年上演了一场怪诞的、失败的王室宣传,即使在今天,所有参与其中的人回忆起来也不寒而栗。这是当时在西欧流行的游戏节目《游戏无界》(Game without Borders),在英国被称为《这是一场淘汰赛》(It's a Knockout)。爱德华王子是温莎家族最年轻的子孙,他从空降部队的训练中退役后,开始追求电影和电视制作人的职业。他有一个想法,即为电视提供"这是一场淘汰赛"的变体——《这是一场王室淘汰赛》(It's a Royal Knockout)。这是一个为四个慈善机构筹集资金的慈善节目,每个机构由一名参与的王室成员资助。这是福利君主制和演艺界的尴尬会面。

来自体育、电影和戏剧界的30位名人——从约翰·特拉沃尔塔(John Travolta)到汤姆·琼斯(Tom Jones),从加里·莱因克尔(Gary Lineker)、约翰·克莱斯(John Cleese)到罗文·阿特金森(Rowan Atkinson)——组成四支队伍,在他们的王室队长即四位王室成员爱德华、安妮和安德鲁以及安德鲁的妻子菲姬的带领下相互对抗。人们荒谬地在电梯中翻滚,跌入人工水池或从木桥上摔下,用想象中的长矛或大炮相互搏斗,并试图撕下对方的蔬菜表演装。在这一切中,四位王室成员像受惊的小鸡一样在战场上跳来跳去,寻找他们各自的队伍并鞭策他们前进。对于在现场的观众来说,节目带来了喜悦,但对于白金汉宫和其声誉来说却是一场灾难。伊丽莎白和菲利普曾试图劝阻他们的小儿子,因为他组织了整件事情,但最终没有成功。

正如所有的传记研究所表明的那样,女王讨厌对她的家人发号施令。她害怕权力的话语,担心它会被忽视。对抗不是她的强项,她更喜欢自由裁量权,即使它不会产生多大压力。就像爱德华一样，他对其父母对《这是一场王室淘汰赛》的担忧充耳不闻。然而，一位宫廷成员在接受温莎王朝历史学家罗伯特·莱西的采访时更积极地看待女王的这种沉默："伊丽莎白女王非常听任自主，而且非常公平。"她认为家庭成员有权"各自塑造自己的命运——如果有必要，这包括错误"。她不得不为自己没有能力、不愿意以控制的方式进行干预而付出高昂的代价。我们知道，伊丽莎白二世只有一次明显地、果断地干预了当时的家庭危机：1995年12月，她写信给查尔斯和他的妻子戴安娜，敦促他们启动离婚程序。后文会有更多关于这方面的内容。

《这是一场王室淘汰赛》作为一项筹款活动取得了巨大的成功，共筹集了100万英镑，四位王室成员将其分给了他们所赞助的组织。安妮代表救助儿童会（Save the Children），安德鲁代表世界自然基金会（接替了他父亲的角色），他的妻子代表无家可归者收容所（Shelter for the Homeless），爱德华代表爱丁堡公爵国际项目（Edinburgh International Project，一个经济发展项目）。由于存在更好的关于发展慈善事业的理念，王室在这次慈善事业中虽然赢得了比赛，但失去了很多支持。今天有不少评论家声称，对王室的尊重从那时开始下降，在10年后达到了低谷。在这个意义上，1987年的"王室淘汰赛"确实可以被描述为对女王和她的家人在衰落过程中的第一次技术性淘汰。爱德华为他的母亲做了件坏事：如果你表现得像任何人，你就有可能被当作任何人对待。不尊重成了王牌。

第九章

女王与德国

"陛下，您的血管里也流淌着士瓦本的血液！"
　　——特奥多尔·豪斯于 1958 年 10 月 20 日向伊丽莎白二世表示

"德国人认为，他们的国家在道德上被排斥的地位终结了。"
　　——社民党议员卡洛·施密德在《卫报》上就女王访问德意志联邦共和国的影响发表的文章，1965 年

"在心脏的某个遥远的角落里，联邦共和国一定仍然保留了秘密的君主制。"
　　——1992 年 10 月，德国《时代周报》的一名记者报道了女王对德国的访问

"德累斯顿圣母大教堂的重建对我们所有人都是一种激励。"
　　——伊丽莎白二世，2004 年 11 月 2 日，柏林

在英国以外，可能没有任何一个国家比德国更密切地关注着"王室"和他们的踪迹。温莎家族是平淡的共和国生活不可缺少的伴侣，是一种滋补品，是我们离不开的娱乐。你如果想在德国的闲谈中拥有发言权，就必须了解英国王室的影响。即使是来自他们影响范围内的编造的新闻，也会吸引德国媒体。例如，2004年春天，一份美国丑闻小报声称查尔斯王子和他的伴侣卡米拉·帕克-鲍尔斯（Camilla Parker-Bowles）在20世纪80年代有一个孩子，这个孩子隐姓埋名并生活在伦敦。1995年，一份德国小报报道，爱丁堡公爵有24个私生子。这是基于英语"教子"（godchildren）的错误翻译。

和解一直是伊丽莎白对她的日耳曼"表亲"进行多次国事访问的主题词。我们统计了五次——1965年、1978年、1992年、2004年和2015年；女王在2000年访问柏林，为位于柏林威廉大街的新英国大使馆揭幕，这座笨重的建筑没有让海峡两岸的批评家满意，这次访问可以说是"半途而废"。德国总统也对英国进行了四次访问，相互访问使得英德的外交关系更加密切。在欧洲，伦敦一直特别重视与柏林的双边关系。我们必须说是"伦敦"，而不是"宫廷"，因为女王的访问——包括对德国的访问——没有一次是女王自己主动提出的，她总是按照外交部的计划来行动和旅行。女王没有也不被允许制定任何政策，德国总统可能发表的"即兴演讲"，从英国国家元首口中说出来是绝对不可想象的。女王的日程安排，特别是她的国事访问，由国家而不是她的偏好来决定。她的公开演讲里没有一个词语来自她的想法。一切都由外交部与首相协商决定，女王只需阐明各届政府的利益。然而，由于这毕竟是"女王陛下的政府"，不言而喻，无论女王出访还是接待外国客人来访，在国事访问的准备阶段，首相都会就有关场合与女王本人的想法是否相容进行谨慎的交流。

1978年夏天，当白金汉宫将罗马尼亚"独裁者"尼古拉·齐奥塞斯库（Nicolae Ceausescu）和他的妻子埃琳娜（Elena）作为国宾接待时，这种相容性并不存在。詹姆斯·卡拉汉（James Callaghan）政府当时认为这次访问是可以接受的，因为他们喜欢去找那些被视为苏维埃俄国的眼中钉的人。罗马尼亚人的条件是，齐奥塞斯库应获得巴斯勋章，这是王室授予的最古老的荣誉之一。作为回报，伊丽莎白获得了罗马尼亚社会主义共和国一级勋章。讽刺杂志《私家侦探》（Private Eye）当时在头版刊登了一张光鲜亮丽的照片来说明这种卑鄙的外交游戏。纪念照中拍到的四位主人公微笑着，以轻松的方式相互交谈，旁边标注了他们说的话。菲利普对埃琳娜·齐奥塞斯库说："那你的丈夫有什么爱好吗？"这句话被认为是无意义的老套寒暄。对此，她回答说："他是一个大屠杀凶手。"女王说："真有意思。"1989年后，伊丽莎白将齐奥塞斯库的名字从巴斯勋章获得者名单中删除。她从未原谅当时的首相詹姆斯·卡拉汉，因为他把她拖入了这种尴尬的境地。

尽管女王的官方露面被很多纪律限制了，但伊丽莎白二世散发出的魅力，即使在她的家庭最黑暗的时期，也从未完全丧失。1992年10月她对德国进行国事访问时，从布吕尔的奥古斯图斯堡巴尔塔萨·诺伊曼（Balthasar Neumann）设计的巴洛克式楼梯缓缓步入宴会厅的画面——她的"可怕的一年"及其所有的家庭丑闻已经深入人心——被德国《时代周报》（ZEIT）的记者描述为："王冠和钻石的光芒直接投向共和国的客厅。在这个国家，只有女王才能担当这么多重任。在心脏的某个遥远的角落里，联邦共和国一定仍然保留了秘密的君主制。"自第二次世界大战以来，德英两国的双向国事访问，既代表了女王履历中引人注目的一章，也代表了其发生的当代历史背景。

1958年10月，特奥多尔·豪斯（Theodor Heuss）总统是伊丽莎白二世时代继瑞典国王古斯塔夫六世阿道夫（Gustav Ⅵ. Adolf）以及葡萄牙总统和意大利总统之后接待的第四位欧洲国宾。仅这一序列就揭示了含有某种私人和政治动机的外交模式。由于家庭原因，瑞典在1954年排在第一位——古斯塔夫·阿道夫的妻子路易丝（Louise）是菲利普的姨妈，是他母亲爱丽丝的妹妹，和她一样来自巴腾堡家族。葡萄牙是一个老盟友，和瑞典一样，属于第二次世界大战期间保持中立的五个欧洲国家之一。在这两种情况下，传统的友好关系将被重新建立。1958年，意大利和德国紧随其后，这两个战时的对手此后与英国和解，国事访问可以帮助巩固这种关系。

1958年，关于德国，并不是每个人都在考虑和解问题。对战争、"不列颠之战"、纳粹分子的罪行的记忆还很深刻。历史学家艾伦·约翰·珀西瓦尔·泰勒（Alan John Percivale Taylor）称德国的分裂是"幸运之举"，就像几年后的法国作家弗朗索瓦·莫里亚克（François Mauriac）一样。他谈到了德国人的"可怕的美德"，并写下了这样一句话："我爱德国，我非常爱它，我对有两个德国感到非常满意。"特奥多尔·豪斯在国事访问期间去牛津时，经历了一次特殊的反德示威。一群学生在他去赴约的路上，挑衅地站在路边，表情轻蔑，双手插兜。牛津大学拒绝向联邦总统授予荣誉博士学位。而在此之前，意大利总统乔瓦尼·格隆基（Giovanni Gronchi）在牛津大学也受到了类似的接待。

当然，为了充分反映1958年英格兰对德国的看法，必须将同年发生的另一个事件与这次示威并列。这年2月，一个悲惨的事件震惊了同时代的人：一架螺旋桨飞机在贝尔格莱德的欧洲杯比赛结束后将英格兰足球俱乐部曼彻斯特联队送回国，中途在慕尼黑停留，飞机在慕尼黑机场起飞时坠毁在暴风雪中，造成多人死亡，多人重伤。在慕尼黑伊萨河右岸医院里，许多重伤员得以接受紧急手术且被救活。这次施以紧急援助的是主治外科医生乔治·毛雷尔（Georg Maurer），英国媒体将他誉为"慕尼黑天使"。在白金汉宫的招待会上，女王授予他大英帝国司令勋章。当时的德国驻伦敦大使汉斯·冯·赫瓦特（Hans von Herwarth）在他的回忆录《从阿登纳到勃兰特》（*Von Adenauer zu Brandt*，1990年）中讲述了在这一授勋仪式之后，他与毛雷尔夫妇一起去曼彻斯特出席曼联的联赛。"当毛雷尔进入包厢时，"

这位外交官叙述道,"伴随着德国国歌的旋律,所有的观众都站起来向他致敬。"一方面是在曼彻斯特响起的德国国歌,以纪念一个一夜之间走红的德国人;另一方面是知识分子对一个来自德国的官方国宾的不尊重。两个快照揭示了普通公众和知识分子在观念上的分歧。

在1958年10月20日为客人举行的宴会上,伊丽莎白回忆起斯图亚特国王詹姆斯一世(James Ⅰ.)的女儿伊丽莎白·斯图亚特(Elizabeth Stuart)。她嫁给了帕拉廷选帝侯,也就是波希米亚那个无能的"冬王"[1],后来还成为英国王位上第一个汉诺威人的外祖母[2]。新教斯图亚特家族的最后一个代表是汉诺威选帝侯乔治,因此1714年他在伦敦被加冕为乔治一世(George Ⅰ.),以确保英国王位得以继承。在官方讲话中的这种回忆,可以追溯到1933年之前,至今被认为是德英关系的标准——特别是英国的汉诺威王朝时期,当最近的(不愉快)回忆浮现出来时,总是一种有益的分散注意的方式。当然,它们始终存在,即使没有被阐明,就像女王当时所说的那样:"我们正在共同努力,

---

[1] 即普法尔茨选侯国的弗里德里希五世(Friedrich V.),1619年8月弗里德里希五世被推举为波希米亚国王,同年11月正式加冕。然而仅仅一年之后,1620年11月,一场战争的失败使弗里德里希五世失去了波希米亚国王的王位。他因此获得一个讽刺性的外号——"冬王"。
[2] 1658年,伊丽莎白·斯图亚特的女儿索菲亚嫁给了第一位汉诺威选帝侯恩斯特·奥古斯特(Ernst August)。1714年,英国安妮女王驾崩无嗣,索菲亚是英国斯图亚特王室的直系后裔,她的儿子乔治因此继承英国王位,成为英国汉诺威王朝的第一位国王。

重建我们两国之间的真正友谊。我热切地希望，这次访问将被证明是实现这一目标的又一重要步骤。"

特奥多尔·豪斯爱好历史，他邀请女王回访（1965年女王回访时他已不在世），然后他想让女王看看他故乡附近的泰克城堡，那里是玛丽王后（乔治五世的妻子，伊丽莎白的祖母）的祖先所在的地方。"陛下，您的血管里也流淌着士瓦本[①]的血液！"说到这里，女王可能会想，在她的家谱上，人们还想追溯多少条血脉。后来，在伦敦市市长的招待会上，豪斯回顾了他1911年对伦敦的首次访问："在那个时候，人们很难想象我们两个国家之间会发生严重的冲突。"然后他变得更加严肃，谈到了"首都柏林的分裂"，"不是德国人感情用事"，而是"对欧洲内在精神和客观和平的巨大障碍"。这句话被牛津大学教授艾伦·约翰·珀西瓦尔·泰勒在书中引用。

康拉德·阿登纳（Konrad Adenauer）与女王保持着亲密的关系。在女王面前，他可以忘记20世纪50年代困扰他的关于英国政治的所有担忧。在豪斯进行国事访问的那一年，阿登纳和首相哈罗德·麦克米伦进行了首脑会议，伊丽莎白在温莎城堡为德国客人举办了一场宴会，阿登纳让秘书安丽斯·波平加（Anneliese Poppinga）教他说几句英语。政府首脑麦克米伦后来指出："老总理坐在女王和王太后之间，与她们两个人寒暄。"

---

① 士瓦本是德国西南部历史地区，位于现在德国的巴登-符腾堡州一带。

伊丽莎白二世
和康拉德·阿登纳（生于1876年）在温莎城堡，
1958年4月16日。

[照片来源：KEYSTONE Pictures USA.（美国吉斯通图片社）/eyevine]

在伊丽莎白二世时期的德英关系史上，最重要的是她于1965年5月18日至28日对德意志联邦共和国的访问。这次访问本应在1964年进行，但当时女王因其第四个孩子爱德华的出生而未能成行。这是自爱德华七世于1909年访问德国以来，英国君主对德国的首次国事访问；爱德华七世的儿子乔治五世只是在1913年与他的妻子玛丽王后一起非正式地前往柏林，参加德意志皇帝的女儿维多利亚·路易丝（Victoria Luise）的婚礼。伊丽莎白的访问不仅仅被视作一次国事访问，即使在那时，它也被认为是一个历史性的事件，因为它的停留时间：在那之前，女王从来没有，从那以后也从来没有对任何其他欧洲国家进行过为期11天的访问。这种持续时间通常只会出现在他们到英联邦国家的出行中，有时会持续数周甚至数月。

即使在仍然年轻的德意志联邦共和国的历史上，英国王室客人的访问也代表了最长、最辉煌同时也是最昂贵的外交表演。女王进行了一次穿越共和国全境的旅行，她在波恩、科布伦茨停留，乘坐莱茵河汽船经过罗蕾莱到考布，然后是威斯巴登、慕尼黑、斯图加特、科隆、杜塞尔多夫、杜伊斯堡、柏林、汉诺威和汉堡，此外还有沿途的小城市，大部分行程是在铁路上完成的。为此，政府将联邦总统和联邦总理的房车以及随行人员的卧铺车厢安排在一辆专列上。一个庞大的计划，由女王以勤奋和准时的方式完成——一些报纸喜欢把这种次要的美德归功于女王的德国传统。事先，女王已经让人知道她是多么期待与"来自各阶层的人"会面。事实证明，这并不是一句空话。德意志联邦共和国很幸运地迎接这位君主，她以轻松的状态出现，在她仍然年轻的岁月里光彩照人。然而，伊丽莎白在十几岁的时候就被教育要憎恨她祖先的国家，特别是她的母亲，只是以极大的保留态度面对德国——王太后的一个兄弟在第一次世界大战中阵亡，另一个受了重伤。

联邦总统海因里希·吕布克（Heinrich Lübke）深感荣幸，

在布吕尔宫的欢迎致辞中，他将这次访问解释为"对我国人民日益信任的标志。我们认为，我们国民以令人印象深刻的方式展示了弥补的意愿，并为完成自由世界的共同任务做出了巨大贡献"。人们本以为这样的赞美应出自客人之口，但作为自我赞美，它对历史学家来说更能说明问题，因为它说明了一个民主社会的欣喜，它对1945年以来走过的道路感到自豪，即使1945年之前的时间仍有待于更广泛的重新评估。

女王的访问使这种自豪感合法化——在德国历史上最黑暗的篇章之后，联邦共和国终于恢复了。卡洛·施密德（Carlo Schmidt）这位社会民主党的老前辈和德国政坛少有的文人墨客，在《卫报》的一篇客座文章中表达了这种想法。他写道，德国人认为女王的访问说明"他们的国家在道德上被排斥的地位终结了"。人民的热情反映了这种解放感——这不仅是由于当时39岁的女王的魅力，她在前一年第四次成为母亲。伊丽莎白二世也得益于法国总统戴高乐（Charles de Gaulle）在三年前打下的基础，他对西德的五天访问受到了同样的好评。1962年9月4日，戴高乐在波恩的一次演讲中谈到了他"对伟大的德国人民的钦佩"，这已经成了著名的演讲。

这在当时得到了感激的回应，但广大德国人对法国世界的感觉远不如他们对美国和盎格鲁-撒克逊世界的感觉那么亲近。因此，在签订《法德友好条约》的那一年，德国联邦议院出现了不和谐的声音。1963年4月，社民党议会党团领导人弗里茨·埃勒（Fritz Erler）讽刺地问，是否必须为德法之间的友

第九章　女王与德国　205

谊"而疏远英国"？议会中很快形成了一个多数派，他们希望在1963年1月与法国签订的条约有一个相应的澄清性文本。戴高乐很恼火，而阿登纳很担心。无奈的是，《法德友好条约》的序言必须符合议员们的意愿。5月16日的序言指出，欧洲的统一必须沿着已经开始的道路继续进行，但"要让英国和其他愿意加入的国家参与进来"。

德国的政治精英们不愿意为了与法国和解而放弃对英国的重视，不愿意把这个岛国排除在有关欧洲未来的政治考虑之外。此外，他们不希望被戴高乐强迫在"大西洋派"和"欧洲派"之间做出选择。德国的政策既是大西洋的，也是欧洲的，而这两方面都需要英国。第二次世界大战之后，康拉德·阿登纳也曾实际上争取与英国建立友好关系，但在他看来，结果并不令人满意。1953年3月，当欧洲防务共同体还在辩论时，他曾经对基民盟的联邦执行委员会相当明确地表示："我非常希望英国在未来的欧洲防务共同体中具有一定的影响力，这样我们就不会与或多或少歇斯底里的法国人单独在一起了。"

然而，结果没有改变。当哈罗德·麦克米伦于1961年8月10日提交英国加入欧洲共同体的申请时，戴高乐总统早已决定让英国人在欧洲大陆之外自生自灭。1963年1月14日，他宣布否决英国的加入申请。8天后，一个不幸的巧合是他和阿登纳签署了《法德友好条约》——联邦议院随后对该条约进行了编辑，就像序言中所表明的那样，基本路线不那么亲法。戴高乐用一个忧郁的形象概括了他对序言的失望，他认为序言给友好条约泼了冷水：条约就像年轻的女孩，不幸的是，她们只有短暂的花期……

如果想从整体上理解女王11天访问的意义，就必须考虑到这些背景。它有一个复杂的政治背景。早在1963年，作为麦克米伦欧洲政策的一部分，为了回应戴高乐的否决，这次访问再次揭示了英国战后政策的一个主旋律：防止在法国和德国之间形成一个"卡洛林帝国"（Karolingischen Reichs）[①]。外交部次长、"二战"前最激烈的德国反对者之一罗伯特·范西塔特（Robert Vansittart）在其回忆录《事件与阴影》（Events and Shadows，1947年）中已经预先提出："英国留在欧洲之外……并祝福一个由法国和德国领导的联盟是不可想象的。"德国公众在其肆无忌惮的亲英情结中——就像之前的联邦议院经过冷静考虑一样——在1965年女王访问德国期间接纳了这个想法。

这次精心策划的国事访问花了两年时间，部分原因是双方的协议必须解决特别棘手的问题，特别是关于王室夫妇的德国亲属的待遇。有完全与宫廷对立的科堡家族，其最后一位公爵曾担任过纳粹党大区头目；有汉诺威家族首领布伦瑞克公爵（Herzogs von Braunschweig）的妻子，她曾是坚定的希特勒支持者。女王还希望参观她丈夫年轻时生活过的一些地方，包括菲

[①] 卡洛林帝国是中世纪欧洲统治法兰克王国的王朝，法兰克王国的疆土后来分裂为今天德国、法国、意大利政治版图的雏形。

利普的姐姐西奥多拉住过的塞勒姆城堡，以及黑森州的沃尔夫斯加滕城堡——这是黑森和莱茵河畔公爵（Herzöge von Hessen und bei Rhein）的古老财产，属于巴腾堡家族的一个分支。最后大家同意只在他们到访那些州的时候邀请这些亲属，这样的方案让会面有了立足点。这样的场合还是够多的，因为客人们总共向当时的 8 个（共 11 个）联邦州表达了敬意。

在访问慕尼黑之前，维特尔斯巴赫家族的首领、巴伐利亚的阿尔布雷希特公爵（Herzogs Albrecht）提出了一项要求。他是斯图亚特家族的天主教徒继承人，通过复杂的王朝血脉网络成为英国王位的竞争者。阿尔布雷希特公爵让一个中间人，把这位德国亲戚的愿望转达给菲利普亲王，询问在已定的《玫瑰骑士》（Rosenkavalier）表演中，是否可以接受一个维特尔斯巴赫人和遥远的王位继承人存在？这个问题本身就是一个笑话，因为 1701 年的《王位继承法》（Act of Settlement）已经坚决排除了任何天主教徒对英国王位的继承。因此，菲利普很高兴以他半认真的方式简单地推脱了这个请求："告诉公爵，我们不介意，但这将是一场该死的无聊演出。"

在科隆，枢机主教约瑟夫·弗林斯（Joseph Kardinal Frings）用英语讲了五分钟，虽然这门语言对他来说完全是陌生的，但他已经熟记于心。在杜伊斯堡的一个自由活动的晚上，客人们参观了位于胡金根的曼内斯曼钢铁厂，女王邀请当地政要共进晚餐，这被认为是一个伟大的举动。在汉堡，第一市长保罗·内韦曼（Paul Nevermann）说，根据传统，他甚至不能走下市政厅的台阶,从他的官邸迎接女王,"但为一位女士可以"。当女王在汉诺威看到 1714 年英国权贵们给选帝侯乔治的信的原件,信中敦促乔治按照议会的决定来伦敦登上英国王位时,她特别着迷:"安妮女王快死了,快来吧,某些人想要一个詹姆斯党的继承人(天主教——被驱逐的——斯图亚特王朝国王詹姆斯二世的儿子),而不是你。"

如果说这些在德国的日子里女王有任何轻微的困惑,那也是由于过度热情,尤其是在柏林,这让她感到很困惑。"伊——丽——莎——白,伊——丽——莎——白",欣喜的观众高呼。这多少让她想起了纳粹时代的致敬,这是"胜利万岁!"[①]——狂热主义的后期翻版,正如外交大臣迈克尔·斯图尔特(Michael Stewart)后来告诉我们的那样。这位政治家本可以指明一件事以使他的统治者安心:即使在伊丽莎白之前,柏林这个"前线城市"也一直对来访者表现出特别的热情,就像对约翰·肯尼迪或戴高乐一样,他们身在柏林表明了对这座城市不可分割的自由的承诺。但正如我所说,这只是伊丽莎白二世后来表示非常满意的一次访问中的一个小问号。政府也欢欣鼓舞,就连 87 岁高龄的宫廷诗人约翰·梅斯菲尔德(John Masefield)也为这次活动贡献了一首诗:"漫长的一周,不懈的努力结束了。/ 超凡的力量祝福那些祝福的人。/ 在这样的夜晚之后,有这样一缕成功的阳光。/ 各国已经相互宽恕,结成了友谊。"这听起来是

---

① Sieg heil,德国法西斯分子打招呼用语。

发自内心的，尽管不是英语诗歌的佳作。

在 1972 年 10 月对伦敦进行国事访问之前，联邦德国总统古斯塔夫·海涅曼（Gustav Heinemann）有一种不好的感觉。像他这样说话直来直去的人，不喜欢夸张的姿态，他对舞台上的指示感到困扰，所以不得不练习礼仪。"不戴帽子，戴着帽子，走在左边，站在右边"——海涅曼是彻头彻尾的共和主义原则的代表，每一种夸张的礼仪都让他感到厌恶。但事实证明他的担心是多余的，这成了礼节最少的一次国事访问，就好像外交部已经建议女王对德国总统和他的行为方式做出考虑。因此，伊丽莎白没有向总统单独介绍宫廷的最高官员，而菲利普主要用德语与客人交谈——他的妻子不会说德语。在听完德国随行人员介绍后，他以典型的幽默方式说："那么，现在你们又可以正常行动了。"[据《明镜》（SPIEGEL）报道] 在伦敦的日子里，海涅曼只有一次磕磕绊绊，那是在为外交使团举办的招待会上。在用"早上好"向 50 多名外交官打招呼后，等待与他握手的人似乎并没有减少，他对一名服务员说："我想他们一直在后面排队。"

没有像 14 年前豪斯访英时那样的反德示威，所以小报不得不以另一种编造刺激点的方式来哗众取宠。"针对女王客人的谋杀阴谋"是《每日镜报》在访问前的头条新闻。这种猜测在当时很容易让人相信，因为 9 月慕尼黑奥运会期间，巴勒斯坦游击队屠杀了以色列运动员。但该新闻被证明是一个骗局。此外，令人震惊的是，在女王的讲话中再次出现了外交部的明显痕迹，这一次没有把重点放在过去，而是向前看，并赞扬了维利·勃兰特（Willy Brandt）的东方政策，当然没有提及他的名字。伊丽莎白赞扬了波恩的政客"克服意识形态障碍"的努力。仔细想想，这对女王来说是一个危险的话题领域：离一个月后的联邦议院选举如此之近，几乎可以说是悄悄地试图干预正在进行的选举活动——11月17日，社民党在德国战后历史上首次成为最强大的政党。但这些话是在伦敦说的，而且是以外交方式说的，所以他们逃过了批评。然而这个例子表明，女王在为她的政府服务时可能会卷入哪些冲突。

20世纪70年代，英国经济急剧下滑。德国人——不仅仅是他们——怜悯地看着"泰晤士河上的病人"。16%的通货膨胀率，再加上工会失控——1977年，英国的罢工损失了1000万个工作日，法国损失了250万个工作日，西德损失了16万个工作日。首相爱德华·希思（Edward Heath）在1974年2月围绕"谁治理英国？"的问题开展竞选活动，并在选举中失败。事实上，即使在那个时候每周有三天的工作时间，配给的电力不充足迫使人们在超市购物时在手推车里点上蜡烛。两年后，工党首相詹姆斯·卡拉汉不得不向国际货币基金组织申请一笔巨额贷款，而这笔贷款只有在采取严格的紧缩措施的条件下才会给予英国。

在1978年到1979年的"不满之冬"中，没有任何事情是有效进行的。死者没有被埋葬，垃圾不再被收集，老鼠开起了派对，而矿工的罢工使得有必要召集军队来防止能源供应崩溃。最后，英国醒悟过来，于1979年5月1日选举玛格丽特·撒切尔上台。从那时起，英国就出现了一个不同的时代。

这是国家元首1978年5月22日至26日第二次正式访问德意志联邦共和国时的状态。但德国人也受到了危机的冲击——1977年是红军旅（RAF）恐怖行动的高潮，联邦总检察长西格弗里德·布巴克（Siegfried Buback）、德累斯顿银行董事会主席于尔根·蓬托（Jürgen Ponto）以及最后被绑架的德国雇主联合会主席汉斯·马丁·施莱尔（Hanns Martin Schleyer）都成了受害者。在摩加迪沙机场解放汉莎航空公司的"兰茨胡特"（Landshut）飞机的戏剧使"德意志之秋"①成为一场真正的噩梦。因此，德国与英国先遣队达成了一项协议，即与1965年相比，访问计划不那么烦琐，但在波恩、美因茨、柏林、基尔和汉堡的日程安排已经足够满了。对客人来说，最重要的是能够与尽可能多的人——非官方的人——握手。这是自1970年以来君主旅行中的标准做法：女王离开官方豪华轿车，沿着第一排等候的人走一段距离，以便尽可能多地接触伸出的手，并在这里和那里停下来，进行一分钟的交谈。

警察和边防警卫的态度并不热情。在波恩，苏联国家元首列昂尼德·勃列日涅夫（Leonid Breschnjew）的访问刚刚结束，出于安全考虑，他们采取了前所未有的封锁措施。红军旅的恐

---

① 指德国红军旅于1977年4月开始发动的一系列恐怖袭击事件。

怖袭击引发了更严重的安全问题。就在这时，女王的特使介入，向德国人明确表示，伊丽莎白在任何情况下都不会允许自己受到这种限制。女王陛下希望放松。——意思是，女王想在美因茨的市中心和柏林的库达姆大街上散步？算了吧。但英国人仍然是铁板一块。"女王是个勇敢的女人"，先遣队说，并提到她去年访问北爱尔兰，在那里她也拒绝了所有关于避免爱尔兰共和军威胁的建议。1978年春天，当乐观的瓦尔特·谢尔（Walter Scheel）担任联邦总统时，她的德国之旅顺利进行。

在官方发言中，一个重要的政治日期一再出现：1975年。当时，英国人在全民公决中决定留在欧洲经济共同体，他们于1973年与爱尔兰和丹麦一起加入该共同体。因此，德意志联邦共和国和英国终于可以作为同一个俱乐部的成员相互交往，女王不厌其烦地承认这是当代历史上的一个重要转折点。无论如何，这是外交部的语言，国家元首最终是充当其喉舌，在这次旅行中也是如此。但是，伊丽莎白二世对欧洲、对布鲁塞尔的真正态度是什么？因为布鲁塞尔的决定——特别是在法律领域，例如在人权立法方面——肯定会限制"女王陛下的政府"的主权，从而限制王权。如果不是罗伊·詹金斯（Roy Jenkins）的回忆录[《欧洲日记》（*European Diary*），1989年]，这个问题很难得到回答，他在1977年至1981年作为主席领导欧盟委员会。詹金斯写道，在他被任命后立即与君主进行了就职会面："她的亲欧态度并不意味着她对欧洲主要政治家不加批判。她对吉斯卡尔·德斯坦（Giscard d'Estaing）的评估相当正确，但却低估

第九章　女王与德国　　213

了赫尔穆特·施密特（Helmut Schmidt），可能是受施密特曾经在白金汉宫把烟头插满盘子的事影响太大。尽管如此，我仍认为她对欧洲有强烈的使命感。当我建议她访问委员会时，她热情地回应，表示明年或许可以。"

在与詹金斯谈话的三年后，伊丽莎白对布鲁塞尔的访问实际上发生在1980年11月。委员会总部的一个传统是来访的国家元首也可以在这个场合向委员们提问。伊丽莎白的私人秘书菲利普·摩尔爵士（Philip Moore）拒绝了——这不是女王陛下的做法。布鲁塞尔的对话者随后建议菲利普亲王可以参与这一环节。"这正是我们所担心的"，这是私人秘书的回答。爱丁堡公爵没有追随他妻子的亲欧路线，查尔斯王子也没有，查尔斯王子曾多次公开批评欧盟的权限扩大到国家立法之外，以及伴随而来的对英国主权的侵蚀。但女王对布鲁塞尔的访问是极其和谐的，因为在不问问题的情况下，不可能出现别的情况。菲利普没有发言，并且也不能发言，尽管他很想发言。就礼节而言，如果亲王在女王面前承担一个实际上属于她的角色，那是不可想象的，而她这次刚好不想这样做。

所以，伊丽莎白二世是忠于欧盟的仆人？考虑到大不列颠岛自16世纪以来一直在努力保持其与欧洲的距离，我们并不完全相信这种想法。欧洲往往只是英国"权力平衡"思想的一个阵地——他们干预欧洲事务，只是为了防止欧洲大陆上一个主导力量崛起；否则，英国的政策就会指向海外，指向帝国建设。今天我们不再称呼英国为帝国，但"英联邦"是英帝国的合法遗产，女王不能也不想忽视它，它像第二天性一样属于她的统治。这严重限制了她对欧洲组织的兴趣。

因此，在1972年，也就是希思政府决定英国应该加入欧共体的那一年，伊丽莎白二世仿佛是为了形成对比，明确地将她的圣诞演讲献给了英联邦，以消除人们对转向欧洲将削弱英国的传统海外作用的担忧。"与欧洲的新联系不会取代与英联邦的联系，"她说，"他们不能改变我们对海外亲属和朋友的历史和个人感情。老朋友不会被丢下。"这些话不是政府强加给她的——对于圣诞节和春季的年度英联邦日致辞，女王可以在没有官方干预的情况下自由撰写自己的文章。

作为德国国家元首，理查德·冯·魏茨泽克总统有两次机会见到女王——1986年他访问伦敦时和1992年女王回访统一的德国时。这中间是世界历史上一个决定性的转折点，即柏林墙的倒塌，引起了英国方面对一个重新崛起的德国的深深恐惧，首相撒切尔夫人率先定下了基调。这就像一个阴影，例如1990年理查德·冯·魏茨泽克访问考文垂，纪念哥特式大教堂被炸毁50周年时所能看到的。但幸运的是，到了1992年，这种敌意即使没有消失，也已经退居次要地位。因此，女王得以在没有国内抗议的情况下，对德国进行一次历史性的访问。这次访问的城市包括莱比锡和德累斯顿，是分裂国家统一道路上的和平演变之地。

一般德国人很难比当时的联邦总统更像英国人。1985年，

第九章 女王与德国

他在第二次世界大战结束40周年的讲话也在英国引起了极大的关注。年轻的理查德·冯·魏茨泽克精通英语，1938年在牛津的巴利奥尔学院学习了一个学期。在那里他研究了历史和哲学，并发现自己与英语世界的密切关系。1986年，他接受了英国议会于7月2日发出的荣誉邀请，成为第一位在两院发表讲话的德国总统，这对他很有帮助。1970年3月，维利·勃兰特作为联邦总理在下议院发表了讲话，这在当时也是第一次。

在20世纪80年代，撒切尔夫人不仅在经济上使她的国家向前发展，而且还向她在欧洲大陆的伙伴挥舞着一把利刃。在"我要拿回我的钱！"这一要求的旗帜下，她成功地从欧洲共同预算中为英国争取到了许多让步，因为她的纯粹坚持一次又一次地把欧洲人逼得筋疲力尽。德国总统对这些辩论非常熟悉，也知道英国国内对"铁娘子"和她的欧洲怀疑论有强烈的批评。理查德·冯·魏茨泽克站在这一立场上，他在演讲中首先呼吁进一步谋求"共同体内部的发展"，使其能够获得"对于世界其他地区的共同力量和责任"。为此，他呼吁上议院和下议院，"需要你们的经验、你们对全球发展的冷静判断、你们的聪明才智、你们的开拓精神和你们的务实精神"。

为了证明敬意，这位德国客人引用了歌德的一段经典语录。这是埃克曼（Eckermann）在1828年3月12日从魏玛圣人那里引出的："只要德国人能以英国人为榜样，少教哲学多教行动，少教理论多教实践，我们就已经获得了很大的救赎。"当然，联邦总统引用这句话时没有提到救赎——按照他的爱国主义理解，

前往新统一的德国：女王和菲利普亲王在勃兰登堡门前，1992 年 10 月 21 日。

第九章 女王与德国

这是一种过分的恭维。他继续说，德国人非常欣赏英国人的地方是"他们把理性放在意识形态之前，明智地使自己不受教条主义的影响，并准备妥协"。同时，欧洲人在撒切尔夫人那里经历了一种教条主义，这完全没有让他们想起英国古典的意识形态自由。英国经典的实用主义在后来的英国"脱欧"危机中也将暂时黯然失色，许多观察家认为英国"脱欧"后，他们不再认可自己心目中的英国形象。

当然，德国总统在女王招待会上的讲话中没有包含过多的政治内容，伊丽莎白二世也将其停留在对德英友谊的赞美上。此外，编年史报道了两个外交尴尬场面——分别来自双方，使国事访问以平局告终。当理查德·冯·魏茨泽克想把普鲁士皇家瓷器厂生产的带有把手和格吕内瓦尔德狩猎小屋图案的珍贵花瓶送给女王时，他在最后一刻看到了价格标签，不露痕迹地（我们希望如此）把它摘了下来。但正如理查德·冯·魏茨泽克当时的新闻发言人弗里德贝·普吕格（Friedbert Pflüger）回忆的那样，这只是对联邦总统喝咖啡时在杯底发现金色大头钉的补偿正义[①]。

与德国表亲之间的关系一次又一次地受到政治气候的影响，这种背景在女王对德国的国事访问和德国人对她的回访中总是形成一个明确无误的框架。1958年是对战争记忆犹新，1965年

---

① 法律用语，指一方因对另一方造成的损失或伤害而做出充分的赔偿之后所取得的公平性。

是《法德友好条约》和德意志联邦共和国在西方民主国家圈子里的最终复兴，1972年是德国的东方政策，1978年是英国经济的衰退和之前的"德意志之秋"，最后是1986年撒切尔时代的英国对欧洲的承诺问题。1992年则与1989年柏林墙的倒塌无缝衔接。

一开始，似乎从蓄意挑衅的一方射出的带有恶毒情绪的毒箭将在1992年取得成功。德国发生了针对外国人的犯罪事件，在女王访问德国之前，德国新纳粹分子在英国的新闻里占据重要位置，几乎可以预见光头党（Skinheads）[①]在德累斯顿的圣十字教堂（Kreuzkirche）外的围攻，伊丽莎白想在那里参加一场仪式。德累斯顿是德国的一个刺激点，1945年2月英国空军对该市的轰炸令人难忘。但除了示威者向王室车队投掷了几枚鸡蛋外，易北河之行和在莱比锡的逗留都没有遇到麻烦。访问伊始，女王已经在布吕尔宫的开幕晚宴上定下了正确的基调，特别是对两个东德城市的市民说，"他们对自由的意愿融化了铁幕"。10月19日至23日这几天成为她最具政治色彩的旅行之一。她对东德和平演变的赞美，一如既往是由外交部设计的，但却正确地被当成了到访者本人的个人表达。

国事访问前的第二支毒箭与1992年9月16日"黑色星期

[①] 光头党源自20世纪60年代英国青年劳工阶级的次文化，接着扩大到俄罗斯及欧美地区，这个名称来源于他们的发型。一些激进的光头党组织信奉种族优越主义。

三"英镑退出欧洲汇率机制有关。时任行长赫尔穆特·施莱辛格（Helmut Schlesinger）领导的联邦银行被英国人指责为在决定性时刻没有采取任何措施来支持他们的货币，从而使英镑陷入崩溃。坚挺的德国马克和德国的高利率是英国经济衰退的替罪羊，诚然，英国的经济衰退已经持续了很长时间，并很快导致数百家公司倒闭。女王是否会（被允许）与施莱辛格教授这个英镑的"叛徒"握手？岛上人民对英镑的关心和德国人对德国马克的关心一样多。毫无疑问，女王没有任何意见，只能遵从预制的方案。她甚至两次在布吕尔宫和夏洛滕堡宫会见了赫尔穆特·施莱辛格，不仅握手，而且交谈。当时的首相约翰·梅杰（John Major）在白金汉宫的下一次会见中，肯定会从女王那里听到她和德意志联邦银行行长讨论的内容——不只是寒暄的话。女王陛下不必对她的首相们采取保密措施，只有首相需要对与女王的谈话保密。

1998年和2004年，"德累斯顿"两度成为年度热门词语。2004年11月在柏林，伊丽莎白二世亲自将其与罗曼·赫尔佐格（Roman Herzog）六年前对伦敦的访问联系起来。在柏林军械库（Zeughaus）举行的宴会上，女王回忆起1998年菲利普亲王和她是如何在德国联邦总统的见证下，在温莎城堡首次看到英国捐赠的新地球仪和重建后的圣母大教堂（Frauenkirche）顶部的金十字架。两年后，在德累斯顿被毁55周年之际，肯特公爵将这两样东西隆重地移交给圣母大教堂基金会。2004年春天，它们被重新安装在穹顶的旧址上，成为重建教堂的两个顶点。它们由伦敦银匠格兰特·麦克唐纳（Grant McDonald）和艾伦·史密斯（Alan Smith）制作，后者是1945年将圣母大教堂和城市变成废墟的那些英国轰炸机飞行员之一的儿子。年轻的史密斯说，他的父亲"在执行任务后产生了创伤后应激障碍，多年来一直充满了恐惧"。

实际上，在德国，人们期待的不仅仅是一个为重建德累斯顿圣母大教堂而设立的英国基金会的出色筹款活动。"德累斯顿信托基金"已经从英国公民那里筹集了75万英镑，超过100万欧元。作为2004年女王访问计划的一个亮点，柏林爱乐乐团举行了一场盛大的音乐会，以帮助该教堂获得更多资助。但是，女王对"对德累斯顿的无意义破坏行为"进行道歉不是也很合适吗？德国前几年关于"受害者"的辩论已经留下了印记，人们对自己在战争中遭受苦难的看法变得不可避免。至少在许多人看来，英国对德累斯顿的"抱歉"会有帮助。

《泰晤士报》的德国记者罗杰·博伊斯（Roger Boyes）当时对德国公民进行了一次特别调查，发现"德国人没有被压抑的让英国道歉的需求"，他对受访者的"独特的公平心态"印象深刻。在德国，人们显然已经知道，从空中摧毁德国城市，即使对于英国来说，也是国家心灵的伤口之一。然而，这种自我批评与其说是伴随着巨大的"歉意"，不如说是冷静地重新评估自己的错误和罪过，人们知道盟军的轰炸战争是对纳粹德国发动的世界战争的回答。

早在1945年之后，英国人就不想再了解"轰炸战争之父"阿瑟·哈里斯（Arthur Harris），以及哈里斯所领导的战略"轰炸机司令部"（Bomber Command）了。"轰炸机司令部"是唯一一个最初没有获得英雄奖章的军队组织，直到2012年6月才在伦敦的格林公园修建了一座纪念馆。哈里斯本人已不再有资格在皇家空军继续服役，并痛苦地撤退到南非。直到1992年在女王母亲的推动下，他的雕像才在伦敦市郊揭幕。这引发了与满意同样多的争议。

英国历史学界多次谈到"二战"中对德国平民目标的大规模轰炸的可疑之处，最好的解读是马克斯·黑斯廷斯（Max Hastings）1979年的作品《轰炸机司令部》（*Bomber Command*），其中黑斯廷斯也描述了"到达德国的占领军士兵越来越为对该国的物理破坏感到恐惧"。人们可以称其为经验反思，即黑斯廷斯、约翰·基根（John Keegan）或其他人所提出的内容。当然，反思总是反映出必然性，类似于奥利弗·克伦威尔看着1649年被处决的君主查理一世（Charles Ⅰ.）躺在棺材里时说的话："残酷的必然性。"

女王的道歉——除了她在宪法上无权任意揭露自己的想法之外——会颠覆20世纪最大悲剧之一的因果关系。这将是对英德关系的一种伤害，因为它将释放出敌意和无休止的指责，而每个国家都学会了以自己的方式来面对过去，并在这样做的过程中实现了将两国团结起来的和解。尽管如此，女王在2004年找到了恰到好处的基调。她在柏林军械库的国家招待会上谈到了"战争给双方带来的可怕痛苦"。这也是对包括英国受害者在内的德国轰炸受害者的深深的歉意，55573名"轰炸机司令部"成员在德国上空丧生。"柏林象征着德国重新统一的显著成就，"她继续说，"但我的钦佩之情并不限于柏林。德累斯顿圣母大教堂的重建对我们所有人都是一种激励。""激励"一词是对她母亲的一个尖锐的回应——1992年5月，在伦敦阿瑟·哈里斯纪念馆的落成典礼上，女王母亲称赞轰炸机司令部的负责人是一位"鼓舞人心的领袖"。摧毁德国城市的"鼓舞人心的领袖"和重建的圣母教堂"对我们所有人都是一种激励"：这就是历史上这一章不能分解的辩证法，不仅是对英国人而言。

为此，在2015年6月对德国的最后一次国事访问中，女王参观了1945年4月英国士兵解放的德国历史遗址——贝尔根-贝尔森（Bergen-Belsen）集中营。那是在她访问的第四天也是最后一天，一些难民营的幸存者讲述了他们的经历，包括三位前英国解放者成员。对于89岁的君主和她94岁的丈夫来说，这可能是他们漫长人生中最具历史意义的一次遭遇，他们用30分钟静静地完成了与20世纪的恐怖痕迹的对抗。

第十章

团结与分歧

"一股清新的空气正在改变这个大陆。"

——1960年2月3日，哈罗德·麦克米伦在开普敦

"英联邦的心理治疗师。"

——菲利普亲王谈及他的妻子

"英联邦的持续诡计。"

——保守党政治家伊诺克·鲍威尔对历史学家本·皮姆洛特说

"为什么她总是坐在椅子的边缘？"

——伊丽莎白二世谈及玛格丽特·撒切尔

Elizabeth II.

德国联邦总统当选后会先去哪个国家？他通常会从三个国家中选择：以色列、法国或波兰。女王加冕后去了哪里？英联邦国家。她在位期间，仅访问加拿大就有 22 次，澳大利亚 16 次，新西兰 10 次，牙买加 6 次。1999 年，澳大利亚就脱离王室举行了一次公民投票，但投票结果是否决，理由是没有一个替代模式是令人信服的。2011 年，伊丽莎白和菲利普再次作为最稳定的模式被人记住，并且就像怀旧金曲，再次使这最古老的统治区之一沉迷。在一个协议信用摇摇欲坠的世界里，想要在第五大陆上也保持连续性和永久性的感觉并不是一个牵强的想法。无论如何，英联邦的基础是纯粹的非正式性，正如菲利普亲王在 1969 年访问加拿大时强调的那样："王室的未来取决于属于这个大家庭的每一个国家。如果他们当中的任何一个人决定不再接受它，就让他们改变它。"

英国君主制的独特性是显而易见的：它是国际性的，具有全球影响力，世界上没有其他王室可以比拟。除英国外，女王是其他 54 个国家的"主席"，也是其中 15 个国家的元首。这让伊丽莎白疲惫不堪，但又重新振作起来；根据所有与她打过交道的人的判断，只有作为这个不寻常的国际组织的负责人，她才感到"真正完整"。这一点在英国之外几乎无人了解，这就是为什么英联邦在这位君主心目中是她生活中最不为人知的方面之一。但即使是这样，也只有在适当考虑到英联邦的情况下，伊丽莎白才会变得"真正完整"。

这遍布全球的影响力，有时满足英国在现实中不再拥有的伟大梦想。不可否认的是，英国政治得益于女王在国际舞台上的地位，特别是在以前所谓的第三世界国家。顺便说一下，不仅是前英帝国的国家属于英联邦，自1995年以来，有三个从未成为英国殖民地的非洲国家加入了英联邦，即喀麦隆、莫桑比克和卢旺达。（2022年加入英联邦的加蓬和多哥在历史上也不是英国的殖民地。）玛丽王后在伊丽莎白4岁生日时给她的所有属于帝国一部分的国家的积木块中，还没有这些木块的踪迹。

英国本土和其他54个[①]英联邦国家——包括加拿大这样的土地巨头或印度这样的人口巨头——都蕴藏着潜在的冲突。英国的君主能为它们所有国家服务吗？伦敦的利益是否总是与英联邦重要国家中可能占主导地位的利益相吻合？例如，在1956年的苏伊士运河战争中，女王作为其武装部队的总司令，不得不支持在埃及登陆的军队——而与此同时，当时除英国外，组成英联邦的7个主要国家（澳大利亚、新西兰、南非、加拿大、印度、巴基斯坦和斯里兰卡）中的大多数国家在联合国投票反对英法在尼罗河的军事干预。诚然，如果有第二个伊丽莎白时代的话，最初显示的不是扩大的疆界，而是"帝国的瓦解"（本·皮姆洛特语）。英联邦女王与她的首相安东尼·伊登（苏伊士运河军事冒险的煽动者）之间的会谈一定是相当紧张的。伊登在回忆录中明智地回避了女王在苏伊士运河问题上的立场问题，这是她在

---

① 随着2021年巴巴多斯的退出和2022年加蓬、多哥的加入，英联邦现有包括英国在内的56个成员国。

位期间的未解之谜之一。

在伊丽莎白公主1947年的广播讲话13年后,另一个英国的声音在开普敦响起,那就是首相哈罗德·麦克米伦。他在南非议会的演讲创造了历史:变革之风。1960年2月3日,麦克米伦说:"一股清新的空气正在改变这个大陆,不管我们是否愿意,这种民族意识的增长是一个政治事实。"但是,激发英国首相讲话的不仅仅是非洲新的民族意识的骚动——英国在1956年的失败之后,意识到不得不系统地结束其在"苏伊士运河以东"的殖民存在,这是这次撤退的统称。这个国家遭受了"帝国的过度扩张",正如后来在另一个背景下对美国所说的那样。收缩政策势在必行。因此,麦克米伦注定要正确解读非洲的时代精神,因为这恰恰符合伦敦正在进行的战略修正。到20世纪60年代结束时,英国在非洲的12个殖民地已经实现了独立,并且他们都决定加入英联邦。被殖民国家侵略所遭受的痛苦尚不足以阻止这样的举动。

这一点在1963年独立的肯尼亚尤为突出——在那里,英国霸主在20世纪50年代以前所未有的严厉手段镇压了茅茅党的民族起义。顺便说一下,当时被严刑拷打的肯尼亚人之一是美国总统巴拉克·奥巴马(Barack Obama)的祖父。仿佛是为了对自己的结局做最后的抵抗,英帝国在非洲呈现出种族主义的、不人道的特征。美国历史学家卡罗琳·埃尔金斯(Caroline Elkins)在她获得普利策奖的研究报告《帝国的清算:英国在肯尼亚古拉格不为人知的故事》(*Imperial Reckoning: The Untold Story of Britain's Gulag in Kenya*，2005年)中，详细描述了这一篇章。2011年曝光的新文件，与那一时期4名幸存的肯尼亚人对外交部提出的赔偿诉讼有关。

麦克米伦在开普敦演讲的真正亮点是，它是在南非发表的。该国正处于收紧种族隔离法的边缘，种族隔离政策引发了国际外交的混乱。这在1960年5月在伦敦举行的英联邦会议上已经很明显了。两个月前，在南非臭名昭著的"沙佩维尔大屠杀"(Sharpeville Massaker)中，56名黑人示威者被枪杀，尽管英联邦其他国家一致批评，比勒陀利亚政府——开普敦是立法首都，比勒陀利亚是行政首都——仍坚持其选择的路线。由于厌倦了无休止的批评，亨德里克·弗伦施·维沃尔德(Hendrik Frensch Verwoerd)的政府终于在1961年脱离了英国王室，宣布成立共和国，并退出了英联邦。直到1994年，南非才在纳尔逊·曼德拉(Nelson Mandela)总统的领导下回归。

麦克米伦通过他的演讲，为英联邦的多民族取向打开了大门。他预见到，如果本组织不想缩减为一个白人的排他性俱乐部，如果要欢迎非洲新独立的国家加入英联邦，那么与种族隔离制度的决裂是不可避免的。印度作为一个有色人种国度的影响，将使英联邦的主导国家澳大利亚、新西兰和加拿大等不得不让步。即使是"白人"南非，也已经是一个无法抵御变革之风的假象。

伊丽莎白二世也立即明白了这种情况。如果有人想举出一个令人信服的例子，说明在她的主持下，君主制是如何适应现代要求的，那么这就是最重要的证据之一。在种族隔离问题上，女王总是站在正确的一边，不像撒切尔夫人。20世纪70年代的英国外交大臣大卫·欧文（David Owen）证实，撒切尔夫人"在种族问题上，绝对是色盲"。英联邦的非白人国家非常欣赏这种"色盲"，当来自前殖民地的有色人种移民到母国，并在相当大的反对声中成为那里的政治斗争的参与者时，这种"色盲"并不是理所当然的。难能可贵的是，伊丽莎白几乎轻松地在非洲的新任领导人中活动，并与他们当中的许多人交好，包括赞比亚的肯尼思·卡翁达（Kenneth Kaunda）、肯尼亚的乔莫·肯雅塔（Jomo Kenyatta）、加纳的夸梅·恩克鲁玛（Kwame Nkruma），但保持一定距离。她从"变革之风"进程的一开始，他们国家独立的最初几年就认识了他们大多数人，比各位英国首相认识他们的时间都要长。

当然，从一开始，女王就被不让英联邦灭亡的愿望决定性地驱使。但这并不意味着她会实际上公开和自由地对待新的挑战。这有助于她代表一个世袭的君主制，而不像其他国家常见的那样，要更换国家元首的人选。在历史的重要十字路口，这种连续性也被证明是一笔巨大的资产。虽然女王母亲怀念旧帝国，并且像许多英国人一样认为，自从帝国结束后，非洲一直处于困境，但女王为她的时代和在这个时代获得独立的国家数量感到自豪。她访问了这些国家的每一个首都，出席大坝和新大学的落成典礼，显然她很喜欢在这些发展中发挥个人作用。这在后来导致她与玛格丽特·撒切尔疏远。

位于非洲西部的加纳在非洲的民族独立方面领先数年，早在1957年就在夸梅·恩克鲁玛的领导下实现了独立。恩克鲁玛是一个新型的非洲独裁者，在其他发展上处于领先地位，因为他是第一个建立一党制政府的人，这将成为非洲后来许多独立国家的模式。他于1957年加入英联邦，他最渴望的莫过于女王访问，这能增强他作为部落之父的魅力。当然，年轻的女王不可能不知道，像恩克鲁玛这样的统治者并不真正适合作为英联邦这样的民主组织下面的领导人。但政治利益占了上风，就像女王的海外任务一样。事实上，外交部早在1960年就想让女王出访西非，但伊丽莎白当时正怀着她的第三个孩子，加纳不得不往后靠了。

直到次年11月，女王在对塞浦路斯、印度、巴基斯坦和尼泊尔进行国事访问后前往加纳。这些国家的名单很有启发性——我们正处于冷战的新篇章。莫斯科正在第三世界寻找代理人。在这些代理人的帮助下，共产主义可以在至此为止尚未被影响的区域获得新的机会，加纳也成了影响力拉锯战的棋子；包括为上沃尔特大坝提供资金——苏联随时准备为这个项目提供资金，而美国肯尼迪政府却挥手让路，这令麦克米伦政府感到震惊。

但在1961年11月初，加纳首都阿克拉发生了暴乱，女王原定于该月9日至20日的访问受到了威胁——能否冒险让国家元首前往一个危机地区？伊丽莎白展示了她坚定不移的一面。她向

在东西方冲突的棋盘上：伊丽莎白二世在访问加纳时与夸梅·恩克鲁玛总统同车，1961年。

[照片来源：约翰·布尔默（John Bulmer）]

质疑者争辩说，如果尼基塔·赫鲁晓夫（Nikita Chruschtschow）按计划出访，而她这个英联邦首脑却没有出访，世界会感到震惊。政府不应该在这个问题上表现出缺乏骨气。因此，君主行使宪法赋予她的权力，向她的政府（"女王陛下的政府"）提出自己的愿望。这个特殊的愿望不一定要实现，但对唐宁街来说，还有什么能比发现女王准备前往一个国家，英国在那里不想"输给另一方"——莫斯科——更好的事情呢？

哈罗德·麦克米伦在日记中写道："多么出色的女孩啊！"他在回忆录中广泛引用了这本日记中的话。他是爱德华时代也就是维多利亚女王去世后10年的最后一位大人物，他对女王的坚定态度印象深刻，是因为这是一个英联邦问题，而不是英国本土的问题。麦克米伦认为，在那里，君主的职责已经缩小到"还不如让一个电影明星掌舵"的地步，但一个电影明星不会在动乱时前往阿克拉。女王则不同，"她确实有男人的心胸和勇气"。这句话略作修改，呼应了伊丽莎白一世那一代人熟悉的一句话。这位伟大的女王在赢得对西班牙舰队的海战后，将她的主要军官召集到泰晤士河下游的蒂尔伯里，并于1588年8月19日对他们说了这些话："我知道我身为女人有软弱的身体，但我还有一个国王的心胸和勇气，一个英格兰的国王。我想，帕尔马①或西班牙或任何其他欧洲的王公如果敢于侵犯我王国的边界，就会受到羞辱。"

伊丽莎白二世认为，在加纳这样的国家，如果出于胆怯而将外交领域留给东方超级大国，那么问题就不再是英国的，而是英联邦的了。一名特使被派往阿克拉探查形势，他回来时得到的消息是国事访问可以进行。访问很成功，伊丽莎白在抵达后被当地报纸誉为"世界上最伟大的'社会主义君主'"，而英国媒体只是对女王的勇气表示赞赏。访问结束后，麦克米伦立即通过电话告诉约翰·肯尼迪："我已经把我的女王放在了前线，

---

① 伊丽莎白一世时代意大利北部的一个公国。

现在轮到你拿钱了。"对此，肯尼迪迅速做出回应——大坝是用美国的钱资助的，加纳仍然属于英联邦国家。

从20世纪60年代一跃进入撒切尔时代。这一时期为伊丽莎白与非洲的关系提供了进一步的说明材料。但它也揭示了君主和政府首脑之间的冲突，特别是在非洲问题上。撒切尔夫人对黑色大陆没有什么兴趣，特别是因为一些新独立的国家在处理他们新赢得的自决权时，表现得很糟糕。如果说撒切尔是通过现实政治的棱镜来看待非洲大陆的话，那就真的只剩下南非作为唯一盟友了，它是防止共产主义进一步入侵黑色大陆的堡垒。与比勒陀利亚的这种联系的象征是英国对南非的武器供应，这已经使撒切尔的前任爱德华·希思在他的英联邦同事中声名狼藉。例如，1971年在新加坡举行的首脑会议几乎因此而破裂，会议上的辩论十分激烈。顺便说一句，希思没有让女王参加这次会议，因为他担心会出现不好的气氛。然而，伊丽莎白后来让人们知道，如果她在场，事情会更加文明礼貌，就像一个争吵不休的大家族的首领曾经告诫过"注意自己的行为！"菲利普亲王曾称女王是"英联邦的心理治疗师"。当政治利益发生冲突时，女王无法创造奇迹，特别是如果她不想违反自己在争执各方之间保持中立的职责，她永远不被允许干预政治的棘手问题。但女王可以帮助平息波澜，为妥协开辟道路。

1979年，撒切尔夫人执政的第一年，伦敦和英联邦之间的关系再次出现问题，这次是关于如何处理分离出来的罗得西亚

（后改名为津巴布韦）的问题。伊恩·史密斯（Ian Smith）领导的白人少数民族政府于1965年单方面宣布国家独立，并无视对其实施的所有制裁——可能是因为邻国南非不那么秘密地支持罗得西亚。1979年8月在赞比亚首都卢萨卡举行的英联邦会议并不是一个好兆头，各种迹象都表明会有一场风暴。史密斯屈服于国际压力，宣布了改革，撒切尔也准备听取他的建议。罗得西亚将成立一个由100个席位组成的议会，其中28个席位留给少数白人，远远超过他们的人口实力所允许的范围。这不是新宪法的基础，因此，英联邦各国政府首脑断然拒绝了这一提议。

撒切尔从来没有访问过黑色非洲，她对卢萨卡非常担心。出于这些担心，她不希望伊丽莎白出场，就像8年前希思为新加坡的会议所做的那样。她提出了旧的理由——女王的安全没有保障，而且公开的争执与王室的尊严不相容。但这一次，女王拒绝听从建议——她将自己的特权与政府的特权对立起来，撒切尔也屈服了，以免冒宪法冲突的风险。伊丽莎白在与非洲的关系上比首相更有经验，她期望自己的存在能对有关人员的思想产生有益的影响——同时，她即使没有执政，也已经统治（统治而不是治理）了27年，并与赞比亚国家元首和会议主持人肯尼思·卡翁达关系友好。她想好好利用这个机会。

他们在这些会议上的参与技巧很简单，这些会议有纯粹的政治内容，但以主权议定书为框架。在卢萨卡，每个与会者都有自己的小屋。女王的最大，是一间平房。她在那里履行职责，与会者都可以得到20分钟的接见。但她作为一个非政治性国家元首,没有谈论罗得西亚——那不是她这个不执政的国家元首该做的——而是与每个政府首脑或国家元首谈论他的国家的需求,这些需求她要么已经知道很久了,要么专门为这次会议进行了详细研究。当时,圭亚那外交部前部长桑尼·拉姆法尔爵士(Sir Sonny Ramphal)是英联邦秘书长,也参加了这些会议。非洲政界人士一致向他表示,女王对他们各自国家的了解给他们留下了深刻的印象;据说,伊丽莎白对坐在她对面的任何国家的领导人的愿望都有同感。

在《女王与国家》中,威廉·肖克罗斯以生动的方式阐明了这一篇章中女王的工作。其中,他讲述了约翰·梅杰的一段经历。作为首相,他有一次在某个问题上根本无法说服一位英联邦的同事。女王给她的政府首脑一个提示:"这个人是个热衷于钓鱼的人。你为什么不试试这种方式呢?"这是源自德国的赫尔穆特·科尔的政治技巧——对人的好记性是政治游戏中的一大优势,也就是说,能够回忆起对方生活中的个人细节。"统治知识"这个词过于贬低了这种艺术;相反,它是建立信任的一个重要工具:每个人都感觉被当作朋友。

从场边让场上的球员感觉良好——这是对女王在有争议的英联邦会议上的政治技巧的另一种描述方式。她是外交家,但又不是外交家,她同时又是治疗师和倾听者,或者像她的一个私人秘书马丁·查特里斯所说的那样,是一个"保姆"。无论如何,卢萨卡并没有出现可怕的预兆,而是以一项协议结束,即秋季在伦敦举行所谓的罗得西亚问题兰开斯特会议。这次会议随

第十章 团结与分歧

后在三个月内成功地为新的津巴布韦起草了一部宪法。后来津巴布韦如何在罗伯特·穆加贝（Robert Mugabe）带领下于2003年退出英联邦又是另一回事。据当时的外交大臣彼得·卡林顿（Peter Carrington）说，女王在卢萨卡的出现，起到了巨大的作用。肯尼思·卡翁达也对伊丽莎白进行了极大的赞美："女王首先是一个人，她以一种非常自然的方式务实地对待生活。这正是她赢得我们黑人民族主义者的爱和尊重的原因。"纳尔逊·曼德拉见到她时，亲切地叫她的名字：伊丽莎白。甚至撒切尔夫人在她的回忆录中也承认，英联邦"如果没有女王，就不会保持团结"。她的作用"在表现上比在理论上更重要"，更重要的是她的表现方式，而不是她在理论上被允许做的事情，"因为她是个了不起的人。她知道如何使事情顺利解决"。从来没有人被撒切尔夫人如此形容过。

继1940年5月温斯顿·丘吉尔之后，1979年5月的玛格丽特·撒切尔是第二个"别无选择"的英国政府首脑，正如杰弗里·豪爵士（Sir Geoffrey Howe）所评论的那样。在1978年到1979年的"不满之冬"之后，国家一筹莫展。撒切尔以一种独特的决心，摧毁了英国战后政治的共识。在这一共识基础上，工党和保守党交替执政，但往往只是短暂的，且对公共利益没有好处。保守党早在1947年就通过一份政策文件《工业宪章》（The Industrial Charter）密谋达成共识，该文件将计划经济的要素与自由市场的要素相结合，但没有解决两者之间的内在冲突。

君主和首相：一个国家，两派思想。伊丽莎白二世和撒切尔夫人在卢萨卡举行的英联邦会议上，1979年8月。

[照片来源：波普照片（Popperfoto）/盖蒂图片社（Getty Images）]

哈罗德·麦克米伦在1938年的《中间道路》（The Middle Way）一书中已经倡导了类似的妥协。撒切尔夫人认为她看穿了她的政党的问题所在，以及为什么它长期以来无法进行改革。她在回忆录的第二本《通往权力之路》（The Path to Power，1995年）中写道，这是因为"英国上层阶级的社会良知受到了折磨"。在她看来，这种被折磨的良知使英国的保守主义无法向共识思想

第十章 团结与分歧

宣战，无法将人民从国家及其机关日益增长的控制中解放出来。她的祈祷书不是《中间道路》或《工业宪章》，而是弗里德里希·冯·哈耶克（Friedrich von Hayek）的《通往奴役之路》（*Der Weg in die Knechtschaft*，1944年），基思·约瑟夫爵士（Sir Keith Joseph）在20世纪70年代为她找到了这本书，作为她通往经济自由主义和新活力道路上的灯塔。

伊丽莎白二世向不同的传统致敬，她比较偏向撒切尔夫人的左边。对女王来说，共识并不是一个必须与之斗争的词。相反，她是典型的共识保守派，是一国保守主义哲学的支持者。该哲学由本杰明·迪斯雷利（Benjamin Disraeli）在19世纪首次提出。她怎么可能不这样做——一个国家元首必须将人民团结在她的统治之下，而不是分裂他们——就像撒切尔在试图将英国从其经济痼疾中解放出来时所做的那样。这两位在英国定下11年基调的女性，对共同利益都有自己的哲学理念。她们的观点截然相反，导致白金汉宫和唐宁街之间出现嫌隙，这是历史上第一次。撒切尔不会公开发表意见，白金汉宫更不会，因为它在宪法上从属于政治。其他人就只能通过小道消息来谈论这层关系。

这一切都始于英联邦。女王对非洲贫困国家的同情，被新思维认为是对前殖民地人民的残余的感伤情调。所有这些左翼半社会主义的新国家——除了让英国对其殖民地的过去历史感到内疚，并使其从严格的功利主义路线上转移注意力之外，他们做了什么值得嘉奖的事？当女王在1983年的圣诞讲话中发表了一个准政治声明，主张在较富裕和较贫穷的国家更公平地分配商品时，政府圈子里出现了抗议声。在与历史学家本·皮姆洛特为其传记《伊丽莎白二世》进行的一次谈话中，保守派的天才人物伊诺克·鲍威尔（Enoch Powell）使用了激进的言辞：女王作为英国国家元首和英联邦首脑的双重角色，只能"通过英联邦的持续诡计来维持，英国人通过这种诡计使自己相信他们仍然是伟大的"。鲍威尔称这是"牛蛙的心态"（一直活在良好自我感觉之中，过高估计了自己的能量）。

可以看出，右派越来越多地试图与第三世界英联邦国家的主导地位保持距离。在这一派看来，这些国家也属于"温和派"。撒切尔夫人和她的圈子，据此取消了任何仍然显示出她所鄙视的"受折磨的社会良知"痕迹的人的资格。包括从某些内阁成员到女王的高级顾问——如果不是女王本人的话——当然也包括英联邦的左翼使徒，他们带头反对西方，但只是在乎他们的特权，正如撒切尔圈子里的人所谈论的那样。因此，政治舞台上出现了比被误导的殖民主义感伤更多的全面清算。现在，在撒切尔时代的新功利主义和社会平等主义的口号下，人们可以比以前更近距离地观察白金汉宫。

1984年，散文家朱莉·伯奇尔（Julie Burchill）在《星期日泰晤士报》（Sunday Times）上发表了一篇带有讽刺口吻的攻击性文章。她称君主制是"一种索然无味的、无精打采的、宿命论的、没有活力的、反对精英政治的制度"，是英国的"死亡之吻"，由一群"受教育程度低、近亲繁殖、既没有智慧也没有美貌、高高在上的人"领导。这支激动人心的笔写道，只有那些不再在世界上排得上名号的国家才有君主制；一般来说，君主制"不是高级别的标志，而是缺乏自信的标志"。有趣的是，最后这个想法似乎是许多反君主主义者的共识。在关于媒体的一节中，已经提到媒体沙皇鲁伯特·默多克曾对他的传记作者威廉·肖克罗斯说："我怀疑英国人是否有足够的自信，在没有君主制的情况下生活。"

伯奇尔的抨击是他这位知名论战者孤注一掷的结果，但撒切尔的思想也在不那么具有冒犯性的圈子里传播开来。这明显给唐宁街和王宫的上空蒙上了阴影。女王和首相在周二的常规会面是僵硬和相当尴尬的，没有像君主和撒切尔夫人前任们那样的热情。她们只是简短地谈话，走走过场。"为什么她总是坐在椅子的边缘？"一位保守党勋爵不谨慎地透露了在白金汉宫的一次谈话中女王对撒切尔夫人的看法。在这位不安分且忙碌的政治家的日程表中，在王宫的会面几乎被认为是一种浪费，每年照例于9月前往巴尔莫勒尔的旅行是"炼狱"（本·皮姆洛特语）。撒切尔常常在苏格兰逗留的最后一天的早上6点回家——对于一个每晚只睡四五个小时的女人来说，这已经是很晚了。首相有时还养成了近乎君主的做派。"我们现在是祖母了"，她在20世纪80年代她第一个孙子出生时发表评论。接受1982年从马尔维纳斯群岛（福克兰群岛）战争中胜利归来的部队人员敬礼的是撒切尔，而不是女王。但在女王面前，撒切尔夫人在公开场合的反应几乎是顺从的。在那里她又是玛格丽特·罗伯茨，来自林肯郡格兰瑟姆的杂货商的女儿，君主制的坚定支持者，只是对目前的在位者有些保留。

无法想象有两个更不同的女人：一个喜欢对抗，不放过她同时代人的感受；另一个则不惜一切代价避免冲突，由于她的国家职务，她不得不避免冲突。一方面，撒切尔是后起之秀，不受保守党贵族或上层阶级的约束，她是通过自己的努力和成就走上来的；另一方面，女王代表了世袭贵族的最高层，一切责任都落到了她的头上。这种分歧过去也曾存在，例如在君主和工党首相哈罗德·威尔逊之间，但威尔逊与女王相处得特别好。撒切尔夫人有个特点，她在自己的队伍中是一个阶级反叛者，不想与有特权的保守党老爷们及其与王室的亲近有任何关系。因此，她和伊丽莎白在两个方向上都保持着潜在的屈尊俯就：女王认为撒切尔的改革相当粗暴，而撒切尔则认为王宫相当无关紧要和无能。从她们各自的观点来看，两者都是正确的。

王室无法公开为自己辩护，只能依靠愿意为其说话的朋友。于是1986年7月，《星期日泰晤士报》在头版刊登了一则来自消息灵通人士的丑闻，正如他们在这种场合所说。这些人士来自王宫，他们说的话丝毫不加修饰。有一种说法是，女王担心政府正在破坏英国政治中的共识，在女王看来，这种共识自战后一直为国家服务。一些读者可能认为，现在才关注这个问题有点晚了，因为撒切尔夫人在1986年就已经成功地破坏甚至粉碎了这种共识。但其中涉及的是更个人化的评价：伊丽莎白发现撒切尔夫人"没有同情心、喜欢对抗，是一个社会分裂者"。对此，同时代的人也只能耸耸肩：这一切是多么众所周知。

第十章　团结与分歧　　243

更令人兴奋的是该报的总结,它支持伊丽莎白。女王绝不是个喜欢谈论马和狗的乡下祖母;相反,她是个精明的政治运动家。当她受到挑衅时,她不会止步于唐宁街。与人们普遍认为的相反,这种挑衅往往来自政治上的右派而不是左派。因此,女王更倾向于中左派,像她的儿子查尔斯一样,关注城市内部的衰败和对弱势群体缺乏帮助——当然,也关注英联邦。简而言之,如果她是保守党人,她显然是"极端温和"的一员。

把这样的言论放进女王的嘴里是不是太牵强?人们不得不假设,像伊丽莎白二世这样恪守宪法的女性永远不会变得如此政治化,甚至在与她的私人工作人员交谈时也是如此。如果作为立宪君主,她对自己的政府持有这样的立场,会不会引起一场国家危机?当然,人们并不确定。尽管女王的谨慎受到高度尊重,但她只是个普通人,很难避免偶尔发泄的内心情绪,例如向她当时的新闻秘书迈克尔·谢(Michael Shea)发泄,《星期日泰晤士报》的主编安德鲁·尼尔(Andrew Neil)后来在他的回忆录中指出他是轰动性新闻的来源。宫廷官员们只是厌倦了像伯奇尔那样的攻击,而重新上阵——不请自来,但他们知道自己在说什么。最后,这里证实了在此期间撒切尔的手术刀割得有多深,伤口一直触及王室。

将威尔士亲王卷入其中也不再是特别新颖的做法,因为查尔斯早已找到了自己的公共角色,那就是对轻率的现代主义及其技术上的副作用的警戒,无论是在医学、农业、环境还是建筑方面。早在1982年,这位王位继承人就对"城市内部的衰败"

提出了警告。在圣保罗大教堂附近的帕特诺斯特广场的重建项目中,他要审查 7 名入围者时,以挑战的口吻谴责了他们因循守旧的现代主义:"有一点你必须交给德国空军——在摧毁我们的建筑后,它没有留下比废墟更令人反感的东西了;我们在这方面更成功。"有人甚至引用查尔斯的话说,他可能有一天会继承一个"分裂的国家"。

他很快就发现自己面临的分歧有多大——但不是因为撒切尔夫人的政策,而是因为他自己的生活以及他面对的考验和磨难。

第十一章

沉默的魔戒
——女王有权解释吗？

"正是因为我们不知道女王在想什么,所以她才会如此成功。"

——莫里斯·肖克爵士,英国历史学家

"我有这样一张脸,如果我不笑一次,就会立刻显得脸色发青。"

——女王在1953年至1954年的世界出巡中

"如果你不再需要我们了,那么让我们以友好的方式结束这种关系。"

——菲利普亲王在加拿大渥太华的新闻发布会上,1969年

Elizabeth II.

在讨论威尔士亲王、现在的查尔斯三世的命运之前，我们必须先谈一谈这位母亲、这位永恒的女王。伊丽莎白二世不容易被理解，甚至很难找到一个共同点，因为她的性格完全被隐藏在她公开的外表下。关于她的一切都是重复的表演，70年来的老一套是图画书上的表演套路，就像她的母亲、王太后已经掌握的那样。矛盾的是，这只会增加她们的受欢迎程度，正如历史学家和散文家保罗·约翰逊（Paul Johnson）所写的那样，英国人对那些在很长一段时间内总是做完全一样的工作的人有着特别高的敬意。"和每年一样的程序。"[1] 这句话是在王太后100岁生日时说的，她知道如何以自己的方式在她一生的几十年中塑造王室的形象并受到不变的尊重，但她也具有不变的自发性行为，因她手中不可缺少的一杯金汤力酒而变得有人情味。她的女儿——女王，走在同样的轨道上，没有那么轻松愉快，即使她在决定性时刻的出现——正如关于英联邦的前一章所证明的——涉及的不仅仅是空洞的姿态。这就说明了王室职务所带来的重量，而在1952年乔治六世去世后，王太后不必再背负这一职务。

1981年在97岁高龄时去世的维多利亚女王的最后一个孙女阿斯隆夫人爱丽丝公主（Prinzessin Alice, Lady Athlone），曾经

---

[1] 来源于由英国喜剧演员弗莱迪·弗林顿(Freddie Frinton)创作的18分钟的小品，同时也是德国新年前夜的固定电视节目，自1963年以来每年都在播放。这部小品中的著名台词"和每年一样的程序，詹姆斯！"是德国人尽皆知的名句，在英国也是无人不知。

这样描述过这种无休止的训练的艺术或痛苦："只有那些从年轻时就为这种磨难接受训练的人,才能有足够的仁慈和克制,坚持到最后。"当然,这直指伊丽莎白。对此,女王在1992年即她登基40周年的那一年,在英国广播公司纪录片《伊丽莎白女王》中发表了一个引人注目的评论:"我完全相信,训练最终可能是许多事情的答案。如果你接受过适当的训练,就能完成很多事情,我希望我的情况就是这样。"本·皮姆洛特为他的女王传记挖出了这段话,他对这段话进行了讽刺:"女王在这里与其说是作为王室马厩的主人说话,不如说是作为其中一个平民。"

当然,这并不是对她性格的详尽解释。在训练中,女王得到的是内心的绝对平静,与一切可能使她不安的事物保持距离,泰山崩于前而色不变。然后,诸如此类的习惯性冷静就会在各种事件处理中占上风。1982年7月9日的一个著名事件就证明了这一点。一名32岁的失业男子一大早就通过排水沟钻进了白金汉宫,并最终找到了女王的卧室。在拉开窗帘让更多光线进入后,他坐在了女王的床上。被惊醒的女王回应了该男子的请求,与他谈论英国贫困人口的危机状况来化解这一幕。由她发出的警报信号被内务部误认为是技术性错误,直到她以给该男子的伤手找绷带为借口起身,亲自召唤救援。一想到可能发生的事情,宫廷就被惊恐笼罩,而女王告诉她的侍女这件事后继续做她的日常工作,仿佛什么都没有发生。前一年(1981年)也是如此,在她的生日游行"王室阅兵典礼"(Trooping the Colour)中,一名男子向她和她的马匹发射了6枚空包弹,周围的人对此惊慌失措，她自己则冷静地控制着缰绳。

像她的祖父乔治五世和她的父亲乔治六世一样，伊丽莎白二世结合了王室的威严和个人的朴素光环。她在表面背后是什么样的人，只能由那些接近过她的人判断。在某些一致的判断中，她可能是很随意的，例如巧妙地讽刺某些人物，最好是她刚刚与之交谈过的在位的首脑，那她就可以通过模仿他们来进行讽刺。有时她甚至允许她的幽默在更大的圈子里面自由发挥。2005年4月9日，她的儿子和卡米拉·帕克－鲍尔斯结婚后，在温莎城堡为800名宾客举行的招待会上就是如此。"我有两个重要的消息要宣布，"她举起手说，"第一个是障碍猎人赢得了全国赛马。"英国著名的马匹障碍赛及世界闻名的跨栏赛只是她妙语前的抛砖，她接着说，"第二个是我儿子和他所爱的女人站在了终点线上。他们经历了艰难的跳跃——例如毕氏溪流（Becher's Brook，马术中最难的跳跃），或障碍椅（Chair，马术中最高、最长、最窄的障碍），以及其他各种可怕的障碍。但现在他们在胜利者的座位上。"

这样展现幽默的时刻已经很罕见了。通常情况下，伊丽莎白作为公众人物在非常狭窄的范围内活动，有时使她看起来好像没有任何个性。这是为像城堡围墙一样竖立在英国君主制周围的极度谨慎所付出的代价。人们不能说这对女王来说特别不方便；相反，这条警戒线完全对应于王室在自己和它所展示的所有情感世界之间设置的护城河。但是，如果君主制被如此多的谨慎和克制包围，那么它的承载者——女王，就有可能最终看起来不总是君主，而像个受制于礼仪的人。换句话说，她表现出了比她应该表现出的更少的自发性，如果不是君主自身，谁会有资格抛开一些套在她身上的枷锁？

例如，1837年18岁就登上王位的维多利亚女王，早期就有这种自发性的生动例子。她作为公主时写道，"开朗和快乐"是她的"滋补品"，是她的补药。甚至在1838年6月的登基仪式上，她也给王国的贵族们留下了深刻的印象。维多利亚年迈的叔叔们在她面前隆重地屈膝，她向他们伸出了双手，并热情地拥抱了他们。她的婚姻随着阿尔伯特亲王在1861年英年早逝戛然而止，在此前的日子里，嬉戏和节日娱乐是每天的主旋律。费利克斯·门德尔松－巴托尔迪（Felix Mendelssohn-Bartholdy）是宫廷的常客，他的清唱剧《保卢斯》(*Paulus*)和《以利亚》(*Elias*)在英国受到了热烈的欢迎，后者于1846年在伯明翰首演。女王和她的丈夫是重度的音乐爱好者，他们唱歌，熟练地进行钢琴四手联弹，并在门德尔松访问英国时邀请他到白金汉宫一起演奏音乐。门德尔松在这对王室夫妇面前第一次表演了他的许多"无字歌"。他自己对宫廷主人的音乐能力有很高的评价——也许只是出于礼貌？

100多年后，伦敦的宫廷礼仪变得更加维多利亚式，这个词在19世纪下半叶的含义是清规戒律、矜持或冷漠的。如果考虑到伊丽莎白的成长经历和她那一代人对情感暴露的习惯性厌恶，那就没什么是可以期待的。毕竟女王从小就被教育要表现出公共礼仪，要控制自己，从不哭泣。比如说，她在25岁时登上王

收藏的瞬间：女王与她最喜爱的马匹贝西（Betsy）
在桑德林汉姆，1964 年。

[照片来源：戈弗雷·阿根特（Godfrey Argent）]

第十一章 沉默的魔戒——女王有权解释吗？

位，父母的影响和伯伯的退位使她充满了绝对的责任感。作为一个年轻的女人，她忙于学习王室的职责，没有空间和时间来照顾她的前两个孩子。1953年至1954年，女王从为期6个月的英联邦之旅回来后，做的第一件事就是花了4天时间研究国务文件，并在阿斯科特赛马场花了1天时间，然后"迎接"了她5岁的儿子。儿子和女儿私下也必须向母亲鞠躬行礼。传记作者格雷厄姆·特纳（Graham Turner）从宫廷圈子里了解到，当他们长大后，女王拒绝通过电话与他们交流，而是坚持如果他们想要见母亲，必须进行适当的预约。一个秘密的声音向历史学家透露："只要伊丽莎白把她花在养马上的一半时间用在养育孩子上，王室就会免去许多危机。"

前外交大臣道格拉斯·赫德（Douglas Hurd）曾评论说，伊丽莎白的"宪法机制"运作完美，但她的"情感机制"却功能失调。正如女王的一位表亲帕特里夏·蒙巴顿夫人为伊丽莎白辩护时所说，在作为国家元首的生活过程中，在强加的永久自我控制下，她在私下里一定会变得越来越难以表达情感。赫德甚至表示，女王"几乎把自己的情绪训练出来了"。1992年为英国广播公司撰写纪录片《伊丽莎白女王》剧本的安东尼·杰伊（Antony Jay）评论说："对于那些在情感上如此疏离的人来说，机构变得比家庭更重要。有些东西很早就被封住了，在女王看来，这就是一种力量。如果感情用事，她就无法完成她的工作。"但前面提到的格雷厄姆·特纳报告说，伊丽莎白经常责备自己因为国家和国家职责而忽视甚至牺牲自己的家庭。

可怕的一年：1992。

1992 年 11 月 21 日温莎城堡火灾后的伊丽莎白二世。

（照片来源：ROTA）

"情商"是较晚出现的一个术语，它不适合于理解女王这一代人。在这一代人中，"僵硬的上唇"、含蓄的态度是生活中的一部分。因此，今天的英国人更多地依赖于王室的孙辈，例如威廉王子和凯瑟琳王妃，他们希望剑桥公爵和公爵夫人使宫廷礼仪更加平易近人，而不是在自己和公众之间——更不用说在彼此之间——建立一种否定感情的态度。

关于女王有时令人好奇的冷漠，许多人都有自己的故事版本。例如，已经多次提到的历史学家本·皮姆洛特，因其在1996年出版的女王传记而受到表彰，他被邀请与其他受表彰的人物一起参加在温莎城堡举行的午餐会。但女王对皮姆洛特的这本畅销书评论过一句话吗？没有！当然，皮姆洛特不会感到惊讶，因为他曾写道，女王从不喜欢在一个问题上纠缠太久，"尤其是深奥的问题"，她觉得"在动物和事务总管的世界里最自在"。海伦·米伦（Helen Mirren）这位被授予"女爵士"称号（相当于爵士）的电影演员在电影《女王》（*The Queen*）面世之后给伊丽莎白写信，说她为在其中扮演女王感到非常荣幸。作为回应，她收到了一封来自一位代表女王的女官的感谢信，但信中没有提到女王是否看过这部电影。她可能没有看，因为《女王》展示了1997年的微妙篇章，当时伊丽莎白对戴安娜的死表现出的非常拘谨的反应，使她的形象相当不佳。而"公司"的危机很少由负责人公开面对——那么为什么要以电影的形式演绎这样一场危机，而且是以她作为危机中的主要人物呢？这是否说明她凌驾于一切之上？人们不知道。

　　谨慎和克制也体现在女王的身体语言上。20世纪70年代，伊丽莎白和菲利普亲王对伊朗进行了访问，其间拜访了一个盲人之家。在这个场合，伊朗王后法拉赫·迪巴（Farah Diba）跪下来抚摸一些孩子，而女王则站在旁边看着，没有采用这种姿态。1995年5月，欧洲战争结束50周年的庆祝活动，包括在伦敦海德公园举行的一个仪式，出席的每个政府和国家元首都牵着他们国家的一个孩子的手，把他们带到"和平地球"，这是庆祝活动的象征性中心。女王则没有这样做。

　　据说伊丽莎白如此矜持，不仅是因为国家元首训练有素的距离感，还因为她害怕自己的感情，这也是她抚养自己的孩子的一个障碍。但人们也可以使用更简单的解释：君主对民粹主义的姿态感到不舒服，她从来没有做过任何特别的努力来笼络人心。然而，在圣诞节，她可以对所有感到不被爱的人如此热烈地表达爱。与其他君主相比，她更经常在公开场合发表对令她动容的具体事物的见解，例如1992年11月在伦敦市政厅的一次著名演讲中，她谈到了她的"可怕的一年"。那一年她的家庭丑闻和失望堆积如山，随后，温莎城堡发生了毁灭性的火灾，使情况变得更糟。当时，女王甚至承认，为了君主制的未来，她必须从这类事件中吸取教训。

　　在圣保罗大教堂举行的2001年9月11日恐怖袭击受害者的葬礼上，她的眼睛甚至罕见地泛起了泪光——可能是因为在同一个9月11日，她最好的朋友、知己和在所有养马问题上长期

伊丽莎白二世在皇家游艇"不列颠尼亚号"上,1972年3月18日。

[照片来源:利奇菲尔德(Lichfield)/盖蒂图片社]

亲密交流的波切斯特勋爵去世了,1945年5月8日她和他在伦敦的街道上兴高采烈地庆祝了战争结束。甚至在1997年12月11日,在朴次茅斯海港举行的皇家游艇"不列颠尼亚号"退役仪式上,伊丽莎白也忍不住流下了一滴眼泪,并谨慎地擦去了。"不列颠尼亚号"于1953年下水,在菲利普亲王的悉心指导下设计和安装,完成了968次正式航行,同时也是女王和她的家人的私人"避难所"——一个他们可以真正放松的地方,正如女王在多个场合承认的那样。成本问题和政府节约的需要最终促使议会在44年后关闭了这个"避难所"。

关于谨慎的主题还包括一个流行问题:"女王到底在想什么?她对当时的问题有什么看法?"这几乎永远得不到回答。"正是因为我们不知道女王在想什么,所以她才会如此成功。"历史学家莫里斯·肖克爵士(Sir Maurice Shock)曾经恰当地指出。与民选总统不同,你永远不会听到她发表政治演讲,而且作为立宪君主,她也完全服从议会和政府的指示。至少这使女王免受所有政治猜疑的影响。但代价是什么呢?70多年来,世界上没有人像这位女王一样精通当代历史。她在位期间,已经与15位首相进行了商谈,要么是在首相与她的日常会面中,要么是在9月份,届时每位政府首脑都会尽职尽责地前往巴尔莫勒尔城堡度周末,并被纳入王室的核心家庭圈。再加上与世界各国国家元首和政治家的会谈——这个女人,一个行走的历史宝库,能告诉我们什么呢?!但这些内容几乎都没有传达给公众,女王将把巨量的知识带入坟墓。一本自传,就像政治家们喜欢在任期结束后出版的自传一样,对她来说是不可能的。如果你想作为一个(前)君主写回忆录,必须像爱德华八世那样退位。只有在伊丽莎白去世后很长一段时间,学者们才能有机会接触到她的私人文件,也只有到那时,我们才能知道女王所谓的日记里有什么内容,以及它是否包含更多诸如她的祖父留给世界的私人记事那样的平淡细节。

除了对女王本人施加的保密法之外,还有第二条保密法,规定与女王的谈话不得有一字泄露。实际上谨慎是最高的戒律。然而,如果我们偶尔从这种沉默的文化中注意到一些东西,那只是因为在与女王会面后,总是有一些轻率的人打破这条戒律——朋友、客人、政治家。2010年秋,工党政治家罗伊·哈特斯利(Roy Hattersley)在已故前党魁迈克尔·福特(Michael Foot)的追悼会上不检点地透露了一则小道消息。哈特斯利和福特在40年前是王室委员会的成员。这是一个由高级议员组成的机构,定期与女王会面进行辩论。1981年,西班牙国王胡安·卡洛斯(Juan Carlos)曾向伊丽莎白抱怨说,查尔斯和戴安娜还计划在蜜月期间乘坐皇家游艇"不列颠尼亚号"在直布罗陀停靠,这是位于西班牙南端,马德里和伦敦之间有争议的领土。胡安·卡洛斯因此也没有参加查尔斯和戴安娜在1981年夏天举行的婚礼。根据哈特斯利的说法,女王向王室委员会报告:"我告诉国王这是我的儿子,这是我的游艇,这是我的港口。"她是自大的、略带沙文主义的女王。你简直可以看到哈特斯利这个消息的传递者，一边听一边在鼓掌。

一些内部人士会出于虚荣心而做出不检点的行为，如首相托尼·布莱尔在其自传《我的方式》(*Mein Weg*，2010年)中，将1997年9月威尔士王妃葬礼后在巴尔莫勒尔度过的周末描述为"迷人、超现实和极度怪异的混合体"。见到女王和她的家人时感到"极度怪异"？这些在过去会导致他被直接撤职，但现代一切行为变得更加大胆。关于与君主的谈话，我们读到"我提到，现在必须从戴安娜的死亡中吸取某些教训"。他把自己比作给女王讲课的政治家——一个强有力的例子。布莱尔得意扬扬地继续说："事后我想到，这可能是我有点放肆，在我们谈话的某些时候，女王也从上面表现出某种冷静。但最后她承认，人确实必须把某些教训记在心里。"伊丽莎白与布莱尔的关系从来都不是最好的，诚然，没有像与撒切尔夫人的关系那样紧张。布莱尔的妻子切丽（Cherie）以反君主制的立场而闻名，她在会见女王时坚决拒绝行礼，这对首相没有帮助。女王用一句委婉的话来反击："每次我进入切丽·布莱尔也在的房间，我都能实实在在地感觉到她膝盖僵硬。"你看，即使是女王——或宫廷——也知道如何打破礼仪，在这种情况下，当符合自己的利益时，就会打破谨慎的规定。从未被允许做出个人反应的君主，总是能想方设法让人听到自己的声音。

哈罗德·威尔逊和女王喜欢交流八卦，政府首脑不时将这些八卦传给他的团队，包括新闻秘书乔·海因斯（Joe Haines）不小心泄露的这个八卦：女王曾问她的首相是否知道更多关于法国总统吉斯卡尔·德斯坦夜间在巴黎寻找身材匀称的年轻女士的事情。沿着这种好奇心之路，尤塔·法尔克-伊辛格（Jutta Falke-Ischinger）在一位宫廷朋友的帮助下完成了她的回忆录《请问哪条路通往女王？》(*Wo bitte geht's zur Queen?*)，这位朋友显然也是八卦爱好者。2009年3月，在为萨科齐（Sarkozy）总统和他迷人的妻子卡拉·布鲁尼（Carla Bruni）举行的国宴之后，这位宫廷朋友问女王："女王陛下享受这个夜晚吗？"女王的回答相当敷衍："很好。"然后，更隐秘的是，"这位总统，他整天都很活跃，而且我相信他也是整晚都在活动。"

最近，鲍里斯·约翰逊为我们展现了他决心要透露给人民的女王的轻率言论。那是2019年的夏天，英国下议院处于绝对的混乱之中，每一个新的"脱欧"法案都被淹没在各党派的争吵，不，是咆哮中，而议长则在"秩序！"的喊声中努力使自己的声音被听到和受尊重。在此期间，由于来自党派内部的反对，特雷莎·梅（Theresa May）的选举失败了——保守党选举鲍里斯·约翰逊为其继任者。随后，他必须前往白金汉宫，并由女王认证为新首相。人们从约翰逊那得知，女王在与他的谈话中近乎调侃地说："我不知道怎么今天还会有人想当英国首相。"

女王的沉默给她带来了高度的不可侵犯性——直到1997年8月31日之后的那个星期，谨慎和克制使她比以往任何时候都更容易受到伤害，她被迫在电视上就儿媳妇戴安娜的死亡发表讲话。

人们如何诠释女王？也许从她的面部表情来看？世界也伴随着它成长，这些不同阶段的表情就像王室道具室里面的面具。这些面具没有表现出太多不同，要么是一个光芒四射的微笑，即使在70多年后仍然魅力不减，要么是一个长期过度曝光的公众人物的典型表情，女王每年都要接触成千上万的手，忍受成千上万的零星谈话，并总是显得同样开朗和好奇。但也有例外，然后，伊丽莎白脸上的阴沉和轻微的固执神情，就流露出来了。这正是每个人都必须面对的面部表情问题，尤其是像女王这样处于显赫地位的人，这只会让她更有人情味。

令人惊讶的是，我们有很多关于维持相同表情背后的辛劳的证词，包括来自女王本人的证词，她从很小的时候就关注如何在持续的公众压力下保持对面部表情的控制。1949年10月，她与菲利普一起代替生病的父亲前往加拿大进行首次官方的出国旅行时，她就对私人秘书马丁·查特里斯爵士抱怨她的脸笑得有多疼，而她当时只有23岁。1952年11月，当她作为尚未加冕的新国家元首在议会开幕式上首次发表政府声明时，所有人的目光都在评估她的外表和面部表情——可能比听她的话要专注得多。在上议院的观众席上，坐着最敏锐的观察者之一、摄影师塞西尔·比顿，他事后在日记中指出（当代英国历史上有很多公众人物不断坚持写和发表日记，日记是历史学家的宝库）："她的眼睛不是一个忙碌、猎奇的人的眼睛。她带着一丝怜悯看着观众，微笑示意使她原本笨拙的嘴巴变得明媚起来。"这些都是文学性的句子，是精英阶层的典型表达方式，他们喜欢与自己的感情保持距离，以便更敏锐地捕捉他人的感情表达。

她在 1953 年至 1954 年的第一次世界出巡，持续了近 6 个月，她有充足的机会自我批评地反思她"笨拙的嘴"，而后面几个小时她又不得不带着永久微笑。在这次旅行的文件中，有一段年轻女王对一位澳大利亚组织者的发言，她向这位组织者感叹自己的痛苦："这实在是太糟糕了，我有这样一张脸，如果我不笑一次，就会立刻显得脸色发青。但那根本不是我。如果你不得不连续两个小时不停地微笑，最终会紧张地抽搐。但我一停止微笑，就有人看见我说：'她看起来脾气好坏啊！'"在伊丽莎白加冕之前，哈罗德·尼科尔森（本书已多次引用他的话）就已经发表了类似评论。在他被授予骑士身份之后，他在日记中写道（但明智地没有将其列入出版版本）："一个训练有素的年轻女子，知道如何展现优雅和尊严。偶尔她的脸失去了所有的活力，变成了无聊的甚至几乎是愠怒的面具。"

后来，在 20 世纪 60 年代，当工党执政时，我们在理查德·克罗斯曼（Richard Crossman）的三卷本《内阁大臣日记》（*Tagebuch eines Kabinettsministers*）中再次得到了证词。他担心"有时在女王的面部表情所传达的信息与她的实际感受之间存在鸿沟"。克罗斯曼是王室委员会的成员，从他与女王的接触中可以知道他在写什么。他指出，女王自己也"非常不耐烦地"意识到了这种鸿沟，并继续说"当她被某件事情深深打动时，她可能看起来像一片雷雨云。当她被观众的掌声特别感动到时，她看起来心情非常糟糕"。

也许地球村会为一个以坚忍不拔的态度履行职责，偶尔会不由自主地看起来像一片雷雨云或戴着无聊的面具的女人提供减轻痛苦的环境。更值得注意的是，女王在露面时所表现出的纯粹的身体上的坚韧，她曾在1976年对美国进行国事访问时向陪同她的外交大臣的妻子安东尼·克罗斯兰（Anthony Crosland）解释说："你看，苏珊，"她把她的晚礼服稍稍提过脚踝，"你的脚这样放，始终平行。你只需确保重量是均匀分布的。"当然，这是小菜一碟。在她96年的生命和70年不间断的工作中，她一直使她的体重"均匀分布"。

但是，围绕白金汉宫竖起的沉默之墙阻碍了我们从外面往里看的同时，女王也要苦苦思索外面的世界、她的人民、她的臣民（有时并非在严格意义上这样称呼）。那里潜藏的多样性比女王在旅行中或电视上看到的要多，在王宫里被宫廷官员们包围是她的常态，实际上她感到不寻常的是其他人的生活。她十几岁时不是经常站在白金汉宫的窗前，盯着林荫大道，想知道所有这些喧嚣背后的模式是什么吗？你怎样才能做到这一点，你怎样才能听到公众的心声，因为君主制的持续存在有赖于他们的认可？除了罗伯特·伍斯特爵士（Sir Robert Worcester）和他的民调公司伊普索斯莫里公司（Ipsos MORI）在过去50年里为王室进行的定期民意分析外，没有多少指标能让女王了解公众在某一特定时刻对君主制的立场。在群情激动的时刻，如戴安娜去世后，可能更容易了解群众的立场：媒体在当时愤怒地阐明了自己的观点,让王宫知道了这几个小时所发生的事情。

但这就像给编辑写信的人一样:大多数人发言是因为他们有批评意见,只有少数人觉得有表达赞扬的冲动。因此,君主制也发现特别难以评估它在公众舆论中拥有的资本。因此,在评估某项庆祝活动,即王室日历上即将到来的某项活动受到多大期待时,宫廷一再陷入权宜之计的悲观之中。宫廷时常会对人们的积极反应感到惊讶,特别是在经济困难时期,有人推测,人们并不真正想要庆祝。

例如,在黑暗的70年代就是这样。1977年,女王的银禧年庆典即将到来,朋克团体"性手枪"(The Sex Pistols)曾以"上帝保佑女王/法西斯政权"进行了预热。这个国家的经济已经崩溃,国际货币基金组织不得不向英国提供贷款,以使其免于金融崩溃——在这种情况下,谁还有心情参加全国性的庆祝活动?预言家们警告说,在当时的情况下,只能期望人们进行小规模的庆祝。实际上相反:女王银禧年庆典成为王室史上的一个亮点。伊丽莎白在5月至7月间在她的国家的24个城市进行了胜利之旅,甚至到了北爱尔兰的贝尔法斯特和伦敦德里,尽管那里正在进行内战,天主教和新教双方都遭到了恐怖袭击。横跨英国的旅程,还有女王对英联邦的访问——2月和3月访问了西萨摩亚、汤加、斐济、新西兰、巴布亚新几内亚和澳大利亚,10月访问了巴哈马、英属维尔京群岛、安提瓜、巴巴多斯和加拿大,总共约9万千米。王冠更像是一台永动机。

伊丽莎白二世对她所到之处人们的自发欢呼和对这种感情

的表达感到惊讶,就像她的祖父乔治五世在 1935 年庆祝他的银禧年时一样。他们两人都不知道自己在人民中有多受欢迎,这与王宫和街上的民众之间的距离文化有很大关系,隔着这些墙,他们无法看到。但也与发表的意见有关,这些意见往往受到知识分子谈话的影响,更倾向于持怀疑态度,而不是亲君主的态度;这是良好的英国风气的一部分,在有疑问的情况下,更倾向于讽刺而不是喝彩。然而现实在个案的基础上看起来非常不同。1935 年,在伦敦的一些贫民窟,可以看到"贫穷但忠诚"之类的虔诚口号。甚至在英国工人阶级中,即使长期以来他们在资本主义制度下处境艰难,也欣然让统治者免受批评。乔治·奥威尔在他 1947 年的文章《英国人民》中,回忆了他 1935 年在伦敦东区遇到的一张海报:"国王万岁,打倒地主!"

知识分子喜欢对这一现象视而不见,因为他们在王室中看到的是过时的、反平等主义原则的缩影,不想承认大多数人一直在唱不同的乐谱。底层的人基本上令人惊讶地与顶层的人相处得非常好。在这里,要再次提及鲁德亚德·吉卜林,他在 1897 年,即维多利亚女王的钻石禧年写道,"乘坐铁路三等车厢的人们——他们会拯救我们"。统治者是普通人的盟友,这被认为是一个长期确立的原则——诚然,在几十年来关于王室丑闻的头条新闻中,人们已经忘记了这一点,当时越来越多的人谈论的是"功能失调"的王室。

同样是在 1947 年,在菲利普和他的公主即王位继承人伊丽莎白的婚礼上,出现了传统意义上的惊讶:在战后极度贫困的时代，人们从未预料到的庆祝程度。55年后，在2002年的女王金禧年再次重演：女王获得的压倒性认可让所有人都感到惊讶，最惊讶的是共和党人，即英国共和国的支持者，他们认为1997年后他们的时代已经到来，君主制已经没有用处了。在2002年这个金禧年的春天，当女王母亲在101岁去世时，他们已经犯了错误，认为她的死亡实际上只值得为王权本身写讣告。但在威斯敏斯特宫向王太后致敬的数十万人明显地驳斥了这一假设——正如2022年，人们为了在世纪女王身前鞠躬而排起了长龙。

然而，查尔斯三世不能而且永远不会在所谓的安全的接受基础上休息；君主制度的长寿可能会引起人们的恐惧，担心有一天一切会像梦一样破灭。对于这一刻，菲利普亲王早在多年前就已经发表了预期评论。他于1969年在加拿大首都渥太华的一次新闻发布会上发表的讲话，最初是指在长期忠于王室的加拿大，有脱离英联邦的倾向，并要解除女王作为国家元首的职务。但菲利普的话也是针对国内观众的："如果你不再需要我们了，那么让我们以友好的方式结束这种关系，而不是在争端中。王室的未来取决于属于这个大家庭的每一个国家。如果一个国家的人民决定不再接受王室，那么就让他们改变现状。这取决于人民自己。"

最重要的是，君主制的长期承载者——女王——必须考虑人民是否接受君主制。世袭君主制包括这样一种观念，即这是被大多数"臣民"所接受和珍视的一种遗产，这一点必须一再得到保证。在君主肩上的所有责任中，这也许是最大的责任。

1997年11月，在伦敦市市长为纪念伊丽莎白二世的金婚纪念日而举行的宴会上，女王对这个问题做了阐述。"与政府一样，君主制的存在完全取决于民众的支持和共识，"她说道，然后继续以一种几乎嫉妒的眼光看待政治世界，"对政治家的支持是通过投票箱决定的。但对我们王室来说，信息往往更难读懂，因为它可能被恭维、修辞和公众舆论中相互冲突的潮流所掩盖。但我们必须阅读它。"

1997年也是威尔士王妃戴安娜·斯宾塞夫人悲惨结局的一年。这一年对温莎家族来说是一个重要的教训，当时王室从公众舆论中读到的信息是近代以来英国王室历史上影响持久的遗产的一部分。

第十二章

查尔斯、戴安娜
和 1997 年的重大事件

"英国的王室现在被确定为家庭生活模范。"

——《泰晤士报》关于查尔斯和戴安娜的婚礼，1981年7月

"我们的婚姻里有三个人，所以有点拥挤。"

——1995年11月，戴安娜在接受英国广播公司的电视采访时说

"在戴安娜身上，世界看到了一个新的君主制，自发而平易近人，不关心礼节，关心人民。"

——《泰晤士报》，1997年9月4日

"数以百万计从未见过她但觉得自己认识她的人将记住她。"

——伊丽莎白二世在1997年9月5日的电视讲话中说

Elizabeth II.

简·奥斯汀（Jane Austen）在她的小说《傲慢与偏见》（*Stolz und Vorurteil*）的开头写道："一个拥有财富的单身汉最需要的莫过于一个女人，这是一个公认的真理。"在20世纪70年代，没有人比威尔士亲王查尔斯更适用这句话：他不是普通的单身汉，而是英国王位的继承人。查尔斯在结束了他的海军生涯后，曾投身于情色的圆舞曲中，赢得了"花花王子"的称号。他的一些恋情甚至通过了"巴尔莫勒尔测试"，即在传统仲夏周期间苏格兰高地王室住所，女王用严厉的目光对他进行审查。但他没有找到真正的配偶——不管是女士们对在宫廷金丝笼里生活的想法望而却步（查尔斯对此深有体会），还是她们甚至在那时就感觉到了谁是王子的真爱——卡米拉·尚德。但她在1973年就已经结婚了，查尔斯没有能力也不愿意将他们自1971年夏天第一次见面时双方的感情转化为对婚姻的承诺。王子出生于1948年，他觉得自己太年轻了，卡米拉在贵族阶层中的地位不够高，而且做一个明确的决定从来都不是王子的强项。

1973年夏天，当查尔斯从加勒比海为期几个月的海军任务中回来时，他看到了他的犹豫所造成的后果：卡米拉嫁给了他的竞争对手、皇家骑兵团的军官安德鲁·帕克-鲍尔斯（Andrew Parker-Bowles）。虽然有两个孩子，但帕克-鲍尔斯夫妇的婚姻是"开放的"，对婚外情放任自流，因此查尔斯能够继续和卡米拉联络。对这个女人，正如他向他的传记作者乔纳森·丁布尔比承认的那样，他"几乎一见钟情"，就像他母亲在1939年一见菲利普就把心交出去一样。

1980年夏天，在苏塞克斯的一个朋友家的马球聚会上，查尔斯遇到了来自斯宾塞伯爵家族的戴安娜，他们的祖屋在北安普敦郡的阿尔索普。查尔斯认识斯宾塞夫妇，他曾与戴安娜的姐姐萨拉（Sarah）交往过一段时间。戴安娜对前一年发生在温莎家族身上的悲剧表示同情，而查尔斯仍未能接受这一悲剧：菲利普的舅舅、查尔斯的导师和祖父的替代者路易斯·蒙巴顿勋爵死于爱尔兰海岸的爱尔兰共和军暗杀行动。富有同情心的戴安娜对温莎家族的继承人低声说，他需要有人来照顾他。还有待证明的是，戴安娜自己更需要这样的支持。不管怎么说，戴安娜的安慰对查尔斯来说很有用，她随和的天性让威尔士亲王对她产生了好感。尤其是卡米拉建议他们结婚——她认为这个女孩是温顺的，不叛逆，是"一个安全的赌注"、一个没有风险的赌注，甚至对她这个查尔斯心爱的人来说也是如此。这真是个错误！9个月后，查尔斯和戴安娜订婚了。王子是在帕克-鲍尔斯的乡村庄园——威尔特郡的博勒德庄园——向她求婚的，离他自己的乡村地产即格洛斯特郡的海格洛夫不远。诸神的愤怒受到了挑战：悲剧开始了。

因此，让这个略显尘封的英国王室重新焕发活力的任务，就落在了一个19岁的少女身上，不久她就可以确定自己身上的公众影响力，她身上有了新的魅力，有了30年前自然落到伊丽莎白和玛格丽特身上的名人气质。但是，戴安娜案例中的美好假设很快就被证明是无法估量的。把这种期望的重担即希望王室繁荣卸在这个来自破碎但高贵的家庭的女孩的肩上，无异于与未来签订了一个轻率的协议。这就需要为毫无戒心的未来王妃考虑更多,仔细介绍宫廷的陷阱、礼仪、习惯。还有——这个要求是不是太过分了——男人对他的准新娘的爱。

但这些都没有给予戴安娜。宫廷照常工作,女王保持着正常的距离,一位官员递给戴安娜一本关于英国宪法的著作让她阅读。而准丈夫则投入他的公共职责中,在订婚和婚礼之间,即1981年2月至7月,把戴安娜抛在了脑后。这个32岁的人的心属于另一个人。悲剧的种子已经播下。与此同时,准妻子对自己的命运耿耿于怀,用她自己的话说,自己就像是一只"被带到屠宰场的羔羊",面对着迷失方向的痛苦,她甚至在结婚之前就已经患上了暴食症。

1981年春天,戴安娜在伦敦的一个文学晚会上遇到了摩纳哥王妃格蕾丝·凯利(Grace Kelly)。在洗手间里,她向摩纳哥亲王的妻子坦白了她的经历。"别担心,"王妃讽刺地说道,"情况只会越来越糟。"正如乔纳森·丁布尔比在1994年出版的查尔斯的传记中所说,就王室而言,他们以古老的方式,不问任何问题,不讨论任何问题,不知道戴安娜情感的波动,而是默默地认为一旦这位年轻的女人学会担任妻子和母亲的角色,一切都会好起来的,一切都会"根据王室的需要"发生。

据报道,剑桥公爵夫人即凯瑟琳·米德尔顿仔细研究了她已故婆婆的遭遇,以及她最后知道除了用自己的有力武器来保护自己之外没有其他办法。这样的历史并没有让她感到害怕,这一点在2010年11月她和威廉王子一起接受的第一次电视采访

第十二章 查尔斯、戴安娜和1997年的重大事件   275

中表现得很清楚,她在采访中自豪地展示了查尔斯王子在订婚时送给戴安娜的订婚戒指。她一点儿也不迷信,她把这枚戒指当作一个幸运的预兆。她,凯特·米德尔顿(凯特即凯瑟琳的简称),来自一个安全、和谐的家庭,不会遭受像她丈夫的母亲那样的命运。我们有充分的理由相信,公爵夫人29岁时(比戴安娜结婚时大9岁)步入婚姻,很可能是对的。而且,君主制只能从她和威廉王子之间明显的爱情中获益。

查尔斯和戴安娜的悲剧,随着1981年7月29日他们结婚的日子,进一步发展。即使在那时,温莎家族的"核心人物"也知道这里没有爱情盛典可言,但世人却被引导相信了这对梦幻般的夫妇的形象。坎特伯雷大主教兼英国圣公会教长罗伯特·伦西(Robert Runcie)显然也不在"核心人物"中。否则,他是否可以主持婚礼仪式,并无辜地说出在英国教会中结婚礼成时刻之前的那句话?"如果有人知道任何反对这两个人结合的理由,他就有义务凭良心宣布,否则就永远保持沉默。"谈到反对查尔斯和戴安娜结合的原因,在王室中早已是众所周知。这个原因的名字叫卡米拉,她嫁给了安德鲁·帕克-鲍尔斯。但没有人站出来说明这一情况。在现实生活中,这种事情是不会发生的。

伦西宣扬,这一婚姻是"团结的象征,是终身的伙伴关系",这对夫妇是"国家的代表人物,是童话故事的素材"。各种报道也同意这一观点。《泰晤士报》写道:"英国的王室现在被确定为家庭生活模范。"《每日电讯报》写道:"王室是我们公共生活中希望和价值的象征。"今天人们只能带着苦涩的忧郁来阅读这些评论。在温莎家族的历史上，没有什么比现在的国王查尔斯三世第一次婚姻的失败更能在无数的书籍和研究中得到如此深刻的阐释，这在一个荒诞的场景中表现得尤为突出。戴安娜在卡米拉问题上向她丈夫发难，她后来称卡米拉为"罗威纳犬"。然而查尔斯沮丧地回答："你真的指望我成为历史上第一位没有情妇的威尔士亲王吗？"这让人想起雷蒙德·卡尔关于英国贵族的一句话，他写道，婚外情是他们的"消遣"。这也是卡米拉和她丈夫的想法。

正如我们所看到的，戴安娜在宫廷舞台上的出现最初并没有改变任何事情。她做了职责所要求的事情：她生了两个儿子，即1982年出生的威廉和1984年出生的哈里，"一个继承人和一个备胎"——第二个是为了让人放心。第二顺位继承人即位的情况在英国王室历史上经常出现——亨利八世就是这样，还有乔治五世和他的儿子乔治六世，即伊丽莎白的父亲。

在1981年7月的那一天，只有一个声音没有被"童话"所俘获。著名的散文家简·莫里斯（Jan Morris）写给《泰晤士报》编辑的信在婚礼当天早上被该报刊登。"我希望在此记录，"她写道，"作为一个公民，我对这一天围绕着王位继承人的婚姻的浮夸、奢侈和谄媚表示厌恶并产生不安的预感。"她后来看到预言成真，回过头来评论说，她当时认为自己是在"见证罗曼诺夫家族的最后日子"，"庸俗的情绪"让她感到"肮脏险恶"，事后许多人写信给她，说他们被类似的预感所困扰。

但在杂志《乡村生活》(Country Life) 7月刊中,作者玛尔加尼塔·拉斯基 (Marghanita Laski) 创造了一个灰姑娘的反影像。灰姑娘只是"一个必要的女性神话,一个浪漫的故事,一种无法企及的美丽,一种我们想拥有的生活的幻想,一种比真实世界更有吸引力的生活"。

在大众对王室的想象中,对大多数人来说遥不可及的魅力和平淡无奇的现实之间的对比是一个常见的主题,不断诱惑人们使用童话和神话等隐喻,来描述这种对现在来说没有吸引力的光辉。一个诱惑——被王子找到的灰姑娘——将唤醒我们对童话故事的渴望。这种传统的迷恋已经被威尔士王妃与查尔斯王子的经历彻底打消了。像凯瑟琳·米德尔顿和威廉王子之间的王室恋情,不再以它包含多少神话和童话情节来衡量,而是看它是否符合正常的标准,它要求稳定、忠诚,简而言之则是可持续性,不再以童话的伪装来误导人们。然而,在2018年威廉的弟弟哈里与美国人梅根·马克尔 (Meghan Markle) 的婚礼上,英国人再次追随这样的"海市蜃楼",这一点将在后面讨论。光芒四射的新娘,动人的微笑,混血儿的出身——这些女性形象在2018年5月让全国人民陶醉。但可惜的是,持久性有限。凯特·米德尔顿和她的王子之间的结合给英国人留下特别深刻的印象是,在他们两个人身上似乎没有幻想世界和现实世界之间的鸿沟,他们不允许外表和现实不一致,而是在正常的基础上将幻想和现实融合在一起。一旦建立了这样的基础,人民就可以像2011年4月29日那样,更加轻松地庆祝闪亮的婚礼,因为没有人怀疑他们再次陷入了幻想的陷阱，正如7年后再次发生的那样，让人们普遍感到惊愕。

这几乎是现代童话的务实基础，在剑桥公爵和公爵夫人的案例中，"童话"二字可以不加引号来描述，其部分原因是与查尔斯和戴安娜不同，两人在结婚前已经经历了多年的共同生活，作为一种考验，他们能从中成长。从他们在苏格兰圣安德鲁斯大学第一次见面以来，包括2007年的短暂分离，已经过去了9年。在上文谈及的采访中，王子坦诚地谈到了这段漫长的等待。"我想确保，"他说，"凯瑟琳有机会看到我家里的生活是什么样的。如果她认为有必要，她应该能够看一看，并与之保持适当的距离——至少在这一切对她来说变得太过沉重之前。我正在努力从过去的经验中吸取教训，想给她最好的机会，让她平静地体验另一个世界是什么样。"哈里和梅根没有给自己这样的时间变成熟，苏塞克斯公爵夫人早期与王室疏远也就顺理成章了。

没有什么比在漫长的岁月中了解威廉王子和他的准新娘更能说明今天与40年前的巨大差距。威尔士亲王，即威廉的父亲，在与19岁的戴安娜·斯宾塞打交道仅几个月后，被他自己的父亲爱丁堡公爵告知，要向她表白或者断绝关系。重要的是，菲利普通过信件通知了他的儿子。鉴于他们紧张的关系，他们都缺乏必要的情感文化——或许是道德勇气？查尔斯把他父亲的信看作最后通牒，他给朋友们看的时候并不同意——这几行字只是一个忧心忡忡的父亲的表达，他担心媒体对戴安娜的炒作已经

第十二章 查尔斯、戴安娜和1997年的重大事件 279

开始，不希望看到这个女孩再受到影响。

但菲利普的动机则更深，父母并不是不知道他们的儿子与一个已婚妇女的关系，即使他们从未与他谈过此事。有一天，皇家骑兵团的一名成员甚至去找女王，报告他们的儿子与团级军官安德鲁·帕克-鲍尔斯的妻子有关系，"该团不喜欢这样"。莎拉·布拉德福德在她的伊丽莎白传记中写道，女王听到这个消息后"低头不语"，决心像往常一样不干涉孩子们的事务。但消息已经传开了，长子甚至在成为第二个爱德华八世的路上，他在与一个已婚女人的关系中把自己搞得一团糟了吗？查尔斯那时已经过了30岁，时间和继承权催促他建立一个家庭。

查尔斯也知道，而且他非常正确地理解了父亲的信——放下对戴安娜犹豫不决的想法，果断选择结婚。他向一位朋友透露了他的整个痛苦处境："我在相当未知的情况下进行的这种不寻常的跳跃——这一切看起来都很荒谬，因为我真的只想为这个国家和我的家庭做正确的事情。但我有时很害怕做出承诺，然后我就会后悔。"根据当时王室的道德认识，通过给王位继承人时间尝试与戴安娜同居来缓解他的决策困难是不可能的。查尔斯也并不希望这样，毕竟他还有他的婚外情人。早在1999年，卡尔·肖（Karl Shaw）就在《皇家巴比伦》（*Royal Babylon*）中写下了现在对查尔斯和他的终身关系的主流观点："与前几个世纪相比，查尔斯对他的情妇卡米拉·帕克-鲍尔斯的爱恋也许应该被称为忠贞。"卡米拉不仅是威尔士亲王的一个传统情妇，她也是他生命中的灯塔。残酷的反转：对卡米拉忠贞，对戴安娜不忠，婚姻反而是短暂的恋情。

查尔斯和他的情妇之间的深厚默契在他与戴安娜之间并不存在；相反，他们就像两块相互排斥的磁铁。他们执着于陈词滥调——她执着于一个与现实不符的童话故事，他执着于确保王位继承的责任，而且是在完全过时的条件下。我们在阅读蒙巴顿伯爵写给青春期的威尔士亲王的一封信时，看到了类似前史的东西，当时他还在追求他的新娘。"像你这样的人，"这位比他年长48岁的老人建议说，"应该在婚前风流一番，然后找一个令人喜爱的女孩，而且是在她找到其他可以谈恋爱的人之前。"这符合那句经常被引用的、略带嘲讽的话语，"不能跟被窝里睡的人结婚"——一个拥有上床经历的女人不能嫁给一个王位继承人。

当社会上的其他人早已放弃将处女作为婚姻的必要条件的想法时，温莎家族的思想中仍然萦绕着这种希望。但是，当一个没有经验的年轻女子来到王室宝座上，按照"不自立,必沉沦"的座右铭被单独留在那里，而且是在一个"有过去的女人"的阴影下，会发生什么——这在戴安娜的篇章中得到了悲惨的证明，并由奈飞剧集《王冠》引人注目地演绎出来。相比之下，威廉和凯瑟琳在多年的相处中彼此熟悉，他们是英国君主制的一个例子，通过适应现代性，不仅可以为王室，也可以为其自身被接受，创造新的活动空间。威廉当时不是王位的第一顺位继承人，这也有助于他和他的妻子（相比30年前的第一顺位继承人查尔斯王子而言）获得更大程度的宽容来塑造他们的生活。

给查尔斯王子的生日礼物：戴安娜王妃在伦敦科文特花园皇家歌剧院的《上城女孩》（*Uptown Girl*）中与韦恩·斯莱普共舞，1985年12月。

[照片来源：J. 布莱克（J. Black）]

难道没有人试图挽救查尔斯和戴安娜的婚姻吗？他们的婚姻是可以挽救的吗？直到她的第二个儿子哈里出生后很长一段时间，戴安娜一直相信这一点。1985年，为了庆祝她丈夫的37岁生日，在科文特花园皇家歌剧院举行了一场盛大的芭蕾舞晚会，王妃在演出结尾准备了一个惊喜，与皇家芭蕾舞团的明星韦恩·斯莱普（Wayne Sleep）联合演出。王妃与他秘密排练，期待着一场成功的生日惊喜。这是一场极具感染力的双人舞，最后戴安娜朝向王室包厢，向查尔斯做了一个巧妙的屈膝礼。她不得不在幕布前出现8次，以接受掌声。但是王子非但没有欣赏这份礼物，反而做出了震惊的反应，他在其中看到的不是一种示爱的姿态，而只是他的妻子又一次试图利用自己作为偶像的宣传价值。他根本无法应对围绕着戴安娜身边的明星崇拜，在她的阴影下他感到不自在，甚至他的地位因此受到了损害。特别是由于王妃对宫廷和它的礼仪感到厌烦，对查尔斯的义务几乎没有任何理解。她寻求亲近，而他坚持例行公事，并明显无法证明他的生活中是否有空间给妻子——给戴安娜这个妻子。

"我感觉自己就像在一个笼子里，"戴安娜给一位朋友写信，"在里面来回走动，渴望自由。不相容是多么可怕，对这出不寻常戏剧中的角色来说，它的破坏性是多么可怕。它具有希腊悲剧的所有成分。"大约在这个时候，即1986年至1987年，两人都开始在婚外寻找摆脱他们功能失调的关系的方法，戴安娜的恋人不停更换。如果查尔斯和他在1994年秋天接受乔纳森·丁布尔比电视采访时的坦白是可信的，那他只是在"婚姻破裂到无法修复之后"才恢复与卡米拉的关系。

新闻界人士花了一段时间才弄清了这一不幸的根源。一段完美婚姻的童话故事太吸引人了，不能很快丢弃它，因为小报多

第十二章　查尔斯、戴安娜和1997年的重大事件　　283

年来一直用王室幸福的睡前故事把读者送入梦乡。詹姆斯·惠特克（James Whitaker）是这群人中的佼佼者，他是《每日镜报》的明星记者，也是宫廷披露方面的专家，他后来承认："我们当然听到了关于婚姻问题的流言蜚语。双方都有针对性地频繁出轨？这似乎并不可靠。"当这一点确实变得不可否认时，在1992年夏天，媒体释放了一种狩猎的狂热，且习惯性地越过了人道的界限。

而王室夫妇即伊丽莎白和菲利普，在很长一段时间内都没有意识到眼前的危机。威尔士亲王和王妃的保镖及侦探遵循最严格的谨慎惯例，对他们所负责对象的各种幽会缄默不语。1991年夏天，因报道王室而声名鹊起的安德鲁·莫顿（Andrew Morton）在伦敦的一家咖啡馆里遇到了戴安娜的密友、医生詹姆斯·科尔瑟斯特（James Colthurst），后者向他介绍了威尔士婚姻的内部情况。剩下的故事都来自戴安娜自己录的独白录音带，科尔瑟斯特成了戴安娜和莫顿之间的信使，这样威尔士王妃就可以声称她没有和作者说过话，最后莫顿在1992年6月出版了《戴安娜——她的真实故事》(*Diana : Her True Story*)。这是一个女人从她生命的地牢里发出的呼喊。

甚至在这本书出版之前，女王和她的丈夫一定——最后——得知了儿子婚姻危机的消息。在为2002年女王金禧年庆典所做的早期女王传记的修订版中，罗伯特·莱西讲述了这对父母试图与查尔斯和戴安娜一起谈话，就像在家庭治疗会议上一样，并找出出错的原因。"你能告诉我们发生了什么事吗？"根据莱西的说法，女王一定是打开了话匣子，并转向她儿子。"你说什么？"查尔斯反问道，"明天可以在报纸上看到一切？不，谢谢。"这位王位继承人长期以来困于他妻子操纵媒体的高超天赋，以及利用被猎杀的王妃形象方面的卓越才能，为她自己，为戴安娜，为狩猎女神——她在这里是猎物。正是这种长期以来的劣势促使他授权出版丁布尔比关于他的传记，并在1994年秋季出版之前，他就在臭名昭著的电视采访中回答了作者关于他那段麻烦婚姻的问题。一年后，戴安娜以自己的电视亮相对此进行了反击，仅凭一句话就吸引了数以百万计的观众。这句话后来成为英语语录的永恒宝库的一部分："我们的婚姻里有三个人，所以有点拥挤。"

"威尔士夫妇的战争"，也让女王和爱丁堡公爵深感尴尬。一向小心翼翼、保持沉默、压制所有危机的王室，突然发现自己暴露在接二连三的不检点行为中，不可原谅地违反了"永不抱怨，永不解释"的传统王室原则，而且是来自他们自己的家庭内部。1981年的童话故事变成了1995年的噩梦。当然，大坝在1992年就已经破裂了。在伊丽莎白所称的"可怕的一年"里，她的三个孩子——安妮、安德鲁和查尔斯——已经宣布与他们的配偶分居。1992年至1993年，戴安娜和她的情人詹姆斯·吉尔贝（James Gilbey）以及查尔斯和卡米拉的亲密电话的秘密录音被曝光，撕裂了最后的外壳。宣传这把双刃剑现在转而反对君主制，并伤到了其核心。1995年底，女王只能用一个完全违背她本性的举动来帮助自己：她干涉了长子的私人生活，并以相同的措辞写信给他和戴安娜，要求他们离婚。这是悲剧的结尾吗？并不，还有最后一幕。

每年8月初，王室随行人员都会向北前往苏格兰高地的巴尔莫勒尔城堡，那里有为期两个月的乡村休闲活动等待着王室，无尽的野餐、烧烤、狩猎、晚宴和苏格兰舞蹈一直持续到9月。1997年也是如此。戴安娜讨厌这些仪式，遵循古老的模式和僵硬的形式中间穿插着闲聊，其余什么都没有。另一方面，查尔斯和卡米拉是典型的乡村人，马匹、乡村和打猎是他们的爱好所在。顺便说一下，绘画和水彩画也是他们共同的一个不小的爱好；爱丁堡公爵也是一位有天赋的业余画家。不管怎么说，随着1996年8月底生效的离婚，威尔士王妃很高兴，可以一劳永逸地摆脱了巴尔莫勒尔的仪式，能够与她的新男友多迪·法耶德（Dodi Fayed）一起在他父亲穆罕默德（Mohamed Fayed，哈罗斯百货公司当时的老板）的游艇上沉浸于地中海的快乐中。与此同时，她的儿子威廉和哈里在巴尔莫勒尔与他们的祖母和父亲一起度过假期，计划于9月初在他们母亲的住所肯辛顿宫团聚。戴安娜不再是"殿下"，但仍然是威尔士王妃戴安娜夫人，而且在离婚谈判中获得了1700万英镑的赔偿。

女王已经切换到"巴尔莫勒尔时间"，离开了英格兰，只通过红盒子和里面可以看到的政府文件与伦敦保持联系。但实际上距离还是很远很远。戴安娜在巴黎意外死亡的消息让伊丽莎白措手不及，就像全世界一样，但她比其他人更没有准备。她坚忍的性格使她在45年的王位生涯中以优异的表现面对所有的危机，即使家人的命运没有那么好。她无法理解戴安娜之死给全国人民带来的困惑，更无法理解在《每日快报》标题"向我们展示你的同情"的基调下媒体上出现的兴奋。《镜报》附议："跟我们谈谈，女士，请谈谈。"

但女王犹豫不决，她被一个礼仪问题所困扰。这个问题一开始就把所有其他的考虑都抛在了一边：如何处理白金汉宫屋顶上的旗杆？旗杆是空的，因为王室旗帜只有在国家元首在场时才会升起，而且降半旗是不可能的，历史上从未发生过这种情况，甚至在君主去世或是在1965年像温斯顿·丘吉尔这样的国民英雄去世时也没有发生过。"难道王妃对国家来说比丘吉尔更重要？"一位宫廷官员激动地说道。这个例子说明了礼仪和传统如何在关键时刻掩盖了王室的判断力。无论如何，在最初的几天里，旗杆仍然是空的，人们认为他们可以从这种缺失的姿态中看出，女王的心中没有感情。女王面临着一个令人担忧的局面，这是她在位期间迄今为止最不稳定的局面。电影《女王》很好地捕捉到了这幕正在展开的戏剧。托尼·布莱尔当时的反应不同，政治上也更加清醒，他在王妃去世的当天自发地将自己置于公众关注的前沿，并说出了"人民的王妃"这个成功的词语。

但王室不必也不需要以政治上的反应来衡量自己。顺便说一句，在其他场合，女王完全明白王室和人民之间的利害关系，以及面对危机要做出什么样的反应。例如，在1992年底，她毫不犹豫地同意放弃王室免税的特权，这在社会看来是巨大的刺激。但这一次她的直觉完全抛弃了她,也许是因为她在情感问题上一直遵循"僵硬的上唇"原则——"你不能哭",毕竟这是年轻的莉莉贝特的第一课之一——公开展示私人悲伤对她来说绝对是不可能的。因此,在群众以前所未有的行动屈服于他们的感情时,温莎家族却潜入他们传统的沉默掩体中,留在苏格兰北部,无动于衷。

宫廷发言人最初找到了一个方便的解释:君主想在这个时候和她的孙子们待在一起,安慰两个男孩失去母亲的痛苦。不幸的是,这根本没有为女王开脱罪责。具有讽刺意味的是,伊丽莎白不是早就被指责为因国家事务而忽视自己家庭的需要吗?她不是被指责没有爱心,只想着她那该死的红盒子和王室代表的职责吗?现在她把照顾她的孙子放在首位,这一切是否应该被遗忘?

公众不相信伊丽莎白不出席的借口,认为这是一种逃避,是对温莎一家从未真正理解过他们对戴安娜的亏欠,以及他们现在因戴安娜的死亡而失去了什么这一事实的掩饰。女王根本无法加入普遍的哀悼中。但公众舆论日益不满背后的真相却在别处:我们是女王陛下的家人——这个消息传开了——我们是人民,在我们最混乱的时刻,我们是首先等待女王讲话的人。我们已经失去了我们的王妃,头条新闻以一种近乎个人请愿的方式暗示,"跟我们谈谈,女士,请谈谈",正如《镜报》所说。《泰晤士报》作为忠于王室的堡垒,甚至也在9月4日为女王准备了一门危险的大炮,这是一个比喻:"在戴安娜身上,世界看到了一个新的君主制,自发而平易近人,不关心礼节,关心人民。"王室正摇摇欲坠。

伊丽莎白面临着一个触及英国君主立宪制基础的问题。作为一个民主政体的首脑,她必须知道,在国家的第一仆人——女王对实际的主权者——人民所负的责任面前,传统的持续性显得微不足道。因为她是受人民恩惠的女王,从她和菲利普对这个问题的各种声明来看,他们一直承认这一点。这一次,"不能被媒体写的东西吓倒"的条件反射让她错过了重点。公众舆论像一个封闭的方阵站在媒体后面,无视这一点会危及君主制的存在。因为一个紧紧抓住其历史和形式的永恒性,却忽视此时此地的人们(即"重要的人",正如菲利普亲王1969年在加拿大所说)的王室还有什么意义呢?

一旦女王有了新的认识,事情就会发展得非常快。他们不得不这样做,因为这天是戴安娜去世后一周的星期四,两天后,安魂弥撒将在威斯敏斯特教堂举行。伊丽莎白全心全意地屈服了:她在周五上午飞回伦敦;在白金汉宫上空降半旗(从那时起,当女王不在时,它就一直在那里飘扬);伊丽莎白亲自在查尔斯的住所圣詹姆斯宫向躺在那里的王妃致以最后的敬意,并为自己保留了一个特别的仪式——她下了送她和菲利普亲王回家的官方豪华轿车,两人一起看了堆积在白金汉宫前的花海留言。当天晚上,她在电视讲话中向全国受伤的灵魂发表演说,并最终给了人民他们所期望的东西:对一个不寻常的人的去世表达了自己的悲伤。

第十二章 查尔斯、戴安娜和1997年的重大事件

被实际的主权者——人民命令回到伦敦：1997年9月5日，女王和菲利普亲王在白金汉宫外纪念戴安娜的花海中。

这是女王晚年最重要的一次演讲，对这位 71 岁的老人来说，就像 50 年前 21 岁的她在开普敦对英联邦的广播讲话一样具有决定性意义。文字带有她的痕迹，表达了她的情感，有尊严和可信的同情心。"而我现在对你们说的话，作为你们的女王和祖母，我是发自内心的。首先，我想向戴安娜本人表达敬意。她是个非凡的、有才华的人。无论顺境还是逆境，她从未失去微笑和欢笑的能力，也从未失去用她的热情和善良来激励他人的能力。我钦佩她的精力以及对他人的奉献，特别是她对她的两个儿子的奉献。这周在巴尔莫勒尔，我们都在努力帮助威廉和哈里接受他们和其他人所遭受的可怕创伤。认识戴安娜的人都不会忘记她。数以百万计从未见过她但觉得自己认识她的人将记住她。……我和你们一样，都决心纪念戴安娜。……我希望我们所有人，无论我们在哪里，明天都能聚集在一起，表达我们对失去戴安娜和她短暂生命的悲痛。这是一个向全世界展示英国民族在悲痛和尊重中团结一致的机会。愿死去的人安息，愿我们每一个人，为一个使许多许多人幸福的人感谢上帝。"

为了这次直播，音响师在白金汉宫的阳台上设置了一个麦克风，以淹没任何他们无法控制的来自演播室的不受欢迎的背景噪声。因此，在演讲期间，人们可以在远处听到宫殿门前人们安静移动的声音，那里的鲜花和留言邀请人们进行思考研究。这为女王的讲话增加了现实因素，并以一种意想不到的方式增强了她的讲话的影响力。那是9月初的一个仲夏日，阳光明媚，而人们却沉浸在哀伤之中。

威尔士王妃戴安娜有一种品质，而这种品质成为她的显著特征。人们相信在这种品质中可以找到她饱受折磨的心灵的答案：她可以被接触，可以被触摸，这给她的个人魅力增加了一种几乎是宗教的成分。她对慈善事业很认真，加强了她在公众眼中的魅力，使温莎家族和其吸引力远远落后于她。她践行着当代人的关怀理念，探访临终关怀机构、艾滋病病房、非洲的麻风病人，以及莫桑比克和波斯尼亚的地雷受害者。在这些探访中，她从不回避与受影响者的身体接触。在许多人看来,威尔士王妃的触摸就像是特蕾莎修女神话的世俗对应物。一个奇怪的巧合是,后来被罗马教会封为圣徒的阿尔巴尼亚修女加尔各答天使(即特蕾莎修女),在戴安娜去世后五天,即1997年9月5日也升入天堂。女王发表电视讲话的那一天,这一事情在当时英国激动人心的气氛中几乎被忽略。而两天前,修女曾说她会为戴安娜的安息祈祷。

在王室传统中,甚至与女王面对人们时的距离感相比,能和戴安娜近距离接触是一种绝对的新鲜事。王妃也非常清楚,这是她原本深受伤害的人格中的力量源泉。这方面的明显证据可以在法国《世界报》(*Le Monde*)1997年8月底发表的对她的采访中找到,就在她去世前几天。她说:"因为我和社会底层的人比顶层的人要亲近得多,后者不能原谅我。没有什么比帮助社会上最脆弱的人更让我感到高兴。这是我的目标,从此成为我生活中的一个重要部分。这是一种命运的安排。我将寻找我所知道的有需要的人,无论他们在哪里。"

和社会底层的人要亲近得多,这也是戴安娜遗产的核心部分。在她意外死亡后的日子里,肯辛顿宫或白金汉宫与鲜花一起摆放着的手写悼念卡片上面写着:"戴安娜是真正的王室成员,她理解普通人。"在戴安娜去世的那个星期天,托尼·布莱尔在塞奇菲尔德选区发表的即兴演讲也提到了这种特殊的品质,他说:"她接触了英国和世界各地许多人的生活……我们会经常回忆起她——与病人在一起,与垂死的人在一起,与儿童在一起,与有需要的人在一起。"戴安娜自己在爱情中没有得到满足，但她成功地将无条件的爱投射到完全陌生的人身上——这是一个有人格魅力的人的能力。在查尔斯王子的阵营中，这一切更被视为戴安娜的宣传伎俩，以进一步提升她的公众形象并赢得媒体的青睐。另外，在过度哀悼之后，她的公众形象因过度的感伤而受到损害。但随着岁月的流逝，诗意与真理分道扬镳，虚构脱离了真实，我们从旧时代的纷扰中看到了一种迷人的模式。

因为在殿下触摸人的能力背后，王室的奇术变得清晰可见——自古以来，君主就被认为具有通过触摸病人来治疗某些疾病的神奇力量，如瘰疬（一种咽喉腺疾病）。一直到近代早期，法国和英国的国王都被尊称为奇迹的治疗者。直到 18 世纪，这两个国家才结束了疗愈崇拜的做法，对其魅力的信仰也随之结束了。直到乔治三世统治时期 (1760—1820 年)，英国圣公会的祈祷书中都包含了国王为医治病人而举行的礼拜仪式。

威尔士王妃去世一年后，英国出版了一本由 1600 篇通俗文章和诗歌组成的书。这是一本普通人对戴安娜的赞美文集。因为她不仅慷慨地帮助病人和伤员，而且还身体力行地触摸他们。这是对戴安娜希望"更接近社会底层的人"这一信条的一个突出证明。大多数文件都将普通的触摸作为她个性的标志，并经常在描述中加入基督教的形象，如"从天堂派来的拥抱病人和垂死之人的天使"。英国小说家马丁·艾米斯（Martin Amis）写道，戴安娜"可以触摸和感受"，也许她自己都认为"她也可以治疗"。当然，如果有些人认为他们通过触摸威尔士王妃而真正治愈了什么疾病，这就是自我暗示而已。这不是这里的重点。值得注意的是，戴安娜处于一个神话般的王权崇拜传统的中心，而她自己却没有意识到这一点。无论如何，为了评估戴安娜，我们还必须借鉴这种历史模式，作为对她生前的魔法和身后影响的补充解释。自戴安娜以来，作为一种新的感觉文化的表达方式，"感情外放"（touchy-feely）这个词已经变得非常流行，它暗示着触觉的魔力。因此，英国心理学中一种情感上的现代性已经与"僵硬的上唇"并驾齐驱了。

当埃尔维斯·普雷斯利（Elvis Presley，即美国著名摇滚乐男歌手"猫王"）于 1977 年 8 月去世时，据说美国娱乐帝国美国无线电公司（RCA）的一位董事自发地感叹道："多么伟大的事业飞跃！"事实上，在无力拯救的生命中，死亡往往像一种救赎。它将面临失败威胁的东西转化为不朽的传奇与荣耀。这不会老化，代代相传，不受磨损。在戴安娜最终通过死亡成为偶像后，谁是威尔士王妃已经不重要了。一个学派与另一个学派争夺对戴安娜这个人的解释权：有人说她是善于操纵的、两面派的、神经质的；有人说她是温暖的、有同情心的、人性化的。这一争议很难得到解决。它继续存在的事实本身就说明了它所围绕的人的魅力。比传记解释的"最终结果"更重要的问题是，戴安娜·斯宾塞作为英国最古老的贵族家庭之一的后代，在大不列颠的当代历史中意味着什么，以及人们如何认识到她留下的痕迹改变了什么。

托尼·布莱尔在蒂娜·布朗（Tina Brown）的《戴安娜传》（*Diana – Die Biografie*）一书中对这个问题给出了一个有趣的答案。当作者问及戴安娜是否找到了成为王室成员的新方式时，布莱尔回答说："不，戴安娜向我们展示了成为英国人的新方式。"新工党的创始者这样想，首先是表达了他自己和他的时代需要戴安娜的愿望，这个愿望是可以为人理解的。在2010年出版的自传中，布莱尔甚至更进一步将自己和威尔士王妃进行了惊人的比较："我们都是操纵者，以自己的方式——善于理解他人的感受，本能地倾向于理解他人。"人们可能会觉得这种表白很尴尬，是夸张的、自我的、一言难尽的表达，即使布莱尔能够以他的"操纵"艺术实现政治上的突破（如在北爱尔兰）。但布莱尔的话是新工党的真实腔调，属于戴安娜作为其先驱的时代精神——不拘一格，厌恶墨守成规，对生活持开放态度，勇于跨越边界，是"唯我的一代"的精神，是一种明星崇拜。

早在1985年，对潮流有着敏锐嗅觉的蒂娜·布朗就在一篇杂志文章中写道，英国人"离开了门第贵族而转向曝光贵族"。传统主义者喜欢用向廉价化、向名人文化的堕落来标示这种模式的转变，他们通常将此归咎于威尔士王妃，归咎于她像色彩斑斓的蝴蝶翅膀一般的个性。这实属一场不必要的争吵。戴安娜无疑代表了"从名人精神中诞生的现代性"，而我们今天仍然生活在英国文化史这一章节中。

然而，对光芒四射的人物的崇拜浪潮并不新鲜。好莱坞很早就形成了对明星的崇拜。1952年继承王位的年轻的伊丽莎白二世也让其同时代的人着迷,这在本书中已多次描述;后来,摩纳哥前王妃格蕾丝·凯利进入了崇拜的范围,随后是嫁给肯尼迪的杰奎琳·布维耶(Jacqueline Bouvier)。约翰·肯尼迪作为新当选的美国总统,在他对法国的首次国事访问中向巴黎人介绍自己:"我是杰奎琳·肯尼迪的丈夫。"这不仅仅是一句玩笑话;相反,总统对全球性名人的现代现象表示了应有的敬意。如果查尔斯王子对他妻子的全球性魅力拥有同样的气度,他就会减少很多悲伤。

但戴安娜与这些偶像不同。和她在一起,身份障碍被打破了,她不再是"在上面",而是"在平视的高度"与人民接触。这正是查尔斯对她发脾气的原因:王妃变成了王储的竞争对手,轻易地超过了王储的王室地位。戴安娜不仅触摸了艾滋病人、麻风病人、地雷伤员和社会中被忽视的人,更多的是儿童,她将她的许多慈善活动奉献给了他们。她更加平易近人,从而与一种当时试图从英国传统的束缚中解放出来的感觉融为一体。在王妃意外去世后的一周内,人们对她的情感的涌现成为其短暂的职业生涯中所体现出的这种共生关系的证明,这是一种新的情商。

情商?许多人对此表示异议。他们把今天呈现的这个"感情外放"的王国描述为关于它自己的讽刺画。与社会其他领域相比,媒体更受此困扰,他们知道如何将人类的故事变成感性的讨伐行动。正如英国著名的舞台喜剧演员大卫·巴迪尔(David Baddiel)所说,共情能力被规定为"治疗文化的退化形式"。许多人抱怨说，他们发现越来越难以摆脱对震惊状态的狂热。在媒体治疗师的深色灯光下，每一个刑事案件都变成了虚伪的同情的试验品。人们可以愤世嫉俗地总结一下，向戴安娜学习意味着提供使其成为可能的条件。

但这些现象几乎在所有西方社会都很普遍。我们主要感兴趣的是，"人性化"的趋势对君主制产生了什么后果。简而言之，是相当积极的后果。这个国家最古老的机构经历了久违的学习飞跃，这要归功于威尔士王妃，她在裂痕最严重时被剥夺了"殿下"的称号。戴安娜用王室的殿下换取人民的殿下，这就是对白金汉宫的现代化战略家们的指导，他们被称为"前进之路小组"（The Way Ahead Group）。如果没有戴安娜的指导，他们很难想出这个办法。

当然，在戴安娜之前，君主制已经迈出了开放的第一步。女王以定期展览的方式让公众接触到王室收藏了几个世纪的艺术珍品，作为"王室收藏"展出；电视的使用越来越频繁，甚至连王室家族在永无止境的婚姻不幸中上演的功能失调也是一种开放——一种大开眼界：温莎家族和你我一样，无法避免人际关系的失败。历史早已超越了19世纪伟大的宪法理论家沃尔特·巴盖特，他曾警告说不要"让日光穿透王室的魔法"，现在它已经穿透了，尽管巴盖特担心，但王权仍然存在。

诚然，所述的开放只是在"前进之路"上迈出微不足道的一步。面对"戴安娜的触摸"，王宫不得不努力驳斥这样的指责：王宫在情感上也是脱节的，且已经与现实中的人失去了联

第十二章 查尔斯、戴安娜和1997年的重大事件 297

系。这导致了女王的职责计划表上发生了一系列的变化。她在格拉斯哥的一家社会福利住房里停下来喝茶，与《金融时报》的编辑们在城里共进午餐，参观了英格兰银行的货币政策委员会，参观了广播和电视演播室，并在布鲁姆斯伯里出版社见到了其旗下作家 J. K. 罗琳（J. K. Rowling）。伊丽莎白甚至在一个周末派她的家庭成员到王国的旅游目的地去宣传英国旅游局，这是该国的官方旅游机构。她主持的午餐会还扩展到与社会中的特定群体（女企业家、少数民族、媒体领袖，甚至在英国的美国人）的会面。王室面向各个方向全面发展。白金汉宫甚至为了满足电视的需要而进行了电子改造。1997 年他们开始接触网络，开通了脸书（Facebook）和推特（Twitter）账号。伊丽莎白说，她几乎与她的电脑融为一体，没有电脑就无法生活或写作。在 86 岁的时候，她找到了与现代技术的联系。同样令人难忘的是，在 2012 年奥运会开幕式上，女王与饰演詹姆斯·邦德的演员丹尼尔·克雷格（Daniel Craig）一起出现在白金汉宫，并让自己以虚拟制作的方式降落在温布利体育场。

戴安娜这个局外人最初对君主制产生了类似于厌倦的情绪，或者至少是漠不关心，最终却帮助王室达到新的稳定。暴动和适应，反叛和灵活应对——这是英国进步史所依据的规律。在这里面，戴安娜·斯宾塞这位未被遗忘的夫人，应该得到一个荣誉位置。王室婚姻选择向平民开放，就像威廉和哈里的妻子一样，这难道不是威廉王子的母亲的后期效应吗？在她身上，正如《泰晤士报》所说，"世界看到了一个新的君主制"。戴安娜的弟弟斯宾塞伯爵（Earl Spencer），在威斯敏斯特教堂的安魂弥撒中向他的姐姐致悼词时，曾更有诗意地表达了这一点："我们将继续走你为你的两个孩子指出的道路，这样他们的灵魂就不会简单地沉湎于责任和传统，而是可以像你期待的那样坦率地歌唱。"

第十三章

伊丽莎白、继承人
和君主制的未来

"皇家大不列颠共和国。"

——大卫·斯塔基，历史学家，2010年

"君主制代表了国家的持久稳定，超越了政党政治的起伏。"

——白金汉宫网站上的声明

"这是对革命的呼吁。"

——查尔斯王子在他的《和谐》一书中热情地提倡保护环境

Elizabeth II.

就在位时间长短而言，伊丽莎白二世是无可争议的冠军，超过了以前的"排头兵"维多利亚，她以 70 年的在位时间击败了维多利亚的 64 年。查尔斯王子也创造了自己的纪录，他是英国王室历史上等待时间最长的王位继承人。国王查尔斯三世在 73 岁的时候，成为英国历史上继位年龄最大的君主。

这些都不是无用的数字游戏。它让人们想起了一种传统，想起了严格的继承规则：如果疾病过早地使女王无法继续处理国家事务，她的长子就会成为摄政者，仅此而已。因为母亲不能退位，既不能为儿子退位，也不能为孙子退位；她在这个问题上根本没有发言权，她也不想退位，不能退位的答案是肯定的。权力只由议会和政府以及英联邦国家的政府首脑们掌握，而这些机构将小心翼翼地避免通过暂停几个世纪以来的继承法而肆意制造危机。君主制的限权宪法表明，为什么乔治·奥威尔将英国的君主立宪制称为"加冕的共和国"，为什么杰出的王室历史学家如大卫·斯塔基 [David Starkey，《王室与国家》(*Crown and Country*)，2010 年] 谈到"皇家大不列颠共和国"。该词几乎与"君主立宪制"同义，通过将形容词"皇家的"从属于名词"共和国"，比"君主立宪制"更好地描述了英国真正的权力平衡。

正如斯塔基所写的那样，在"皇家大不列颠共和国"中，英国历史的两个主要方面交会在一起：共和主义和君主主义。第一个代表政治进步，即议会自由的演变；第二个代表君主制的延续性，这种延续性本身就是在世俗权力即议会的首要地位下演变发展的。英国王室的长期稳定在很大程度上归功于这种情况：王室对政治统治的阻碍越来越小，对其自由的阻碍也越来越小；相反，当它不再对国家的实际权力构成威胁的时候，它就被允许举行所有的盛典和盛宴，并上升到新的受欢迎程度。社会历史学家大卫·坎纳丁（David Cannadine）将这种交换称为"权力换取人气"。

有一个悖论：随着王位失去政治影响力，其威望却在增加。臣民们曾经畏缩不前，后来又反叛，在国家权力分配明朗化之后，他们再次能够饱览王室不加掩饰的炫耀。时至今日，似乎整个世界都在为王室着迷，无论是在女王每年的议会开幕式上，还是在王室婚礼的场合，或是在对世纪女王的哀悼中。然而，在欧洲大陆，君主制的历史是不同的。对于俄罗斯、德国和奥匈帝国的沙皇和皇帝来说，盛大的国事活动有助于美化他们的权力。"在英国，这些活动之所以成为可能，是因为王室越来越虚弱。"大卫·坎纳丁写道。这是对历史和政治改革需要的精明让步，其结果是英国的王权得以延续，而欧洲大陆的帝国则被扫地出门。同样，温斯顿·丘吉尔在他的童年回忆录《我的早年生活》中有关于连续性现象的描述，他称之为"英国民族生活中最独特的优点和最高贵的品质"，在这里也适用。

在白金汉宫自1997年以来一直运营的网站（www.royal.uk）上，可以找到大量的事实和信息。但是，可能没有任何一句话比王室的使命宣言更具有深远的意义，宫廷在其中描述自我形象："君主制代表了国家的持久稳定,超越了政党政治的起伏。"就像19世纪发生的交换一样,王室网站上这句话也揭示了一种隐蔽的交换:民主实际上建立在人人机会平等的基础上,国家元首离这一原则有相当大的距离,通过将最高职位交给有血缘和亲属关系的世袭家族,交给王朝而非民主原则。作为回报,国家元首获得了稳定性、连续性和不受政治影响的自由。本书最后一章将说明,这种自由也会受到政治影响。

沃尔特·巴盖特在其1867年的经典之作《英国宪法》中已经讽刺地将这种连续性吹捧为一个巨大的优势:"君主立宪制有一个特别的功能,我认为是它最大的功能——它可以作为一种掩饰。它允许该国的实际统治者来来去去,而不被粗心的民众所注意。"事实上,除非是有历史知识的人,否则哪个英国人能够列出自1952年以来在女王手下执政的15位首相——或者正确地说,女王曾在他们手下履行职责的首相?但大家都知道谁代表了"皇家共和国",70年来从未间断过。

英国人对王室的依恋,无论是否表达出来,都会考虑到如果以王室和议会为代表的宪法连续性被换成总统制,将会有什么损失,以及为什么这样的国家元首任命会让人再次暴露在"政党政治的起伏"之中。例如,德国多次经历了下任总统的政治角逐,包括两次政府首脑辞职。世袭君主制不会受到这种波动的影响——爱德华八世的退位是一个重要的例外,今天,它仍然是这个国家的前车之鉴。

工党前财政大臣丹尼斯·希利(Denis Healey)曾经用两个

词概括了反对英国总统制的论点："玛格丽特·撒切尔。"这是一句简短的妙语。相比之下，1957年至1963年担任首相的哈罗德·麦克米伦曾经乐于向一位朋友生动地说明没有君主的国家是什么样子。"想象一下，"麦克米伦说，"如果我们面前站着的不是女王，而是一位穿着不合身燕尾服的绅士，衣服也许来自伦敦的西装出租公司莫斯兄弟（MosBros），这个人像这样大摇大摆地来回踱步，是政治右翼和左翼之间肮脏勾结的产物……好吧，让他去吧，让我们等待下一个小人物——会是谁呢？'必须是X，他是一个如此悲惨的财政大臣。我们把他推到总统的位置上吧。'政客们低声说。你能想象吗？不，这完全没有意义，这将是对我们生活的最终破坏，也是对我们国家过去的感情的最终破坏。"

人们也可以从民粹主义的角度来探讨这个问题，并试图想象。例如，1953年6月2日那个下雨天，女王的加冕日，转换成总统制下的场景。难以想象的是，人们会因为一位总统的游行而在夜晚的雨中露营，以便在就职典礼当天更好地看到当选的总统。一个家谱不会产生，而英国历史的史诗——可以像民族家庭小说一样根据统治者的变化而复述——将一劳永逸地失去，更不用说四轮马车、乡间别墅和五颜六色的制服了，这些都将被永远尘封起来。对旅游业来说，这是一个多么大的打击啊——没有君主制的英国！还必须假设，如果采用总统制，英联邦很难继续存在。54个成员因其对王室的忠诚而团结在一起，其中15个成员还承认女王为国家元首。如果英国改为总统轮流担任国家元首，这种纽带将失去其基本的理由。

诚然，人们不应忘记，英国君主并不是自动成为英联邦首脑。女王不得不等到 1952 年 11 月，当时的印度总理尼赫鲁才代表其他成员国同意让她担任英联邦全体的首脑。然而，在她的儿子和继承人身后，这个问号被消除了。2018 年在温莎城堡举行的英联邦领导人峰会上，他们同意由查尔斯在其母亲去世后担任英联邦的首脑。

英国的反君主主义者，即共和主义者，大多是失败的一方，即使他们有时在历史上达到了令保皇主义者害怕的实力。最重要的是，维多利亚女王在 1861 年丈夫早逝后长期隐居，导致人们对王室的批评越来越多，并质疑为什么要有一个隐形的女王。维多利亚的舅舅即比利时国王利奥波德一世（Leopold I.）警告他的外甥女：" 英国人非常倾向于个人交往。如果他们想继续对某人的感情，他们必须能够看到他。"1870 年，法国皇帝拿破仑三世倒台后，人们在特拉法尔加广场唱起了《马赛曲》。H. G. 威尔斯（H. G. Wells）这样的畅销书作家于 1917 年在《泰晤士报》上发表了一封公开信，谴责" 导致人类长期以来被分裂、受到痛苦和压迫的王朝制度"。第一次世界大战，特别是乔治五世和德皇威廉二世两个表兄弟的对战，并没有完全提高君主制的威信。这也是国王决定一劳永逸地放弃他的德国姓氏的原因之一，即恢复他的声望。他的另一个决定预示了罗曼诺夫家族的悲剧性结局：出于对国内反君主制情绪的担忧，最初给予沙皇 [尼古拉二世（Nikolaus Ⅱ.）也是国王的表弟］及其家人在英国的庇护的计划被放弃。沙皇家族的命运就这样被封印了。

在1964年后的第一届哈罗德·威尔逊内阁中，两位共和主义者理查德·克罗斯曼和托尼·本激烈地论战。在回忆录中，克罗斯曼称王室是"纯粹骗局的最好例子"。当时的邮政总局局长托尼·本因其删除英国邮票上的女王剪影而改用国名的失败尝试被记住。英国是万国邮政联盟唯一不需要在其邮票上显示国名的成员。另外，许多案例说的是在通往大马士革之路上的转变①，即在白金汉宫，只要共和主义者进入女王的势力范围，爬上当权派的阶梯，或者被奖章弄得措手不及，就会改变信仰。萧伯纳是另一位反对王室的大人物，警告他的社会主义朋友不要让自己被哪怕一个领主拍打肩膀②——如果那样，他们美好的社会主义情感就会完蛋，这不是没有道理的。

彼得·曼德尔森（Peter Mandelson）是托尼·布莱尔手下的一名部长，也是最有影响力的顾问。他年轻时是英国"青年共产主义联盟"的成员，在1981年7月查尔斯和戴安娜的婚礼当天，他和朋友们一起预订了前往法国的一日渡轮，以逃避——正如他和这群人大声宣布的那样——伦敦的"保皇主义狂欢"。那时候的三个年轻人现在坐在上议院里，可以说是坐在当权派的

---

① Weg nach Damaskus，通往大马士革之路，出自《圣经》中的一个故事。保罗在去大马士革迫害基督教徒的路上遇到了复活的耶稣，蒙上帝的召唤肩负起了传播福音的使命，后比喻转折点。
② 中世纪骑士受勋仪式的一部分。

高位上。曼德尔森勋爵甚至在2010年5月之前一直担任王室委员会主席，负责向女王提交议定的议程供其签署，可谓改弦更张。伦敦城市大学的斯蒂芬·哈斯勒（Stephen Haseler）在他的《温莎家族的终结》（*The End of the House of Windsor*，1993年）一书中试图为英国君主制的终结提供解释。作者总结说，女王将是"最后的伊丽莎白"，因为"她对英联邦的感情阻碍了欧洲理想的实现"。

如果不是彻头彻尾的玩笑，这样的判断只能让我们感到惊讶。随着英国"脱欧"，英国现在已经把它的欧盟历史抛在脑后。早在1993年，将欧盟与君主制对立就预示着共和主义者有时会走入死胡同。总的来说，许多观察家认为，近年来政治家的威信下降，包括银行或媒体等当权派的支柱所遭受的威信损失，使保留王朝的想法在公众的尊重中得到了新的提升。前面引用的白金汉宫网站上的描述处处得到证实："君主制代表了国家的持久稳定，超越了政党政治的起伏。"

著名的民调机构伊普索斯莫里公司在其50年来对王室舆论氛围的调查中发现，对君主制的认同情况的平均数据如下：对君主制的认可度始终为60%~65%，约19%的人始终不认可，3%的人上下波动，其余的人未做决定。"我们面对的绝不是一个95%的结果，"女王的前长期私人秘书詹弗林勋爵（Lord Janvrin）在与作者的谈话中说道，"所以王宫不能变得傲慢且自以为是。"但在2011年4月份的《展望》（*Prospect*）杂志上，马克思主义历史学家埃里克·霍布斯鲍姆（Eric Hobsbawm）得出结论："没有行政权力的君主立宪制已经被证明是自由民主的可靠框架。"

公众对王室的看法，通常只关注盛典、王室成员的笑容、伦敦王室卫队的换岗仪式或其他旅游景观，因此只捕捉到一小部分。正如在女王的生平里英国以外的英联邦国家的部分没有得到充分的重视，在描述君主制的稳定性时也是如此。君主制的伟大，也许是它最大的优势——慈善——也没有得到充分的重视。"公司"领导成员对慈善事业的献身是其最重要的任务之一，即使在20世纪80年代和90年代被当时损害王室形象的许多丑闻所掩盖。正如第五章中提到的那样，伊丽莎白在职责和义务感方面的训练，例如她在1944年首次赞助伦敦东部的一家医院，有点像"福利君主制"的开始。2011年4月，伦敦一家专门研究社会问题的咨询公司（nfpSynergy），要求一个具有代表性的公民样本按重要性顺序列出王室服务。除了"在国外代表英国"和"作为国家元首"这些显而易见的职责外，有三项具体职责位居榜首："吸引游客到英国旅游"（47%），"维护英国与英联邦的关系"（35%），"作为慈善机构的赞助人并积极促进其工作"（34%）。

几年前，负责监督该国慈善活动的慈善委员会确定了允许在信笺上添上王室成员名字的慈善机构的数量，从而大大增加了他们筹款的机会。爱丁堡公爵以863次的提及率位居榜首，其次是女王的635次，查尔斯王子的619次，他的妹妹安妮的217

次，安德鲁王子的161次，爱德华王子的30次，爱德华王子的妻子威塞克斯伯爵夫人苏菲的61次。女王公开露面——她在2010年达到444次，她的丈夫达到356次，对于一对当时已经年过八旬的夫妇来说，这是一个了不起的数字——其中很大一部分与这种王室赞助职务有关。

新国王查尔斯三世和他的妹妹安妮（她的对外活动最不张扬，因此非常受欢迎）一起，特别参与了他的"王子信托基金"（Prince's Trust）。今天，它处于英国慈善组织的前沿。查尔斯在20世纪70年代提出了这个想法，当时他在广播中听到一位缓刑监督官谈论帮助年轻罪犯在服刑后重新站起来的新想法。该男子说，不幸的是，他们通常缺乏对犯罪以外生活的联系。因此，在1976年，王子把从海军那里得到的7500英镑离职金作为启动资金，征集申请，要求说明每个申请人需要什么初步帮助来重新开始，并开始为每个被批准的申请人提供75英镑的启动资金。此后，这已发展成为一个具有相当规模的慈善事业，后来又通过创建"社区商业"来扩大，呼吁更多的企业参与到经济上被忽视的地区。例如，作为著名的国际商业领袖论坛（International Business Leaders' Forum）的成员，查尔斯王子在2004年12月印度洋海啸发生后的一周内，通过他的关系筹集到4000万英镑的捐款，用于向受灾最严重的地区提供紧急援助。

在关于"世袭君主制还是共和制"问题的讨论中，王室成员献身慈善代表了保留王室的一个重要论据。它在国家和社会之间起到了额外的缓冲作用。摒弃君主制将是朝着加强国家中央集权方向迈出的又一步。顺便说一句,"福利君主制"也是一个可靠的堤坝,以防止有人指责王室实际上只是致力于其特权的消遣活动。这与事实相去甚远,至少在其领导成员中是这样。

下一个王位继承人即威尔士亲王,和他的妻子对王室的社会义务也产生了共鸣。为了他们的婚礼,威廉和凯瑟琳创作了他们自己的祷文,伦敦主教理查德·沙特尔(Richard Chartres)在仪式上代表他们宣读。"上帝,我们的父亲,"他们在结尾部分写道,"在日常生活的事务中,让我们始终关注生命中真正重要的东西……帮助我们,使我们因结合而变得强大,可以服务和安慰那些受苦的人。"在这种表述中,戴安娜的儿子将传统的王权社会使命与他母亲的特殊触摸联系起来,这种触摸深深影响了他。

在女王去世前,她的儿子查尔斯王储已经成为更受瞩目的目标。他已经塑造了一个不断为公民发声的形象,从不厌倦宣传他最喜欢的话题,如有机农业、可再生能源、人类建筑、环境保护或替代医疗。专家们反对他不请自来的干预,因此经常拒绝他的意见。然而,他作为一个独特的大企业家站在舞台上,这要归功于康沃尔公爵领地,即分布在英国各郡的王室土地。自14世纪以来,这些土地一直由威尔士亲王亲自支配耕种,亲王利用这些土地实现许多他喜欢的想法,特别是在他位于格洛斯特郡的乡村庄园海格洛夫。他必须像任何企业家一样为利润缴税,但他的独立性正在增长,无论是经济上还是管理上。这也造就了他不慌不忙的态度,也可以说是对自己的意见无所顾忌。

顺便说一句，并非所有这些都是公开的。例如，在伦敦政府的官僚机构中，甚至在内阁中，人们长期以来一直害怕他的"黑蜘蛛备忘录"，暗指亲王用黑色记号笔写的告诫和建议。几年前，他甚至成功地推翻了切尔西（Chelsea）的一个大型建筑项目，他认为该项目太过现代主义，而他的关系和名声完全受到利用与威胁。负责该建筑项目的明星建筑师理查德·罗杰斯勋爵（Lord Richard Rogers）的抗议声持续不断。这场风波持续了数周。但是，伴随着每一个查尔斯的批评者的出现，都会有一个粉丝跳出来，为他的"政治不正确"而猛烈鼓掌。威尔士亲王越来越像他的父亲爱丁堡公爵，两个阵营经常为他争吵，查尔斯继承并进一步发展了他的主题偏好。

2010年底，威尔士亲王在一部名为《和谐》（Harmony）的厚重著作中阐述了他对社会的关注，不，是对全球未来的关注。这部著作是与两位长期合作的朋友即环保活动家托尼·朱尼珀（Tony Juniper）和广播记者伊恩·斯凯利（Ian Skelly）共同撰写的。在书中，这位王位继承人拿起武器反对现代"机械主义科学"，反对我们源自"西方思维"的"零碎的事物观"，并痛惜"我们没有质疑把启蒙思想作为一种意识形态"。在那里说话的是一个倾向于东方整体宗教的人，也是他父亲的一个博学的弟子。菲利普亲王将他1984年出版的论文和演讲选集命名为《人、机器和圣牛》（Menschen, Maschinen und Heilige Kühe），从而为他的儿子指明了一种以极端怀疑主义对待现代主义的态度。"人就是人"是公爵在其文集中的开场白，他从莎士比亚的《凯撒大帝》(*Julius Caesar*)中提取了主题词,其中卡西乌斯讲道:"亲爱的布鲁图,错不在于我们的星辰,而是在于我们自己。"

他大胆无畏地插手任何他感觉对世界发展有危险的地方,可能经常受到嘲笑或批评——但多年来,威尔士亲王已经成为不能再被忽视的存在。在 2009 年 4 月的 G20 峰会上,查尔斯邀请与会的政府首脑和国家元首到他的伦敦住所克拉伦斯宫参加两小时的研讨会,向他们讲述了热带森林的砍伐情况,并呼吁为保护地球的绿肺提供补贴。这已经成为当今国王的一个持久的主题——不,几乎是我们时代的标志性主题。他的各种投入的结果是——《和谐》以"这是对革命的呼吁"为开头——"其影响力和重要性远远超过了君主有限的礼仪性需求",正如一位评论家所写的那样。毫无疑问,这位继承人正在充分利用他作为王位继承人拥有的言论自由,因为他知道,作为国王,在严格的中立条件下,他必须对自己的言论加以控制。

必须永远记住,英国是四个不同民族的综合体——苏格兰人、爱尔兰人、威尔士人、英格兰人。因此,在被大肆宣扬的王国连续性中,始终存在着这些不同民族特性的现实;人们只能感叹,这个岛国能够在如此多的多样性之间保持平衡,并作为一个统一的国家保持长时间的稳定。亨利·马顿爵士早在 1939 年就试图教导博学的伊丽莎白公主一个历史教训,即君主制的存续归功于其"适应变化"的能力。这一教训也适用于英国本身的凝聚力。如果英国想要在其多样性中生存,它必须适应其宪法的变化，遵循美利坚合众国的座右铭中也提到的原则——"合众为一"，即从众多部分中产生一个整体。

1999年英国开始了初步改革，当时威尔士、苏格兰和北爱尔兰在所谓的权力下放过程中组建了自己的半自治政府，即联合王国的行政拆分，在加的夫、爱丁堡和贝尔法斯特拥有自己的议会和首都。只有英格兰作为几个世纪以来王国逐步扩张的引领者，没有赋予自己区域性的议会；对于占主导地位的英国中心地带来说，其中也有很大的自豪感，一种对"边缘民族"的优越感。1977年，已故女王在她的银禧年第一次得知当时设想的权力下放时，以某种怀疑的态度看待向更加地区化的发展。在与下议院议员的一次秘密谈话中，她间接地表达了她的疑虑，这次谈话并没有保密多久。"我不能忘记那一刻，"她说，"我被加冕为大不列颠及北爱尔兰联合王国的女王。"

苏格兰人虽然忠于国王，但在这个联合帝国中却感到越来越陌生。在他们这个拥有自己的王室历史和直到1707年的国家自治权的地方，独立一直是对爱国主义灵魂的诱惑。例如，民族主义者以讽刺的口吻假装不知道伊丽莎白"二世"，因为伊丽莎白一世从未当过苏格兰君主。在都铎王朝伊丽莎白一世的时代，詹姆斯六世统治苏格兰，并于1603年继位为英格兰的詹姆斯一世。2014年，独立运动取得了成就，苏格兰执政的苏格兰民族党（SNP）成功地就是否脱离英国举行了全民公决。仅凭其自己的力量，爱丁堡不可能在公民投票上取得胜利，因为伦敦总部在宪法问题、民族归属问题上的主权是绝对的，就像在西班牙一样。但首相大卫·卡梅伦（David Cameron）对苏格兰的要求做出了让步，这主要是因为他可以辩称"边境以北"即他们所说的英格兰北部边境以外的苏格兰人，不需要为他们的基本目标之一即欧盟成员资格而担心，英国毕竟还是一个成员，欧盟是否会如此轻易地接受一个独立的苏格兰加入共同体是非常值得怀疑的。因此，公投以55%对45%的多数票而告终：苏格兰独立被否决，至少在20年内不会有关于这个问题的第二次公投。

但仅仅两年后，英国进行了一次彻底的变革，在全国范围内举行的另一次公投打乱了对未来的所有假设。以52%对48%的微弱优势，英国人决定在加入欧盟43年后离开它。英国"脱欧"成为英国政治的克星，欧洲问题暴露了英国的深刻分裂。英格兰和威尔士以53%的投票率支持"脱欧"，而苏格兰则以62%的明显多数投票支持留欧，北爱尔兰以55.8%的票数支持"脱欧"。从那时起，苏格兰人觉得他们在2014年的公投被剥夺了基础，它不再适用，因为它的主要前提——英国继续作为欧盟成员国——已经化为乌有。苏格兰独立的呼声，即在该地区举行新的公投的愿望，确实随着英国"脱欧"而获得了新的合理性，虽然在可预见的未来，伦敦还不可能屈服于这种愿望，但这次联合王国解体的危险性远远大于2014年。另外，苏格兰社会本身对于它是否具备退出联合王国的经济条件仍然存在分歧，因为与其他地区的相互依存对苏格兰的经济稳定贡献巨大。

然而，世界其他国家最近从英国"脱欧"公投及其结果中学到，涉及主权的爱国观念的问题并不只受制于理性的考虑；相反，布莱斯·帕斯卡的名言在此适用，"心有其理，而理性对此一无所知"。无论如何，离心力在苏格兰越来越强，如果投票率达到65%或70%，伦敦将不能再以宪法为由，认为大不列颠统一的主权完全取决于中央政府的判断。然后，这一原则将与大多数"人民的意愿"的民主理念相对抗，谁能说在我们今天所经历的协议崩溃的时代，什么将最终占上风呢？

在英国保守党人中进行的民意调查结果无异于一个预兆。2019年，在鲍里斯·约翰逊（Boris Johnson）当选首相之前，他们被问及是否会支持英国"脱欧"，即使它使英国的凝聚力受到威胁：明显多数人的回答是肯定的。欧盟问题在英国人的情绪议程中占据了如此重要的位置，使人们的思维两极分化，甚至对英国整体的忠诚也被情绪化的呼吁"退出欧盟"影响而退居次要地位。简而言之，英国"脱欧"释放了离心力，动摇了团结，这在英国的历史上是前所未有的。

预言家们争论的是，苏格兰或北爱尔兰是否会首先成为英国分裂后的四个民族国家之一。在爱尔兰北部的阿尔斯特，各种迹象也表明其可能要告别我们所知的英国历史。1998年4月的《耶稣受难日协议》（*The Good Friday Agreement*）帮助阿尔斯特在30年的血腥岁月后结束了内战。该协议由伦敦和都柏林政府签署，其中包含一个决定性的让步：如果边境两边的多数人在较长时间内投票赞成重新统一的解决方案，那么爱尔兰统一将成为可能——这是苏格兰民族主义者无法获得的让步。尽管届时伦敦（以及都柏林）将进行正式商议，但最终应该没有什么能阻挡爱尔兰统一。在长期敌对的阵营（北方新教和南方天主教）之间迈出这样的一步，似乎仍是不可想象的，但在日常生活中，人们的看法已开始改变。在政治上，北爱尔兰的新教民主统一党（DUP）仍然与英国政府保持着密切的联系，但这种联系正在松动，因为鲍里斯·约翰逊的政府同意了一项"脱欧"协议，在英国退出欧盟后将北爱尔兰置于欧盟的单一规则之下，从而将该地区与英国其他地区区别对待。首相里希·苏纳克（Rishi Sunak）领导的政府想废除这个"脱欧"谈判中的《北爱尔兰议定书》。

但北爱尔兰的人口构成正在发生变化，天主教徒在总人口中的比例占多数。人们希望最终将宗教冲突抛在脑后，他们寄希望于继续保持现在的平稳关系，如果爱尔兰重新统一并继续成为欧盟的一部分，这种关系将得到保证。所有这些都可能指向新的开始和英国未来的积极变化，但一把达摩克利斯之剑悬在联合王国的统一之上。难道在伊丽莎白二世的领导这个稳定的象征下，英国对其历史上的一个重要部分的告别是否即将到来，甚至在查尔斯三世的领导下成为现实？

甚至在公投之前，女王在2015年6月对德国的最后一次国事访问中，就曾暗示卡梅伦政府对英国和欧洲大陆渐行渐远的担忧。"我们知道，欧洲的分裂是危险的，"她当时在柏林警告，"我们必须对它保持警惕。"这显然是在暗示英国的国内辩论。反欧盟的英国独立党（UKIP）在其领导人奈杰尔·法拉奇

（Nigel Farage）的领导下，正在竭力煽动脱离欧盟的情绪。在2014年的欧洲议会选举中，英国独立党已经获得了400万张选票，引起了人们对英国在欧盟的可靠性的初步怀疑。两年后，公投的结果证明了多年来反对布鲁塞尔的力量的成功。受严格的中立性约束，伊丽莎白不得不置身于那些年的政治争斗之外，充其量作为传声筒，就像她2015年在柏林所做的那样，在外交部为她拟定的一份演讲稿中暗示。

然而，2019年9月，政治棋盘上出现了"将军"，女王发现自己对新任命的首相鲍里斯·约翰逊提出的让议会休会的要求毫无办法，这样他就可以摆脱不受欢迎的反对，更好地实施他的"脱欧"计划。女王对这样的要求无能为力，因为她的特权并没有延伸到足以妨碍她的政府。

反对派提出上诉，案件被提交到最高法院——政府首脑败诉，君主站在了耻辱的边缘。这一事件的影响深入到英国的宪法现实，也给国家元首带来了令人不安的问题。当国家元首毫无防备地被首相的计划所摆布，而首席大法官又随后宣布此为非法时，其存在意义是什么呢？这一次，法律和它的最高解释者仍然对政府首脑施加了限制，法官们做出了有利于议会主权的裁决，反对想要破坏这种主权的首相。在所有层面上，包括女王，相关人员都做错了，最高法院不得不宣布休会是无法律效力的。但是，英国"脱欧"所揭示的宪法混乱将在未来几年内困扰英国。迫切的问题是：在向君主提出的请求抵达其办公桌之前，对这种请求进行法律审查不是很合理吗？这可以在成文宪法中得到解决,从而避免一个雄心勃勃的政府首脑所带来的这种尴尬。英国会愿意走这条路吗?

权力——这是个让人不舒服的词。英国首相哈罗德·麦克米伦曾被记者问及,一个政治家最怕什么?他的回答是:事件,不可预见的事件,一个突然的事件,推翻了所有现有的观点。所有身居要职的人都必须考虑到这种担忧。即使是国家元首,也不得不担心危机的不可预测性。在英国,君主、温莎家族早在25年前就被一连串看似不可阻挡的事件所困扰,被基本上超出女王控制的丑闻所困扰。这尤其影响了她自己的孩子,他们像接触传染病一样逐个变成功能障碍者。王室的声誉受到了影响,不——受到了严重的损害。

但君主制最近明显从危机中恢复了。在伊丽莎白二世90多岁时,身体健康的她已经把她生命中黑暗的60年代和70年代抛在脑后,并帮助王室重新焕发光彩,而与此同时,当权派的许多其他支柱在持续崩溃——政治、媒体、银行界、教会。一个王室统治者眼前总是有两项任务:光荣地度过自己在王位上的时间,但同时也要给王室以永久的确定性,保证王位的继承,保证王室的威望,保证在位时被认可。在漫长的一生中,女王出色地完成了这两项任务。自从1992年的"可怕的一年"以来,她的受欢迎程度多年来只增不减,当时君主制被认为已经有了它的未来。相比之下,今天王位的未来是由一个稳定的家系继承来保证的:女王的儿子查尔斯,剑桥公爵和新晋威尔士

未来的查尔斯三世在伦敦克拉伦斯宫举行的英国退伍军人协会骑士分会（Royal British Legion Riders Branch）招待会上。

（照片来源：ROTA）

亲王威廉，威廉的长子乔治。这保证了几代人的稳定。共和主义者也就是英国所称的废除君主制的倡导者，看起来好像是处于失败的边缘。

但就在这个乐观的时刻，新的不确定性随着英国"脱欧"降临到君主制上，正如我们所看到的，王国的凝聚力被打上了严重的问号。仿佛克星再次瞄准了王室成员，女王家族也再次成为头条新闻，这个紧密相连的家族出现了裂痕。诚然，世界有时对像王室这样的家族提出了过高的要求，似乎不应该在这样的圈子里感觉到人性的弱点，似乎成员们必须在非自然的完美中勉强生活。幸运的是，对温莎家族来说，我们很久以前就放弃了对完美的期望；事实上，成员们易犯错，如果被控制在一定范围内，几乎在民众身上可以产生一种在偷窥和移情之间摇摆不定的同情心。

伊丽莎白的次子安德鲁即约克公爵完全例外，他与美国亿万富翁和被定罪的性犯罪者杰弗里·爱泼斯坦（Jeffrey Epstein）的长期秘密交易，让人们对他的判断能力得出了灾难性的结论，甚至更糟。阴影不仅落在他身上，也落在他的母亲身上。她一定对儿子与那个在2019年自杀的美国人的关系感到一种似曾相识的震惊，而这个问题在2011年首次被曝光。旧的幽灵是否回来了，"公司"中一个孩子是否必须给其负责人带来新的麻烦？

作为英国经济利益的代表，约克公爵花了10年时间在世界各地旅行，在与可疑的权贵打交道时，他不止一次地超越了礼节的界限；这使他在2011年失去了他的王室职务——安德鲁对英国政治和王室的声誉来说,变得过于敏感。当然,王子与一个被定罪的恋童癖关系密切,使得关于王子的敏感内容对他而言是致命的。当时一名17岁的女孩指控王子对她进行了性虐待,这一指控的核心内容被安德鲁否认,但庭外支付的1200万英镑的推定金额却反映出了一个不祥的事实:约克公爵被定罪了。

祸不单行,就在2019年的秋天,有人背地里说,女王心爱的两个孙子威廉和哈里之间有些不对劲儿。分歧,甚至是裂痕?还是凯瑟琳·米德尔顿和梅根·马克尔这对妯娌之间?剑桥公爵和苏塞克斯公爵不是已经放弃了共同管理他们旨在提高人们谈论精神疾病的意愿的慈善机构吗?

不久之后,年轻的哈里在妻子陪同下在前往南非的一次旅行中证实了这一谣言。"我们目前在不同的道路上,"他在镜头前向一位电视记者坦言,"我们是兄弟,有时关系好,有时关系坏。""但是,"他很快补充说,以减少他的坦白给人的负面印象,"我们彼此相爱,将永远在一起。"这样的肯定往往包含他们自己的否定。因为在这些话的背后隐藏着一个简单的事实,那就是兄弟俩至关重要的生活差异。40岁的威廉拥有一个既定的职业生涯,没有什么可争议的,他在王位的继承顺序上紧随他的父亲之后,因此坚定地站在英国君主立宪制的基础上,是无可置疑和无可争议的继承人。

38岁的苏塞克斯公爵哈里就不一样了。他必须通过自己的努力找到自己的人生目标，找到自己的未来之路，展现自己在起伏不定的当代历史中的影响。可以说，他是个"自由撰稿人"，是一艘正在寻找停泊点的船。这对他的影响越来越大，他曾经是个很受欢迎的人，还是狂野的少年和敢死队队员，包括在阿富汗当过两次兵，这是很久以前了。在与梅根·马克尔的婚姻里，他拥有了父亲这个新角色，对妻子和孩子的责任改变了他，使他更加成熟，也使他在与外界（尤其是媒体）打交道时更加脆弱。总之，和他的妻子一起，他觉得自己越来越容易受伤。

随着英国人对无休止的英国"脱欧"事件感到厌倦，2019年，在他们眼前上演了一部关于哈里和梅根的肥皂心理剧。这一切的中心是美国的混血儿梅根，在公众聚光灯下，她显然比预期更难适应她作为"王室成员"的角色。威廉已经对他弟弟是否在做正确的事情表示怀疑，在仅有的短暂相处后向这位大他三岁的美国电视女演员求婚（他们在2016年相识），并在两年后与她结婚。而威廉本人在与凯瑟琳·米德尔顿的关系中试探了9年，然后他们才决定走入婚姻的围城。

事实上，人们对2018年5月的梦幻温莎婚礼的兴奋之情很快就消退了，取而代之的是对这对新婚夫妇几乎每件事的持续批评，从她作为《时尚》（*Vogue*）杂志的特刊《我——梅根》（*Me Meghan*）的客座编辑到她第一次怀孕期间从公众视野中消失，以及她隐瞒儿子的名字直到他出生后很久。梅根对批评的浪潮毫无准备。英国人传统上认为自己掌握着王室，并不放松对其成员公开展示的要求。八卦小报加强了对王室成员的跟踪报道，他们的偷窥成为一种狩猎行为。苏塞克斯公爵开始问自己，梅根是否会重复我母亲的命运？

英国君主制为地球村提供了欢乐的梦幻图景，就像2018年5月，在一个阳光普照的日子里，哈里王子与他的梅根结婚。这位美国人来自好莱坞的明星圈，有一位黑人母亲。在不到两年的时间里，这幅景象像雨中的街头粉笔画一样消融，也使我们陷入了多幕剧。在围绕哈里和梅根以及他们摆脱宫廷束缚的危机中——媒体迅速将其命名为"梅根脱英"（Megxit）——也形成了不同的追随阵营。一些人与君主一样感到悲痛，对女王来说，她最喜爱的孙子哈里作为英联邦的代表人物，后来却去了加利福尼亚，与他的家人分离，去寻找新的生活。其他人则坚持认为王室后代有权挣脱宫廷礼仪的束缚，去开辟自己的"进步"道路——正如苏塞克斯夫妇在2020年1月略显傲慢的说法。

梅根·马克尔在温莎家族忍受了不到两年的时间，在这里，感情是不被明确表达的，关于家庭中正在发生的危机的谈话基本上被回避了。然而，她和王子在2019年秋季的非洲之行中已经发出了明确的信号，表明他们的失落。美国人代表了现代的一代人，当不舒服的时候，他们不会保持沉默，而是大声抱怨。"我对哈里说了很久，"在2019年秋天的非洲之行中，这句话从她嘴里冒了出来，"仅仅生存是不够的，这不是生活的意义所在。你需要茁壮成长，感受快乐。我真的试图采用英国人的'僵硬上唇'。但我认为这对你的内心是有伤害的。"

在非洲之行的戏剧性揭露之后，难道就没有人至少和苏塞克斯夫妇谈一谈，他们披着王室的外衣同样有多不开心？威廉是否与他的兄弟进行了战略性的讨论？这更像是国王爱德华八世在他即将离开王室的1936年，沃利斯·辛普森是关键人物，直到最后在家族核心中才开始讨论她。因此，苏塞克斯夫妇在2020年1月初惊人地宣布，他们将从"高级王室成员"的角色中退下来，这实际上迫使伊丽莎白二世和家族对此进行近距离观察。不是退位，不，哈里王子没有那么高的地位——但仍然是退出，带着指责的语气，拒绝王室的履历。

2021年3月，苏塞克斯公爵和公爵夫人接受了美国著名主持人奥普拉·温弗里（Oprah Winfrey）的电视采访，进一步破坏了温莎家族已经受损的关系。王子再次透露了他母亲在1997年的死亡对他的心理有多大的影响：就像一笔未偿还的抵押贷款。这一次，他在对自己早年命运的悲痛之外，又增添了新的不满，包括觉得他的妻子在宫廷中受到了隐秘的轻视。他认为自己发现了"种族主义"，对他孩子肤色的离谱猜测就是证明。这位年轻的男子还向他的父亲查尔斯王子和他的兄弟威廉王子发起挑战，说他们被"困住了"，因为他们无法逃脱他们的职位——不像他——他们无法逃离他们的位置。

在女王的晚年，没有什么比"种族主义"的影射更能伤害她了。她被她的孙子明确排除在种族主义歧视的始作俑者之外，毕竟种族主义是她在位最不可能做的事。正如在关于英联邦的章节中所解释的那样，她以坚定的同情陪伴了前英国殖民地，特别是非洲的所有剧变。当黑色大陆的第一批领导人在自由中接管他们的国家时，她就在近处。与英国的保守当权派相比，女王很早就向时代的潮流开放了自己，这与撒切尔夫人不同，"铁娘子"对非洲没有任何关注。伊丽莎白二世成为类似于有色国家骄傲代表中的白人女酋长，成为他们的联络点和保证人。她的态度有助于塑造英国的多元文化，成为社会宽容的典范。

哈里王子和他的妻子去了加利福尼亚，在那里他们追求自己的事业，并在英国之外抚养他们的两个孩子，这暂时加强了人们对王室家族功能失调的印象。然而，英国君主制的历史上有很多例子表明，第二个出生的孩子总是不得不与特定的存在问题做斗争。女王知道这一点，她自己和她的妹妹一起经历过：由于没有既定的王室前途，王位的第二号继承人是如何跌跌撞撞地生存的。尽管她现在不得不放弃她最喜欢的王室孙子，但她对他的高度公开干预的反应仍然相当谨慎。因为早在戴安娜·斯宾塞的时代，就已经很清楚，如果王室将自己与时代和人们性情的变化隔离开来，即使这些与王室行为的传统相悖，并错过了与未来的联系，那么王权就会受到威胁。因此，尽管女王很失望，但她从未中断与孙子的对话。

女王的整个人生，正如她21岁生日时在开普敦的广播中宣布的那样，"无论长短"都想给——或者说是"献给"——王室和英联邦。75年后，她看到自己作为国家元首被召唤去做一项特殊的工作：向英国家庭说出一句安慰的话，并在这个有争议的时代里唤醒王室的支撑作用。新冠肺炎疫情是英国自第二次世界大战结束以来所面临的任何挑战都无法相比的。在关于如何对抗病毒的讨论中，在对社会未来的深切关注中，女王不得不为与她同时代人的受折磨的心灵找到一句话，一句用以帮助和表达同情的话。早在2020年4月5日，她就通过五分钟的电视讲话做到了这一点。"我在一个挑战日益严峻的时刻向你们讲话，"她开始说，"我们国家的生活出现了混乱，这种混乱给一些人带来了悲痛，给许多人带来了经济困难，也给我们所有人的日常生活带来了巨大变化。"

与许多人一样，女王和她的丈夫爱丁堡公爵自2020年春天以来一直在温莎城堡过着自我封闭的生活。"将会发生更多需要忍受的事情"，她直截了当地宣布，随后立即对英国人的特有品质进行呼吁，她用她漫长的一生的热情援引这些品质，就像一种治疗受损的民族心灵的方法。她还说："我希望，在未来的岁月里，我们每个人都会对我们应对这一挑战的方式感到自豪：那些在我们之后的人将会说，我们这一代英国人和以往一样强大。自律、善意的决心和富有同情心的邻里关系仍然是这个国家的特色。"

女王拥有跨世纪的经验——这是她的光环和权威的根基之一。当然，伊丽莎白回忆说，1940年，当她14岁的时候，她在第一次广播讲话中对当时因战争而与父母分开的孩子们进行了安慰。借此，她比较了今天被强加的隔离所带来的痛苦和"远离我们所爱的人"的经历。"这是一种安慰，"她继续说，"尽管我们将不得不忍受更多，但更好的日子会回来。我们将再次与我们的朋友在一起，与我们的家人在一起；我们将再次相聚。"在这最后的呼吁中，"我们将再次相聚"，她借鉴了可能最著名的战时歌曲，歌曲至今仍让人感动。那首歌曾经由歌手薇拉·琳恩（Vera Lynn）唱给参战部队——"我们将再次相聚，不知道在哪里，不知道什么时候……"两个月后，这位曾被授予荣誉的歌手去世了，享年103岁。女王召唤了一位过去的偶像，一位从过去到未来一路同行的伙伴。但激发她话语的不仅是昨天的荣耀：她活在此时此地。"危机也是一个新发现的机会：可以让人们放慢脚步，停下来，在祈祷或冥想中反思。"

此前，伊丽莎白曾有四次在年度圣诞讲话之外通过电视向公众讲话：1991年伊拉克战争时；1997年威尔士王妃戴安娜去世后；2002年她母亲去世时；2012年短暂感谢人们对她的钻石禧年的祝贺。

即使是由女王这样受人尊敬的人说出来，这些话也总是很难评估是否有助于在具体的日常困境中安抚社会，并为人们带来新的勇气。女王也承认，新冠肺炎疫情危机与以前的挑战有根本的不同，不仅因为它是一个世界性的现象。病毒作为一种无形的危险是很难把握的，在这方面，与第二次世界大战和当时以"英国精神"帮助英国渡过难关的情况可能有很多不同。希特勒和纳粹的威胁是外部显而易见的敌人。而这一次，敌人在内部。根据所有的观察，与之斗争需要纪律性，需要额外的支持。尽管如此，能够使用"女王的呼吁"这样的王牌来对抗它

第十三章　伊丽莎白、继承人和君主制的未来　　329

也是非常宝贵的。

2021年4月17日，爱丁堡公爵菲利普亲王下葬时，在温莎城堡内的晚期哥特式圣乔治教堂的木制唱诗席位中，只有30人在两排面对面的位置上垂泪——其中包括他的三位德国亲属，即巴登王子伯恩哈德（Bernhard Prinz von Baden）、霍恩洛厄－兰根堡王子菲利普（Philipp Prinz zu Hohenlohe-Langenburg）和黑森王子海因里希·多纳图斯（Heinrich Donatus Prinz von Hessen）。由于新冠肺炎疫情的原因，这是为女王的丈夫举行的非常小型的葬礼，他于4月9日去世，离他的100岁生日还有两个月。在此之前，棺材放在他自己设计的一辆路虎车的装载区被从王宫运到小教堂。在灿烂的蓝天下，最亲近的家人步行跟随棺材，只有女王乘坐王室宾利轿车。哈里王子从他在加利福尼亚的新住所出发抵达现场，他现在已经变成了一个局外人。

随着爱丁堡公爵去世，历史上的一个篇章结束了。在那悲伤的4月9日之后，女王本人在自己的社交小圈子里说，现在她身边出现了一片空白。经过73年的婚姻，她不得不向她的"后盾"说再见，她在1997年金婚纪念日时曾这样称呼菲利普。公爵死亡仿佛是女王存在性的断裂。信仰、旧时光和爱丁堡公爵——据她自己承认，这是她生命中的"三个幸福片段"。在教堂里，女王独自坐在她的座位上，内敛地沉浸在忧郁和回忆中。

随着菲利普亲王去世，王室失去了巨大的人气资本。在

2021年4月21日女王95岁生日的前几天,同情的浪潮反而提升了她不可或缺的形象。但菲利普的葬礼指向的是一个延时到来的不可避免的结局(指女王去世)。最后期限越来越紧,人们不由自主地想到可能会迎来第二次的王室告别。然后呢?

菲利普亲王一直没能弥补因哈里和梅根离开而在王室中显露出来的深刻裂痕。查尔斯,他的长子,首先继承了他的父亲的杰出"个性"。但苏塞克斯公爵也为自己和他的道路而坚持自己的个性。他几乎无法与他的祖父相比:事实上,没有人比这位希腊-丹麦-德国血统的"流浪汉"更需要克服巨大的障碍才能在王室的道路上前进。与菲利普亲王这个德国"匈奴人"——王太后喜欢这样称她的准女婿——在宫廷中面临的困难相比,哈里的委屈算得了什么?谁还记得菲利普为他的"蒙巴顿"争吵,但当权者却坚持使用"温莎"这个姓氏?"我在这里只是一个该死的变形虫",这是失败者菲利普的抱怨。他是一个真正的局外人,他升到了顶层,但从未失去作为一个流亡者的感觉。因此,他有能力偶尔用适当的不正确来刺穿他周围的浮夸。

这两代人之间的差异是多么巨大啊!在菲利普的背景下,他可以毫无怨言地自己解决个人危机。尽管他的青春被撕裂,从一个亲戚到另一个亲戚,从一个学校到另一个学校,几乎没有父母照看和固定的住所,经历了这种不稳定的、无家可归的变化,菲利普从来没有让一丝丝自怨自艾影响到他。每当采访者试图把他钉在艰苦的青年时代上时,他都会说"那是我的生活",就这么简单。他紧握生活的缰绳,可以说是在"继续努力!"的座

第十三章 伊丽莎白、继承人和君主制的未来

右铭下,继续努力,不因抱怨而停止。这句格言指导着他的职业生涯,它成为他生存的基础——是对同样清醒的伊丽莎白的理想补充。

现在的英国青年,不仅仅是他们,长期以来,他们的情感文化中存在着其他关键词。"不拘礼节,自由随意"是其座右铭,把所有的一切都释放出来,像解放的宣泄。他们喜欢称之为"感情外放"的态度,这种态度常常把自己的内心和盘托出,希望个人的艰难困苦和在精神疾病、心理疾病上的许多阴影得到安抚和重视。这就是哈里和梅根综合征。据一位内部人士透露,病入膏肓的菲利普在病床上对奥普拉·温弗里的采访发表了评论:"疯狂",是一种"不可能带来任何好处"的荒唐行为。但是,据报道,他似乎是回忆起自己的人生轨迹,又补充道,年轻人当然必须走自己的路,就像他自己所做的那样,即使是在遇到阻力的情况下。但对"公爵"来说,因为他总是被简称为"公爵","自我实现"仍然与严格的职责概念和必要的牺牲相联系。在这个问题上,今天的意见分歧很大。

然而,菲利普亲王的离开也提醒了君主制:如果君主制要确保其被接受,它必须保持在这种新的情感文化的范围附近,但不完全迷失在这种文化中。朱塞佩·托马西·迪·兰佩杜萨(Giuseppe Tomasi di Lampedusa)的小说《豹》(*The Leopard*)中写道:"如果我们想让一切保持原样,那么一切就有必要改变。"也许这里有爱丁堡公爵的遗产,他知道他给英国君主制带来的放松练习是多么重要。菲利普去世后,女王尽职尽责,遵循都铎王朝前辈的座右铭"始终如一"(semper eadem),毫无怨言地履行公务。当她被医生告诫要放轻松,例如不要出席2021年11月在格拉斯哥举行的气候峰会,而是以线上的方式参与时,她感到很难过。

第十四章

国王查尔斯三世

Elizabeth II.

没有女王的生活让人感觉很奇怪，就像处在一个休眠期。伊丽莎白二世在世界舞台上存在了 70 年，这深深地印在人们的脑海中。但实际上，英国历史上根本不存在间歇期，君主制一直存在——17 世纪奥利弗·克伦威尔带来的君主缺位是一次反常现象。

2022 年 9 月 8 日查尔斯三世"降临"王位，而这时他的母亲已经以 96 岁高龄告别了地球。同时代的人都错以为她实际上是不会离开的，任何人都没有想到告别终会来临。没有任何疾病，没有任何医院提前预示什么，只有幕后的新闻监督机构知道那象征女王的火焰在逐渐熄灭。对于一般公众来说，结局来得很突然，几乎无法理解，尤其是女王一直在继续执行她的公务，直到她去世前——她在巴尔莫勒尔城堡向首相鲍里斯·约翰逊告别，而鲍里斯的继任者利兹·特拉斯也在那里被女王授命任职。接下来是两天的濒死抢救，最终到了"王权终结"（finis reginae），似乎这位君主生命的最后一刻也起到了重申其人生主题的作用，"我的整个生命，无论长短，都将致力于为你们服务，为我们都属于的这个帝国大家庭服务"，正如这位 21 岁的年轻人 1947 年 4 月在开普敦承诺的那样。无论是在苏格兰、威斯敏斯特教堂、温莎的圣乔治教堂，还是在葬礼队伍经过的街道上，葬礼仪式都显示出对逝者的一种压倒性的致敬。

但事实上，伊丽莎白在 1952 年 2 月以女王的身份出现，远比她在 70 年后的离世要突然得多。1952 年 2 月 6 日，乔治六世去世，享年 56 岁，全国上下深感震惊。作为国王的长女，伊丽莎白要如何应对这一王权遗产？"她只是个孩子！"这是温斯顿·丘吉尔的自发感叹。当时全国人民对伊丽莎白此前25年的生活了解多少？同样，英国人和世界今天对现在掌握权杖的74岁的查尔斯又了解多少？查尔斯成为国王时，舆论环境比他母亲登基时要好得多。英国历史上没有一个威尔士亲王像查尔斯那样为王位准备这么长时间。事实上，我们认识他的时间几乎和他母亲一样长，如果有人表现得好像查尔斯登上王位使他们感到失望，那不是因为他的年龄，而是因为他的光环、他的灵气根本无法与伊丽莎白相提并论。

然而，新国王受到了很多善意的欢迎，人们都在祝他好运，因为他终于实现了他的人生目标——他的天职。不知何故，查尔斯一直处于他母亲的阴影之下。伊丽莎白二世非常谨慎，从一开始就考虑到哪些绊脚石可能会使她儿子的君主生活变得困难，哪些绊脚石必须提前清除。2018年4月，在伦敦举行的英联邦会议上，女王在白金汉宫发表讲话，请求出席会议的国家领导人同意在她去世后承认查尔斯为英联邦首脑。伊丽莎白意识到有某些媒体的猜测，即查尔斯前半生的负面新闻——特别是戴安娜王妃的悲剧——可能使查尔斯三世无法被接受成为英联邦首脑。这是一个大胆的举动。虽然今天一些英联邦国家倾向于用当地的政治人物取代英国君主作为国家元首，但他们并不想因此离开英联邦。

女王在2022年她的白金禧年开始时做出了第二个重要决定，关于"卡米拉问题"。在这里，查尔斯的秘密反对者也一直猜测，认为他的第二任妻子不可能真正继承王后的头衔，因为戴安娜的悲惨命运与这种期望截然对立。然而，女王知道查尔斯对卡米拉的爱在他的生活中一直有着怎样的意义。这个女人是他在王位上的重要支柱，属于他身边不可或缺的人，就像菲利普亲王本人一生都在支持女王一样。正如伊丽莎白在2022年2月"希望"（实际上是要求）的那样，"王后"这一头衔旨在表达这一点。这让卡米拉在查尔斯上任时获得了"Queen Consort（王后）"的荣誉，即作为统治者的配偶——她将在2023年5月与他一起加冕。

最后但也最重要的是，我们倾向于相信有一种更高的权力，在王国的统一处于特别危险的时刻起了作用，即君主准备在苏格兰去世。这样一来，她为苏格兰人提供了一个继续作为联合王国成员的动机，更多了一个爱国的理由，让他们不顾一切反对，选择继续留在大不列颠及北爱尔兰联合王国的家庭圈中。女王的母亲是苏格兰人，她在苏格兰高地的巴尔莫勒尔城堡一直有家的感觉。女王回到这个地方，"就像用不老实的方法绑住了联合王国，使其保持统一"，《新政治家》杂志的一位作者赞叹地写道。这也是公众一个普遍的想法。在这位女王的生活中，有什么事情是没有预谋的吗？在她去世后的头两天，主导全国人民思想的是在苏格兰而不是在伦敦举行的葬礼仪式的画面。

事实上，联合王国的统一（仍然是）很快就会被证明是新国王统治时期的最大任务，仅次于将人民团结在他的风格、他的个人方式背后的任务。有很多迹象表明，查尔斯三世——与他的母亲不同——将向如今的情感文化敞开怀抱,特别是在年轻人中,他将允许人们透过他的外表去观看内在。查尔斯在女王去世后的第一次演讲中揭示了他是多么平易近人,多么情绪化,甚至是脆弱的,没有任何在他母亲身上有时可以观察到的"僵硬的上唇"的礼仪意识。像他母亲一样,他必须遵循亨利·马顿爵士在1939年提出的箴言,他将"适应变化"的能力定义为君主制最重要的生存原则。

对查尔斯来说,改变要从王室人员开始,而关键词是精简。必须减少代表温莎家族的人数,这样王室才不会因为大家庭中成员的太多过失而一再陷入不光彩的局面。今后,"核心人物"将包括查尔斯("公司"的负责人)、他的妻子卡米拉,加上威廉和凯瑟琳即前剑桥公爵和公爵夫人,但没有安德鲁和爱德华两兄弟,也没有他们的孩子。只有安妮公主可以算在这个亲密的圈子里,新国王离不开她,离不开她在幕后不懈的投入和她带来的收益。王室的精简做法无疑提高了人们对威廉和凯瑟琳的期望,他们现在已经接替成为威尔士亲王和王妃,代表着王室的稳定。通过梅根·马克尔——继凯瑟琳·米德尔顿和苏菲·瑞斯-琼斯(威塞克斯伯爵夫人)之后是王室成员中的第三个平民——进行形象扩张的希望已经破灭。最初的梦想由于文化对立的现实和王室为了更大的整体利益而搁置私人愿望的议论而破灭。

查尔斯可以宣称他对环境、对可持续发展问题的承诺是他任期内的一大亮点,包括气候保护,几乎处于当代全球辩论的中心，他在2010年出版的《和谐》一书中将这些关切点捆绑在一起，作为焦点问题来看。然而，作为国王查尔斯三世，如果他不想损害王室的中立性，将不能再放纵自己的倾向，像他作为威尔士亲王那样多次干预政治辩论。他在这方面的回旋余地是有限的——19世纪伟大的宪法专家沃尔特·巴盖特认为英国立宪君主只有三项基本权力，即"被咨询的权力、鼓励的权力和警告的权力"。作为国王，查尔斯现在必须遵守这个框架——但在这个框架内，仅仅通过他每周与各政府首脑的谈话和每月与王室委员会及其成员的会议，他很可能成为英国政治的"影响者"。

新国王熟悉国家的传统和海外义务，他应该继续将君主制作为一个机构牢固地扎根于大多数英国人的心中。在对世界事务的多变性深感不安的时候，25年前被预测为接近尾声的英国君主制，现在却比以往任何时候都更加稳定。我们在其中看到1000年来英国宪政的卓越成绩，并没有被偶尔的糟糕表现所影响。英国君主制并没有阻碍国家向民主政治的转变，因此，与罗曼诺夫家族、霍亨索伦家族或哈布斯堡家族不同，英国君主制得以幸存。查尔斯三世是自1066年诺曼征服以来的第41位王冠佩戴者，他继承了一个稳定的机构——大多数英国人继续认可这个机构。

```
                    维多利亚 ─────── 威廉二世
                    +弗里德里希三世       (1888—1918 年,
                    (1888 年 3 月 9 日—1888 年 6 月   德国皇帝)
                    15 日,德国皇帝)


                                        ┌── 阿尔伯特·维克多王子
                                        │   (克拉伦斯公爵)
                                        │
维多利亚          爱德华七世           乔治五世
(1837—1901 年)   (1901—1910 年)      (1910—1936 年)(约克公爵)
+阿尔伯特·冯·萨克   +丹麦的亚历山德拉公主   +泰克的玛丽公主
森-科堡-哥达王子




                    爱丽丝公主              维多利亚公主
                    +黑森大公路德维希四世      +巴腾堡的路易斯王子
```

家族谱系图
Elizabeth II.

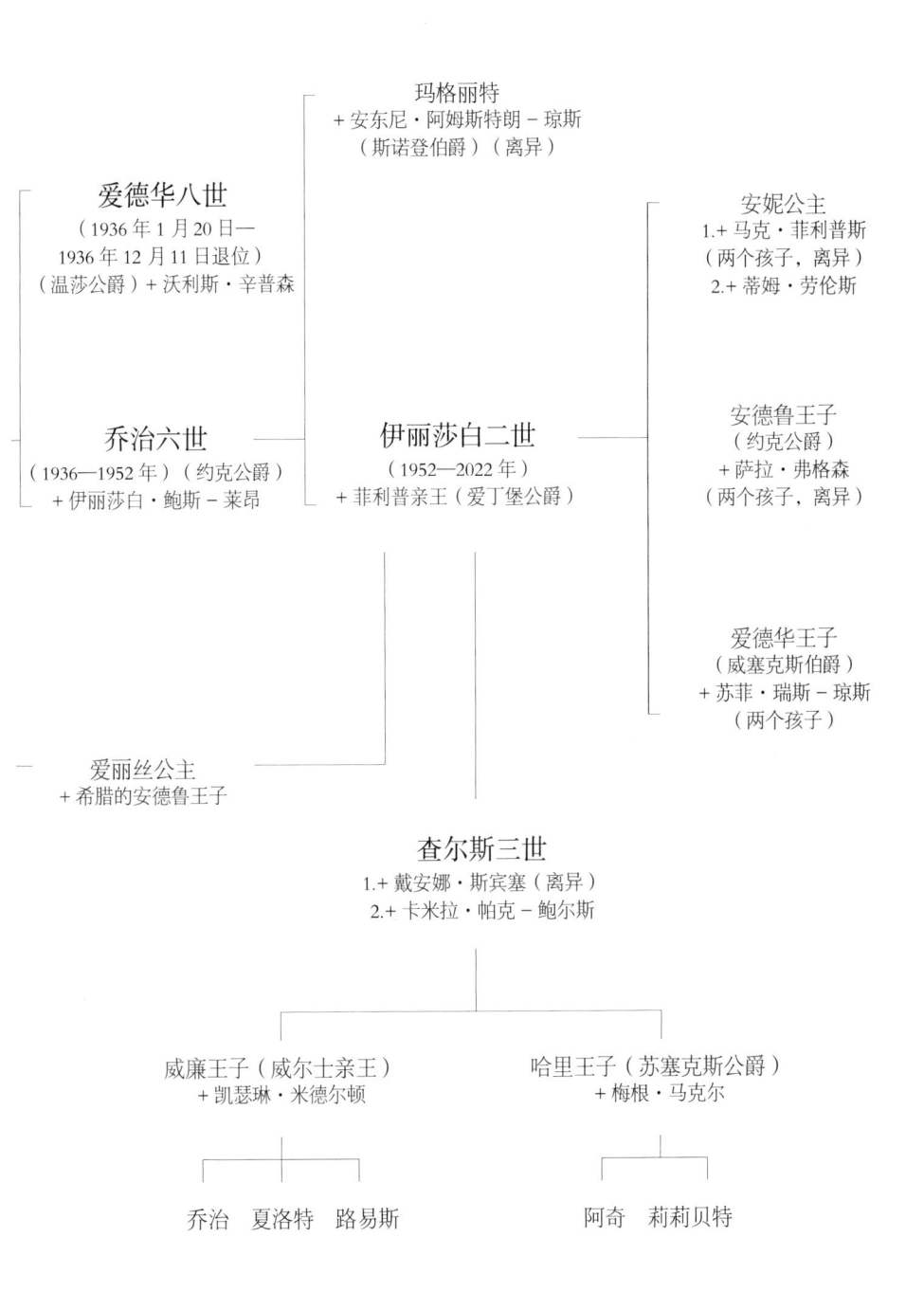

- 爱德华八世
  （1936年1月20日—1936年12月11日退位）
  （温莎公爵）+沃利斯·辛普森

- 乔治六世
  （1936—1952年）（约克公爵）
  +伊丽莎白·鲍斯-莱昂
  - 玛格丽特
    +安东尼·阿姆斯特朗-琼斯
    （斯诺登伯爵）（离异）
  - 伊丽莎白二世
    （1952—2022年）
    +菲利普亲王（爱丁堡公爵）
    - 安妮公主
      1.+马克·菲利普斯
      （两个孩子，离异）
      2.+蒂姆·劳伦斯
    - 安德鲁王子
      （约克公爵）
      +萨拉·弗格森
      （两个孩子，离异）
    - 爱德华王子
      （威塞克斯伯爵）
      +苏菲·瑞斯-琼斯
      （两个孩子）

- 爱丽丝公主
  +希腊的安德鲁王子

查尔斯三世
1.+戴安娜·斯宾塞（离异）
2.+卡米拉·帕克-鲍尔斯

- 威廉王子（威尔士亲王）
  +凯瑟琳·米德尔顿
  - 乔治　夏洛特　路易斯

- 哈里王子（苏塞克斯公爵）
  +梅根·马克尔
  - 阿奇　莉莉贝特

出 品 人：许　永
出版统筹：林园林
责任编辑：许宗华
特邀编辑：尹　璐
封面设计：海　云
内文制作：万　雪
印制总监：蒋　波
发行总监：田峰峥

发　　行：北京创美汇品图书有限公司
发行热线：010-59799930
投稿信箱：cmsdbj@163.com